Colin Woodard
科林‧伍達德 著
鄭煥昇 譯

國家的品格

個人自由與公共利益，跨越數百年的史詩之爭

# AMERICAN CHARACTER

A History of the Epic Struggle Between Individual Liberty and the Common Good

給我的兒子亨利，
他在他真的很渴望我陪他玩火車的時候，
恩准我寫下了這本書。

# 目次

導讀

# 眾聲喧譁、前途未卜的「十一個美國」

邱師儀[*]

自從川普執政又落選以來，全世界都在討論一件事情：這個超級強權美國，是否正在衰敗當中？尤其中共以一種「民主下場不過如此」的嘲諷看待這個極化如此嚴重的美國，習近平第三任之後幾乎所有的作為都在為稱霸世界做準備。然而，筆者長期以來的觀察都是：如果有那麼一天美國如羅馬帝國般的分崩離析，主因絕不會是中共對她的挑戰，而是美國的自我耗弱。而這本由伍達德（Colin Woodard）所撰寫的巨作，與八旗所出版的許多美國政治叢書一樣，再一次讓我們看到了美國內部的矛盾與嫌隙可以如此之嚴重。

## 十一個美國的衝撞

一般觀察美國政治，我們會習慣將政治人物以「保守vs.自

---

[*] 美國內布拉斯加州大學林肯分校政治學博士、東海大學政治學系教授。

由」做一個區分，或者在總統大選、期中選舉時，我們習慣用
「紅州vs.藍州」的標籤來辨識哪些州分別是投給「共和黨vs.民
主黨」的勢力範圍。而這本書帶著讀者往更深一層走，意即我們
要從建國時的美英之間、不同菁英之間、菁英與庶民之間與不同
地理區塊的需求之間來看政治競爭。伍達德提出十一個美國的觀
念：包含洋基之國、新尼德蘭、中部地方、深南地方、潮水地
方、大阿帕拉契、新法蘭西、第一國度、遠西地方、北部地方與
左岸地方。各篇章均由這十一個地理區域作為不同的詮釋視角做
貫穿，彷彿是「十一國演義」，讀來扣人心弦，戲劇張力十足。
嚴格來說，要感同身受這十一國的美麗與哀愁，若能在美國有至
少三年以上的居住經驗，每天要是能浸淫國內的新聞報導與各式
評論會很有幫助。不然外國人要從伍達德筆下許多人名與故事細
節交織而成的史實來了解這些政爭，恐怕會讓有些人頭暈目眩。

　　不過這也是美政迷人之處，美政的林林總總不僅是談華府菁
英，而是回溯至開國元勳的明爭暗鬥，再漸次貫入基層庶民生
活。更重要的是，一部黑奴的血淚史，讓深南地方菁英與民眾，
儘管經歷過南北內戰，至今仍無法跟東西岸與北方的美國人找出
能化解怨恨的共識。從一八六〇年以來所經歷的每一次選舉，都
作為一種「文明的決鬥」，以制度運作決定輸贏。不過這也還
好，因為如果當深南地方的菁英與民眾，連制度競爭的選舉結果
都不想承認之時，那就會出現二〇二〇年川普不認大選的窘況，
嚴重至極就有可能發生另一場南北內戰，偏偏這時代已經沒有固
執的林肯能以強大的意志威攝南方了。

## 不同美國人的腦袋喜歡不同規模的政府

　　一開始伍達德就提到「自由」這概念，不僅是自由派如民主黨人的專利，它也可以是保守派包括共和黨人鍾愛的觀念。民主黨人的自由，可以是生活方式的自由，包括同志結婚、吸大麻、性解放等，此時聯邦政府不應該管制。但另一方面，民主黨人的自由，直指保障弱勢族群也需要發展的自由，早期可以是非裔也要有投票權等民權問題；後期是保障非裔、拉丁裔、亞裔與原住民的工作權。這種給予弱勢族群自由乃建構在整頓富人之上，主要體現在對其課稅並將財富重分配給弱勢，全民健保的實施是其中一例，另外在華爾街遭遇金融風暴時，政府不應該紓困這些身為元凶的跨國企業也會是自由派的主張。

　　而保守派所擁抱的自由，講白了就是「政府愈小愈好」，小到絕大部分的部門都發包給民間公司。對於保守派來說，自由就是市場的自由與政府的限縮。保守派如果到了大阿帕拉契、潮水地方與深南地方，尤其是在深南地方，他們會認為黑奴本來就是憲法所保障的白人財產，而且是眾多開國元勳如傑佛遜所認證的，他們會問：黑奴制何錯之有？就算內戰後整個廣義的南方打輸了，非裔民權也開始解放，保守派仍認為非裔的經濟弱勢來自於他們自己的懶散與貪婪。既然奴隸制早已廢除，非裔的貧窮不應牽拖於此，因此政府不該介入來徵白人或者富人的稅來幫助非裔。換言之，自由在自由派與保守派的籃子裡提供不同的論述養分。

　　此外有趣的是，有一種意識形態叫做「自由意志主義」

（libertarianism），也就是生活方式上要自由，政府愈不管事愈好，這符合民主黨要的；但若放在重分配的經濟意義上，政府要解除管制，也是愈小愈好，稅率要低，富人或白人的財富不要重分配到有色人種的口袋，這則是共和黨想要的。所以「自由意志主義」可以看做是「全方位的無政府」，而在左岸地方與遠西地方存在不少自由意志主義者，這導致美國政治演進時，自由意志主義者有時會支持民主黨，另一些時候也可能支持共和黨，變成兩黨極力爭取的中間選民。

## 在關鍵事件上解剖美國

伍達德「十一個美國」的厲害之處，在於從開國一直到歐巴馬時期所經歷的關鍵事件，包括殖民地戰爭、開國元勳的嫌隙、南北內戰、重建時期、政黨解組與重組、羅斯福新政、南方策略、越戰、水門案、融通財閥、民主與共和黨總統各自的中間路線等，如果這些事件是「經」，那麼「緯」就是每一任美國總統，用這十一個美國的角度來解剖這些事件，不但非常精采，事實上在政治科學的文獻中，也就是從學界的觀點來看，伍達德的分析都有其實證的基礎。

當然，伍達德有自己的意識形態，他應該是個支持民主黨的左派，甚至他在書中多處提及早已放棄與深南地方溝通，民主黨應該做的是盡量在大南方地方，包括潮水地方、大阿帕拉契與曾經支持過共和黨的遠西地方與左岸地方盡量攻城掠地。消極面是讓溫和的共和黨出線，因為他們為害最少，積極面則是讓他所謂

的「民族自由主義」，成為民主黨受到選民歡迎的熱銷商品。事實上，伍達德更想要的是接近西歐福利國家的「社會民主主義」，但美國始終達不到那個境界，就連歐巴馬健保，都是一個缺乏中央健保局統籌規劃、由民眾自己找民間保險公司承保、市場味道極濃的全民健保。伍達德自己也承認，美國真的沒有那樣的左翼土壤，做為一個種族無法像德國、法國或日本的多元國家，地大物博換來的當然是南轅北轍的意識形態。

但這都沒關係，在伍達德眼中，深南地方在統治上是極權，在經濟上是寡頭，在人權上是倒退，完全與美國價值背道而馳的野蠻之地。因此只要想辦法讓代表這裡的候選人永遠在投票甌後淪為十足的輸家，有點像如來佛把孫悟空鎮在五指山下即可。然而，這些深南地方的白人，或者講白了這些教育程度低、藍領的川粉們，不只存在於深南地方，全國各地都有他們的蹤跡。像伍達德這樣的自由派如果一直都無意跟他們對話，那麼美國的極化就會繼續惡化。反過來說，伍達德所質疑民主黨的總統如柯林頓、歐巴馬，或者所讚揚的共和黨稍偏政府管制派的總統如艾森豪、老羅斯福等，不管是左往右微調，或是右往左挪動，不正是因為他們認為左翼與右翼仍舊需要與深南地方的菁英與群眾有一度程度的交集甚至共識嗎？而這個卻是伍達德已經放棄了的工作。

## 犧牲一些但成就更多的鬥爭

閱讀此書還會給讀者另一收穫，那就是令人了解每一次的政

爭，如果是往「民族自由主義」的方向發展，勢必要犧牲掉十一
個美國中部分人的利益，但卻可以成就更多的美國人。古今中外
從政的人都應該了解這個道理，要贏得選舉需要如此，要成就改
革更需要如此。書中最經典是談到小羅斯福巧妙的新政為什麼能
夠獲得深南地方、潮水地方與大阿帕拉契地方人民的支持？小羅
斯福是開始轉向左翼的民主黨總統，但在他之前的民主黨其實是
保守的，是反對解放黑奴的。一方面，在深南、潮水與大阿帕拉
契的南方民主黨仍與小羅斯福分享「民主黨」這個標籤；但更重
要的，在與狄克西南方交涉的過程中，小羅斯福不去觸碰南方人
最在意的種族種姓制，也因此不去觸碰南方農業與商業寡頭的利
益，讓他們得以有非裔與西裔的廉價勞工可以使用。換言之，小
羅斯福儘管本人很親近非裔，但他的新政其實對非裔一點都不友
善，新政的成就是建立在持續壓榨非裔而來。事實上，美國歷史
不斷重演這樣的橋段，開國元勳傑佛遜為了換取南方對聯邦憲法
的支持，在黑奴問題上保持了沉默。柯林頓總統雖為理當對非裔
友好的民主黨總統，但為了獲得南方支持，他派遣更多警察上
街伺候非裔。犧牲一些但成就更多的鬥爭，在十一個美國不斷
上演。

## 二○二四年，極化的另一篇章

　　十一個美國的文化戰爭不斷成功預言，二○二四年又是川普
參戰甚至有不小機率當選的一年，當川普對上老態龍鍾的拜登。
所謂的「民族自由主義」陣營的民主黨缺乏令人耳目一新的戰

將，拜登是否有可能像卡特一樣只當了一任就下台？川普是否又可能技壓其實也很保守但遠不如川普「深南」的佛州州長狄桑特？民主黨積弱，共和黨紅色濃度又不斷加深。伍達德提出了一針見血的美政觀察，但一時之間卻提不出有效的解方。天佑美國，尤其她的命運與台灣緊密相連！

# 作者序

　　這本書要談的，是如何守護我們的共和國。

　　我們以舉國之力進行的這場名為自由民主的實驗，正遭受到攻擊。二〇一六年的總統大選結果，這在我行筆至此不過幾週前的事，讓我們看到了在拚命追求放任的經濟與社會政策達數十年之久後（還記得我們在鍍金年代①的所作所為嗎？）數千萬的選民已經願意把國家託付給一個沒有政治經驗，也說不清要按什麼計畫去讓「美國再次偉大」②的政治人物。

　　川普是以獨裁者的人設在打選戰。他主張要針對公民資格進行宗教信仰的測試；他鼓勵支持者去跟抗議他的人大打出手；他宣誓要把他的大選對手希拉蕊·柯林頓送進牢裡；他不諱言自己只要當選，就會削弱對新聞媒體的保護，還要去找《華盛頓郵報》的麻煩；他還空口無憑地在選前說只要他輸了，就是有人作

---

① 譯者注：鍍金年代（Gilded Age）大約落在一八七〇到一九〇〇年代之間，夾在南北戰爭與進步時代之間的美國歷史時期，當時的主流經濟與社會思想是自由放任和社會達爾文主義。至於所謂進步時代是從一八九〇到一九二〇年，是美國歷史上大幅推行社會與政治改革暨現代化的時代，此一時期的大部分時間由共和黨執政。

② 譯者注：Make America Great Again，川普的競選口號。

票。他對外界批評他接連對女性伸出鹹豬手嗤之以鼻,他攻擊了
為國捐軀之載譽軍人的雙親,他讚揚俄羅斯的獨夫總統普丁,而
普丁的特務機關還洩漏了特定文件來幫助他爭取勝利。

　　在之前的選舉週期中,政治人物若持有像川普這樣的觀點,
肯定會被評為失格的總統候選人。但川普不但一路選到底,而且
還選到贏。雖然大部分的川普支持者都堅稱自己沒有種族歧視、
沒有偏執的意識形態,也不仇恨女性,但他們卻不介意選出一個
歧視少數種族、意識形態強烈,而且處處表現出厭女情結的總統。

　　《國家的品格》成書於二〇一六年總統大選逐步開打之際。
而這本書想要提醒讀者,若我們不能平衡好個人自由與公共利
益,這兩種自由的核心面向,我們就會讓自己暴露在各種風險
中,諸如寡頭統治的風險、社會動盪的風險、讓我們的公民權利
受到危害的風險。

　　是非黑白該有個結論的時候,已經到了。問題的關鍵是我們
面對這場危機,究竟是能把我們二百四十年來這場民主實驗的基
本價值,重新確認一遍,還是會換上不自由、專制獨裁、凡事只
看族裔與民族的這麼一套扭曲價值。

　　依照本書的看法,不論是個人自由還是公共利益都必須受到
節制,否則兩邊都可能帶我們走向暴政。川普在二〇一六年的大
選中做對了一件事,那就是在共和黨總共十七名的參選人當中,
只有他一個人沒像鸚鵡一樣重複著放任經濟與個人主義的信條:
低稅率、管理鬆綁與小政府是可以解決美國問題的萬靈丹。川普
沒有在造勢演講中承諾要減稅或大砍社福,他反而說會守護美國
的社會安全體系,會把《患者保護與平價醫療法案》(*Affordable*

*Care Act*，俗稱「歐巴馬健保」）換成某個「好棒棒」的東西，會以更大手筆投資在對退伍軍人的照顧上，對軍警人員的培訓上，還有毒癮的治療上。他明面承諾的都是集體主義的政見。他說他會在當選後把工廠帶回傳統的「鐵鏽帶」（美國中西部的工業州），會推動基礎建設，會加強邊境的防禦工事，會對中國課徵懲罰性關稅，會推翻美國簽署的自由貿易協定。他先在黨內初選中輾壓了他那些與供應端（企業）站在一起的共和黨同志，讓他們都變成透明人，然後在普選中把希拉蕊跟她丈夫柯林頓所支持的自由貿易與新自由主義政策送作堆。然而在這麼做的同時，他也沒忘了力行歐洲右翼民族主義者的教戰守則，大肆宣傳政府要以行動站在「善良」國民的一邊，用國家的力量去懲罰那些來自內部的敵人，反正憲法對個人的保護也不見得適用這些內賊。然而沒有了法律對於個人自由的保護，那我們對公益的追求就著實可能變得非常醜惡，非常恐怖。

我們的共和國，在風雨飄搖之中。就在我寫下這些字句的同時，數千萬美國人正提心吊膽，唯恐他們習以為常的民主制度會出什麼差錯，唯恐種族歧視與惡質的意識形態會失控暴走，唯恐區域間的文化差異會僵固到共識難以再次形成於美國。整條政治光譜中，所有秉持著善念的男男女女都在徬徨無措，沒人知道美國的下一步會往哪裡走。

我衷心希望，《國家的品格》可以盡一份力，讓我們早日找到問題的解答，讓我們破碎的國家早日找到開始癒合的方法。

二〇一六年十一月於緬因州自由港

第一章

# 維護自由

Maintaining Freedom

　　天很冷，冷到遠遠超乎先前擠在五月花號上的乘客所預期。一條長長的海灘蜿蜒在他們眼前，灘上的高丘保護著他們，讓他們不被更遠處的開闊大西洋凍著。說起大西洋，他們差一點就死在南塔克特沙洲（Nantucket Shoals）上。受到暴風雨與生意上的麻煩所耽擱，這一百零一名墾民中有許多人現在都成了病人，特別是孩子，他們的咳嗽聲迴盪在這惡臭的要塞中，更別說要塞原本就因為物資匱乏而岌岌可危。其餘一些按捺不住脾氣的青年人是在其開墾計畫高階投資人的堅持下，才踏上了這趟航程，而如今他們之間已隱約流露出了叛意。新英格蘭的冬天很快就會臨到他們頭頂，但他們沒有地方遮風避雨、沒有牛羊、沒有可以捕魚的裝備、沒有魚叉可以去獵捕那些頭一天早上在灣中跟他們打過照面的數百條海鯨。他們的性命全都危在旦夕。現在，是該有所作為的時候了。

　　他們是在二個月前從英吉利海峽出發，離開了左舷那被戰火

摧殘的歐陸,還有右舷那被經濟蕭條肆虐的英格蘭。原始的乘員包括「天路客」(Pilgrims)。他們是一群喀爾文教派的分離主義者(與英國國教分離)想去維吉尼亞公司的土地上尋求新生活。那片土地在書面上一路延伸至哈德遜河河口,而他們已經從國王詹姆士一世處得到在那兒定居的許可。因為欠缺橫渡大西洋之行所需要的資金,天路客不得已找上了一群見不太得光的金主,而這群人的頭頭則是個不務正業、自身也處於破產邊緣的明礬走私客。跟這群人合作,天路客組成了一間普通股的股份公司來持有殖民地的土地、建物、工具、貿易獲利,並以七年為限,七年期滿公司清算,資產平分給所有股東。金主的持股數與其投入的資金成正比,但墾民則一律每人一股,那是他們用血汗換來的公司股權。

如今在一六二〇年十一月那冷冽的空氣中,他們到了,但他們到的不是哈德遜河的河口。在鱈魚角(Cape Cod)南面的南塔克特沙洲上與死神擦身而過後,嚇壞了的他們掉頭往北,來到在文件上屬於費南多‧喬治爵士(Sir Ferdinando Gorges)名下的土地,那是一個後來被叫作麻薩諸塞的地方。他們成了入侵者,不論在英國人與美洲原住民的眼中都是。1

大部分在五月花號上的人都知道他們會需要為了生存合作,否則就只能同歸於盡。但那些起心動念要叛變的人指出英王發的皇家統治特許狀①是對維吉尼亞的土地有效,對喬治爵士的新英

---

① 譯者注:皇家特許狀又稱英廷敕書,即取得自英國國王詹姆士一世的准許狀,可分各種用途,此處屬於統治某塊殖民地的書面許可。

格蘭則無效。他們威脅要「在上岸之際使用自身的自由，因為沒有人有權力指揮他們。」為了導正這個局面，其他人很快就草擬了一份文件，並召集所有成年男性，當中包括地位最低下的勞工，也包括史坦迪許②這位凡事躍躍欲試的軍人。以英國的城鎮特許狀（即一個市鎮的自治憲章）為模板，這份文件規範簽署者有義務「立下盟約，與吾人全體團結成一個公民政治實體，以利我們取得更好的秩序與生存機遇。」作為一個整體，他們會創造出所需的法律、憲章與官署來確保「殖民地的整體利益」。眾人以至少九比一的比例，壓倒性地為《五月花號公約》（*Mayflower Compact*）背書，宣誓他們會對這應運而生的自治團體表現出「應有的順應與服從」。在約翰・洛克誕生的十二年前，這群天路客就已經實質上實現了這名政治哲學家對於人類政府最早是如何形成的想像：生而自由的個人以自發之舉去「團結成一個社群，以遂其舒適、安全且和平地生活在彼此當中，無虞地享受著他們的身家財產，並在面對任何不屬於此社群的分子時取得更大的安全。」[2]

面對逼近的冬日，適合的造鎮位置讓他們找得非常辛苦，由此他們一直到十二月二十四日才開始在普利茅斯動工，開始興建他們的棲身之所。唯降雨、風勢與疾病拖緩了進度，使之到一月中才完工，至此許多墾民已經回天乏術了。日後被選為殖民地總督的布拉福德（William Bradford）回憶說：「（一月和二月）偶

---

② 譯者注：史坦迪許（Myles Standish, 1584-1656），英國軍官和殖民者，普利茅斯殖民地的軍事顧問，在其一六二〇年起的管理與防禦工作上貢獻厥偉。

爾一天會有二到三人死去，（由此）在一百出頭的人當中，剩下的只勉強有五十人。在最為艱苦的時刻，我們狀況健全的人不過六或七個。」值得慶幸的是隔年秋天，他們的玉米與大麥都得以豐收，為此他們以感恩之名擺了三天宴席慶祝，期間還有九十名萬帕諾亞格族（Wampanoag）的原住民共襄盛舉，主要是他們曾在墾民最掙扎的時候出手相助。墾民之一的威爾森（Edward Wilson）在那之後不久寫信回英格蘭跟朋友說：「雖然我們不會永遠都這麼有餘裕，但靠著神的恩典，我們已經不虞匱乏，以至於我們經常希望你們也能來參與我們的富足。」3

✳

三百八十九年過後，美國一位極負盛名的廣播脫口秀主持人林堡（Rush Limbaugh）對著數百萬美國聽眾，爆出了感恩節與天路客的「真相」，那是他所主持的節目一年一度的盛典。「那就是個人民公社，各位鄉親父老。」他對他的支持者說，「那就是人民公社，那就是我們在六〇與七〇年代在加州看過，那種人民公社的前身——而且你還真別說，連有機蔬菜他們也一應俱全。」

在林堡的版本裡，殖民地的股份公司與在其名下的公司地產被描繪成一場共產主義的實驗，每位墾民的那一股股份都是集體主義謀殺生產力的證據。「沒錯，早在馬克思都還沒出生之前，天路客就已經發現並實驗過了除社會主義以外，我不知道還能如何形容的東西。」接下來林堡整個人顯得欲罷不能起來。「結果，這場實驗的結果是什麼呢？這玩意兒根本行不通！他們那些人差點就餓死了！……沒錯啦，他們是坐了下來，是端上了放山

雞跟有機蔬菜，但扮演救世主的並不是印第安人，而是資本主義與聖經。」[4]

　　林堡這些話說於二〇一〇年，但其內容其實是延續了超過半世紀之久的一種傳統論調，那是一種早就在茶黨運動（Tea Party movement）的極端自由放任主義者間廣為流傳的說法。一九五一年，就在美國民防當局讓美國人做好生存準備，要跟蘇聯打場核戰的同時，當紅的歷史學者布拉福德・史密斯（Bradford Smith）出版了一本布拉福德總督的傳記，吹捧他的老祖宗是如何推翻了普利茅斯的「共產主義社會」。天路客的故事按史密斯所說，是「關於美國如何篤信勞動的尊嚴與個人的權利，是一則真實的寓言……是（美國）至今仍面對四方攻擊而在捍衛的路線。」在六〇年代，隸屬自由放任主義陣營且與安蘭德[3]跟經濟學者米塞斯[4]都有私交的記者哈茲利特（Henry Hazlitt），將故事線連上了感恩節，敦促讀者要「感謝我們的祖先替我們上了寶貴的一課──不要屈服於社會主義的誘惑。」時至二〇〇五年，反共的基督徒保守派北卡羅來納州參議員赫爾姆斯（Jesse Helms）主張，《五月花號公約》創造出一種「共同富裕」的社會，導致「共產主義席捲了五月花號」。後來是天路客餓到了，他認為，

③ 譯者注：安蘭德（Ayn Rand, 1905-1982），俄裔美籍作家兼思想家，在俄羅斯出生受教育但於一九二六年移民美國。她以一種她命名為「客觀主義」，本質上就是自由放任主義的哲學體系聞名，並著有小說《阿特拉斯聳聳肩》。

④ 譯者注：米塞斯（Ludwig von Mises, 1881-1973），奧地利裔美國人，知名經濟學家，歷史學家，現代自由放任主義的主要領導人，人稱「奧地利經濟學派的院長」。

「所以他們才轉向上帝尋求答案，而上帝也回答了他們。」[5]

　　這種修正主義能活躍在二十與二十一世紀，其根基來自於一六二三年，也就是第一個感恩節後的兩年，布拉福德總督在普利茅斯推動政策改變的論點。面對需要提升糧食產量的局面，布拉福德的幕僚說服了他分派土地給家家戶戶，讓每戶人家可以自行耕作，以此來取代由整個殖民地一起耕作公司的土地，然後把產出上繳入庫的做法。這些墾民家庭並沒有土地的所有權，他們能擁有的只是種出來的糧食，但這等程度的私人利益已經足以變出魔術。「這讓所有人都幹活幹得很起勁，玉米的種植量達到了總督或任何人絞盡腦汁也推不到的高峰，讓他省下了不少麻煩。」布拉福德後來表示，而且還不知為何用第三人稱自稱。原本把墾民當成佃農用的方式「只是造成了很多困惑與不滿，打擊到很多原本可以讓墾民過上較好日子的勞動。」一如原本的規劃，普利茅斯持續以股份公司的形式（其動產與不動產扣除收穫的農作物外都屬於公有）存在到一六二七年，墾民們才獲得了土地的所有權，一份二十英畝。[6]

　　由虔誠的喀爾文派教徒進駐，且以企業為體，旨在逐利的普利茅斯從來不是什麼共產主義式的組織。要說我們可以從該殖民地的早期歷史中學到什麼教訓，那就是一群人在手邊資源不多而身邊（潛在）敵人不少的狀況下被丟到陌生的岸邊，他們就必須要在攜手合作之餘也讓個人的努力獲得尊重與獎勵，才能有一線生機。唯在迄今的大半個世紀裡，天路客都被當成了棋子，成了個人主義者與公益主義者用言語對弈廝殺的工具。這種衝突是如此深植於美國經驗，深到就連感恩節都被會掃到颱風尾。

＊

　　政治衝突在美國常被說成是「自由派」與「保守派」之間的抗衡，「菁英」與「勤奮美國大眾」的拔河，民主黨與共和黨之間的鬥爭。但歷史告訴我們這種種標籤都只是在把人愈搞愈迷糊而已。從一九三〇年代以來，民主黨與共和黨已經互換過了兩方的政策主張，而若從六〇年代起算，則兩黨更是整個互換過了選民組成。在二十世紀初，民主黨才是代表南方白人與北方藍領階級的政黨，而一個世紀後，這兩個族群已經成了泛共和黨的中流砥柱。在老羅斯福主政時期，共和黨是俗稱「洋基」的北方佬（以新英格蘭居民後裔為主）與南方黑人的大本營，而這兩群人已經幾十年不曾支持過共和黨。如果我們身為美國人的衝突基調真的是民粹，那我們普通百姓到底是想從哪一種菁英手中把國家拿回來，是訓練有素、任職於我們醫院、中小學、大學、政府實驗室裡的中高收入專業人士，還是那百分之一控制住我們經濟與四成財富的千萬富翁與億萬富翁？十八世紀的保守主義大將柏克（Edmund Burke），這位珍視傳統體制與做法的智慧，且預見了法國大革命之恐怖統治失控的學人，會怎麼看待二十一世紀初那些「保守派」只抓著某種抽象的人性理論，就說要立刻、馬上把進步時代與新政那些有上百年歷史的憲政、體制、哲學遺緒一筆勾消的主張呢？十七世紀政治理論家洛克會怎麼看待今天的自由放任主義者呢？（這些人在他的時代會驕傲地自稱是自由派。）要知道那些「自由派」可是會與宗教上的基本教義派共組政治聯盟，而宗教上的基本教義派又會尋求政府的力量去把他們的社

會、精神、道德信念與習性強加給不信他們那一套的大多數人。柏克恐怕會認為民主黨才是個保守派政黨,而洛克則可能抓著頭納悶,宣布金瑞契(Newt Gingrich)與保羅・萊恩(Paul Ryan)是自由派。[7]

綜觀我們共和國的歷史,真實而行之有年的衝突不存在於這些變來變去的政治陣營之間,而在於相互競爭的各種自由定義之上。關於自由在美國有兩種涇渭分明的觀點,兩邊都各自有其完整的支持者光譜,光譜上的一頭是極端的革命分子,一頭是務實的中間路線派。將這兩種各執一詞的觀點區分開的,是兩派人馬面對一個問題的答案,而這個問題就是:「當個人自由與公共利益產生衝突的時候,你會與哪一種原則站在一起?」稍微偏離中心點,你會先看到個人主義者,他們奉為圭臬的是個人的自由;而在對稱的另外一邊,則會有所謂的社群主義者,他們強調的是群體的自由。把這兩個意識形態迥然不同的族群連起來,你得到的就是傑佛遜與漢彌爾頓之間的距離,其中傑佛遜想像著的是一個能夠自我節制的共和國,當中有由像他一樣的開明地主仕紳所帶領的獨立生產者,而漢彌爾頓擘劃的則是一個大有為的國家政府,當中有人品高尚與智慧過人的公職人員一心促進公益,為此這些公僕會努力打造社會體制與基礎建設,而國家本身則強大到足以抵禦來自國內外敵人對其憲法的攻擊。在一九四五與一九七九年間,美國的治權輪流控制在中間路線的陣營手中,至於強硬派則在邊上熬著,偶爾會展現一下音量但總體在政策對話上還是相當邊緣。

進一步在光譜上把距離拉開,我們首先會看到的就是自由放

任主義者（libertarians）。他們顧名思義就是在追求一種放任無為的世界，當中政府僅有的職責就是捍衛私人財產與確保合約履行。再來就是另一邊所謂的社會民主主義者（social democrats），他們想打造的是一種全面性的社會福利國度，且可能具備中央集權式的產業規劃。這兩種政治哲學都曾經在美國的歷史上被付諸實行。經濟上的自由放任主義曾是美國治國的意識形態，時間落在林肯一八六五年遇刺和十九與二十世紀之交興起的進步時代之間，然後在整個一九二〇年代又來了一遍。這種意識形態造成了一個震盪起來非常狂野的經濟，一種足以將傑佛遜式夢想趕盡殺絕的貧富差距，一款讓自由本身岌岌可危的寡頭時局，乃至其引發的全球性經濟崩盤不僅終結了屬於自由派的德國民主，甚至連美國自己的都差點保不住。在這輪崩盤之後，小羅斯福在他成立的任務型機構「國家復興總署」（National Recovery Administration）中摻入了社會民主主義的色彩，具體而言他以微管理的風格嚴控起物價、原物料的分配、工業生產，成功讓美國經濟恢復元氣到足以把二戰打贏。唯不論其在國安危機時的效果有多彰顯，政府對市場經濟這種程度的干預在承平時期都會被選民狠狠抗拒。美國如我們所見，是一個極其個人主義的國度，社會民主主義在此根本沒有容身之處，社會主義更是門都沒有。

　　往光譜的左右更極端處走，我們就會開始進入專制獨裁的範疇。其中一邊是極端自由放任主義，這群人是無政府資本主義者，是安蘭德的追隨者，他們的夙願就是政府力量可以衰落，讓「自由」的個體可以在沒有任何公共義務的狀態下從事不受約束的競爭。至於另外一邊，則是極端的集體主義者，這群人也想確

保「自由」，但他們的手段卻截然不同。集體主義者會想把所有的財富與權力移交給全知而慈悲的政府、祖國、黨。這兩種極端的理念還沒有在美國實驗過，但確實在世界各地使千百萬人賠上了性命，君不見柬埔寨與蘇聯治下烏克蘭的殺戮戰場、納粹德國的毒氣室，乃至於有多少冤魂死在薩爾瓦多、宏都拉斯、瓜地馬拉寡頭的暗殺隊手下。自從蘇維埃帝國解體以來，美國不曾有人認真看待過極端的集體主義。不幸的是，進入二十一世紀初，美國政府的最高層開始充斥極端自由放任主義者，當中包括好幾名總統候選人中的邊緣人，其中有眾議院議長兼近期的副總統提名人（二〇一二年的保羅・萊恩），外加一名資深的聯準會主席（一九八七到二〇〇六年的葛林斯潘）。而這當中就潛藏著對美國的個人自由，與對美國這場延續了二百五十年且影響了全世界的自由民主制實驗，極大且迫切的威脅。

　　在本書中，我認為美國要維繫自由民主體制，就必須平衡好人類自由的這兩種基本面向：個人的自由與社群的自由。犧牲其一，我們就會朝著寡頭政治或無政府狀態前進；失去其一，集體主義獨裁的陰影就會迫近。你無論如何都無法兩者只取其一，而這當中的深刻理由並不光是邏輯與哲理，那根本的原因是真真切切地寫入了智人物種的DNA中。

※

　　關於如何達成人類自由，我們許多基本的觀念都來自於寥寥數名英國政治思想家，而且他們不是活在十七世紀就是十八世紀。他們提筆的年代適逢中世紀那些理所當然的觀點，諸如君權

神授、聖經無謬誤、人類自應服從尊卑之分正在土崩瓦解之際。他們的自由主義政府理論是奠基在政府出現前人類過著何種生活的想像。霍布斯、洛克、亞當・史密斯都假設人類在自然狀態下是由獨居的個體組成，每個他或她都有自由去勉力發展出獨立的存在。這種環境固然免於政府的壓迫，但也被推定為是不舒適的、不愉快的。霍布斯曾知名地形容這種生活是一場永無止境，「人與人之間每個人都是敵人的戰爭」，當中個體處於「不間斷的恐懼與危險中，隨時都會死於非命。（每個人的）生命莫不孤獨、窮困、殘酷、野蠻且短暫。」就是為了在這種無序世界的不確定性中尋得一絲緩解，這些哲人認為，人類才同意了組成政府，但他們的本性仍是那個追求自利的個體。

在被推出的當時，這些觀念都稱得上激進，主要是它們挑戰了一千五百年來以人類集體生存為主軸的西方思想。在這類具有集體特色的社會中，人類並不當自己是個個體，而是覺得人類共組了一個由天選之君王所率領的巨大社會有機體，自己只是當中的一分子。就在這些以人性與人性對政府之影響為題，相互競爭理念之間，上演了一場激烈的智識戰爭，而同時間北美的東岸正經歷著殖民進程，美國獨立革命是第一場自由主義政府原則在現實世界中的應用。[8]

然而實事求是，我必須說這兩派思想都是錯的。根本的人性既非個人主義，也不是集體主義。而是兩者皆有之。

社會生物學的創始人威爾森（Edward O. Wilson）作為世界級的生物演化專家，已然指出了智人在這方面的獨特性。他認為正是這種雙重特質，讓人類得以在演化上如此成功。其他任何一

種先進的社會動物，那些把自己組織成群體並合作育幼、分工，且代代生活在一起的動物，都是作為群體在相互競爭而不在個體的層次上競爭。螞蟻、蜜蜂與白蟻都沒有在個體層次上競爭的習性，牠們的對手沒有其他同類，而只有其他的群體或蜂巢。牠們的個體願意犧牲自己來成全「超有機體」（super-organism），因為自我只是女王蜂基因組的延伸。可以類比的是我們人類也會根據基因的指示去形成部落或加入團體，並因此感覺到高人一等。我們的團體（小至幫眾、部落，大到社會、國家）也會彼此爭霸，期間個人也會偶爾願意捨命來犧牲小我完成（與自己沒有血緣關係的）大我，像美國陸戰隊中的三人火力小組就是一例。唯不同於我們住在蜂巢中的朋友，人類也會經由個人選擇來在團體中競逐生存與繁殖的機會。威爾森在他二〇一二年的《群的征服》（*The Social Conquest of Earth*）書中下了這個結論，人性大致上是這兩股衝動相衝突之下的產物：

　　　　行善與為惡的兩難，是起源於多層次的選擇，當中個體的選擇與群體的選擇會共同作用在同一名個體身上，但這兩種選擇大致上是相衝的。個體的選擇⋯⋯會在每一名群體成員體內形塑出本能，而這種本能若把其他成員當作參照物，基本上是自私的⋯⋯至於群體的選擇所在個體身上形塑出的本能，則是要他們相互做出利他的行為（僅限同團體內）。個人選擇是我們所謂罪孽的主要根源，而團體選擇則為大部分的美德做出了貢獻。合在一起，個體與群體的選擇創造出了我們人性中魔鬼與天使的衝突。9

　　純論本書所關心的範圍，這段話的重點是我們的本性在個人主義與集體主義之間產生了矛盾。我們掙扎於這二者的平衡間。雖然我們大多數人都會跟幼稚園的小朋友說要分享玩具，體貼旁人，但有朝一日進入高中，我們也都希望自家的孩子能以班上的第一名畢業。如威爾森所言，基因的社會演化有一條鐵律：「自私的個體會打敗利他的個體，而利他者組成的群體會打敗自私者組成的群體。」我們可以說人類的詛咒，就是得永世在這兩者的平衡間拉扯。

　　　勝利永遠無法完全，選擇壓力的平衡點永遠無法移動到任何一個極端。若個人的選擇勝出，則社會界會解體。若群體的選擇勝出，則人類團體就會無異於蟻窩。[10]

　　獨居完全不是人類的自然狀態，人向來的天性就是要生存在某種社會裡。直立人作為我們在演化上的祖先，早在一百萬年前就知道用火，這種顛覆遊戲規則的創新讓他們得以紮營進行團體生活，而團體生活代表著工作、責任的分攤與資源的分享，最終也讓他們打造出金屬工具。成員合作無間的群體面對失能的團體或遭到孤立的家庭單位，往往能在戰鬥或競爭中勝出，而這些勝利就會促成「利他」基因在時間的長河中日漸普遍。當智人在四萬個世代後首次出現時，他們已然屬於一個個群體，並依靠這種團體的力量來生存。從嬰兒階段，他們預設的狀態就是會去解讀其他人類的意圖，而從兒童階段的初期，他們就會與他人密切合作來建造工具與居所，取得與處理食物，還有顧老育幼。學者在

反覆研究過諸如黑猩猩、大猩猩、狗與烏鴉等動物的智商後發現，人類與動物最大的差別，就在於動物無法針對共同的目標進行與人類同等強度的合作。追求「公共利益」不是某種我們想像中的理想，而是向來定義了人類這個物種的核心特質。[11]

　　確實，社群主義而非個人主義才是人類在大部分信史中的自然狀態。從古巴比倫到中世紀歐洲，再到歷朝歷代的中國，人類都活在個人自由連在個人的概念框架中都不存在的社會裡。中世紀的歐洲人自認是某個巨大、和諧之超有機體中的一員。十二世紀英國大哲兼主教索爾茲伯里的約翰（John of Salisbury）形容全體國民就是一副身體，其中君王是頭部，治安官與法官就是五官，軍隊與稅吏是左右手，工匠與小農則如兩隻腳「可以豎起、撐住、往前帶動整副身體。」（略為獨立存在的神職人員則會像靈魂一樣導引整個有機體。）約翰說每個人都有他或她的位置，社會的所有成員都必須「看顧公共利益」，而公共利益就包括「無所不在且統治著一切，人與人之間的慈善。」社會中確實存在貴賤，但其宗旨並不是要供人進行剝削。領主們並未擁有他們的財產，他們只是被國王指派為這些財產的監理人，且對其農奴與公民有該盡的責任。中世紀的生活確實在智識上讓人窒息，對個體相當壓迫，且往往不公不義，但這種生活仍是以一種公益的理論作為前提，而且當時的人還認為這種公益理論是上帝的旨意。綜觀歐洲大部，這種廣泛可見的社會模式歷久不衰，撐到了十八世紀。[12]

　　然而在英格蘭，這種嚴重蔑視個人發展與表達的中世紀模式在十七世紀遭受到連番攻擊。一聽到英王查理一世堅稱他手握絕

對且神授的政治權力，大部分的仕紳階級（在該國短命的議會中擁有全數代表權之餘）就發起了一場內戰來反他，時間落在一六四二與一六五一年間。查理一世輸掉了戰爭，也輸掉了他的項上人頭，而這一發展也為英國第一個也是僅有的一個共和國體清出了道路，讓英國落到了克倫威爾的手中。就是這樣一次政治事件，撼動了英美政治文化的根基。基於普天之下、莫非王土的土地租用制，以及人際相互扶持義務的封建體系被一舉殲滅，貴族不再是王土的租客，而晉升成了地主，鄉村的窮人則被剝奪了他們固有的土地使用權。戰時人被放逐在荷蘭的霍布斯寫成了《利維坦》（*Leviathan*），當中論及無政府生活時的說法是「駭人、野蠻與短促」，霍布斯為的是用邏輯去賦予絕對君權正當性，須知國王被斬首一事已經危及到聖經權威對君權的支撐力。洛克的父親在內戰中站在議會這一方奮戰，而他本人名聲大噪則是因為他發展出一整套政治理論，來認可貴族對王權的反叛與對土地的襲奪，而他為此新搬出的一個大義名分是：個人權利。

洛克的理念為一樣東西奠定了基礎，那就是今天歐洲人仍在說的「自由主義」，也就是美國人所認知的「自由放任主義」。事實上洛克的理念也在後續對美國開國元勳的思想產生了巨大的影響。洛克如同許多啟蒙時代的哲學家，都在想像中認為最初的人類是自由自在的獨居者，快樂地進行創作，並透過自身的揮汗勞動創造出最早的財產。誰工作得最辛苦，誰就能掌握最多的財富。為了捍衛這些財富，他們才創造了最初的政府，並透過契約把這項任務賦予給政府。如果有某個政府違反了社會契約，如同查理一世那般想以徵稅為手段來搶奪私產，那私產的主人就有資

格推翻政府。在洛克組建這些理念的同時，強大的私產主正與復辟的王權陷入長期的鬥爭，他們爭的是要進一步拆解高度集中化的秩序，並想切出一塊重要的個人自由。然而有一點我們不能不明白，那就是洛克與其後繼者，如亞當・史密斯跟彌爾（John Stuart Mill），他們主要關心的是王室與菁英之間的鬥爭。至於廣大的平民百姓，那些被迫離開世代耕作之土地的農民，也就是此時被稱做「過剩人口」的一群人，不論在任何時空下都讓人覺得礙事，都注定要被壓抑。

由此在這群古典自由主義者的想像中，個人自由唯一的威脅就是國家，且二者之間是一場爭奪著控制力的零和遊戲。國家的控制半徑愈大，個人能擁有的自由就愈少。這種論點從某些人的角度觀之言之成理，而這些人就包括洛克的雇主與恩庇者，比方說約翰・波帕姆爵士（Sir John Popham）與沙夫茨伯里伯爵（Lord Shaftesbury），須知他們的自由會在政府強大時受限。然若從廣大英國民眾的角度去看，則一個強大的政府是他們與寡頭政治之間唯一的屏障。而這樣的結果就是在十八與十九世紀，英國出現的不是一個「自由民主」，而是一個「自由專制」的政府，這種政府治下的個人權利可以獲得保障，但真正意義上的自由與政治參與則仍舊是屬於上層階級的特權。那是狄更斯小說裡的世界，而不是古典自由主義所承諾的烏托邦。該制度也為美洲殖民地中的乞沙比克地區⑤提供了核心文化的基礎，並對美國未

---

⑤ 譯者注：乞沙比克灣（Chesapeake Bay）北部在華府所在地馬里蘭州，南部在維吉尼亞州。

來的發展軌跡產生了長遠的影響力。

　　古典自由理論之所以沒能實現其對於自由的承諾，理由很簡單：一場對於自由的鬥爭不是兩方面在爭，而是三方面。參與者有政府、民眾，以及潛在的貴族或寡頭。自由民主制作為一種不可思議的歷史與文化成就，之所以能夠為廣大的個人自由創造出空間，靠的是讓這三股勢力保持平衡。

　　政府絕對可以既獨裁又高壓，這點無庸置疑，畢竟從古馬雅到蘇維埃帝國，這樣的例子所在多有。但反過來說，一個孱弱的政府也不必然能保證自由，因為政府一弱，帶來的往往就是另外一種獨裁，屬於寡頭的獨裁。摩根索（Hans Morgenthau）作為國際關係上的現實主義學派之父，早在一九五七年時就反思過自由主義的這個盲點：

　　　　社會的各股自治力量若任由其發展，便會生成新的權力積累，而這些新累積出的權力對於個人自由的危害，將絲毫不遜於古往今來的政府權力。自由主義雖假定政府的弱勢可以確保個人的自由，但愈來愈擺在眼前的事實是弱勢政府也一併確保了私部門權力的蔓生，而權傾一時的私部門對個人自由具有毀滅性……要解決這點，我們就必須先回答一個問題：政府要如何強到足以限縮私部門的權力聚斂，藉此來保護大眾的自由，但又不至於強到會摧毀所有人的自由。[13]

　　福山（Francis Fukuyama）以其新保守主義⑥政治學者的定位，在他上下兩冊共一千六百頁的國家史巨著《政治秩序的起源》中得出了類似的結論。福山凸顯的例子是中世紀的匈牙利，那兒的貴族成功限縮國王的權力，幫自己免了稅，還迫使小農回歸農奴的位階。但同時匈牙利的國家力量也弱到無法在鄂圖曼土耳其人來犯時自衛，結果除了自身淪於毀滅，匈牙利人也陷入一個半世紀的鄂圖曼統治。「憲法對中央政府權力的限制，並不必然能僅憑一己之力產生出政治上的權責相符。」福山總結說：

　　　　匈牙利貴族階級所尋求的「自由」，是更徹底剝削自家小農的自由，而一個強大中央政權的缺席，正好讓他們為所欲為……二十世紀的教訓讓我們以為獨裁統治是強大中央政府的專利，但其實那也可以是地方寡頭的傑作……中央政府有責任讓自身法律的執行及於寡頭統治的勢力範圍；自由的淪喪不是因為國家太強，而是因為國家太弱。[14]

　　一個可類比的處境發生在美國內戰時期的深南地方（Deep South），還有二十一世紀初的薩爾瓦多與宏都拉斯。其中在第二個例子中，少數家族不僅掌控了這兩個國家的財富、銀行、新聞

---

⑥　譯者注：新保守主義是一九六〇年代誕生於美國自由主義鷹派間的一股政治運動。這些自由派對民主黨日趨軟弱的外交政策感到不滿，同時也不滿於新左派的崛起與六〇年代以反越戰為主軸的反文化，因此慢慢衍生出新保守主義。他們甚至也質疑起民主黨的「偉大社會」等內政政策，有一說是古典的自由經濟、保守的道德價值與鷹派的外交立場共組了新保守主義

媒體，甚至連政府、法院、軍方都逃不過他們的魔掌。隻手遮天的薩爾瓦多「十四大家族」與宏都拉斯的「十大家族」鮮少遭到挑戰，唯二的例外只有一九七〇與八〇年代被逼上梁山，懷抱有共產主義思想的農民叛軍，以及較晚近踩著弱勢政府起家的暴力販毒壟斷集團（cartel）。不論是薩爾瓦多還是宏都拉斯，都沒能為他們的公民提供有意義的自由，民眾只能苟活在地表上前幾暴力的社會環境中。[15]

美國的開國元勳深知這場自由之爭是三方角力。在《聯邦黨人文集》（Federalist）第十七篇當中，漢彌爾頓建言說聯邦政府只有在一個狀況下奪取州政府的權力，那就是當後者無法維持其公民的信心的時候。作為比喻，他在文中舉的例子是舊世界中的封建體制，當中的國王被鎖定在了與其封臣的權力鬥爭中。「一國之君的權利往往弱到無法維持社會的祥和或保護民眾不受直屬領主的壓迫，」漢彌爾頓寫道，「在那些君主最終壓制了其封臣的例子中，前者的成功往往是肇因於後者對其臣屬的獨裁作風。那些有爵位者，也就是貴族，既與王權為敵又壓迫普通百姓，也同時被這種兩方人又懼又憎。」[16]

在《聯邦黨人文集》第五十一篇中論述權力應當分立時，麥迪遜曾知名地強調寡頭不受制衡或多數不受約束的危險性：

在一個共和國中，很重要的一點是不僅社會要受到守護而不受統治者的壓迫，同時社會也得受到守護而不受到另外一部分社會的不義欺凌。不同的利益必然會存在於不同的公民階層中……公義才是政府存在的目的（與意義）。公義是

公民社會存在的目的，公義從過去到現在與未來，都會持續
被追求下去，直到公義為我們所有，或是我們在這追求中失
去了自由為止。若其形式可供強者輕易團結起來壓迫弱者，
那這種社會跟在自然狀態下的無政府社會也沒什麼兩樣，須
知弱勢的個體在這種狀態下面對強者的暴力侵犯，也只能任
憑宰割。[17]

　　傳統上與菁英主義被聯想在一起的亞當斯，其實極度關心我
們要如何去節制寡頭的野心。亞當斯不同於麥迪遜與漢彌爾頓，
他認為寡頭對共和國造成的威脅要更甚於無權無勢的廣大基層平
民。「比起一群烏合之眾的平民，乃至於他們的意見代表，貴族
永遠要更懂得如何爭取自身的利益，所以或早或晚，局面都會演
變為政策抗衡上的懸殊差距。」亞當斯在一七七八年提出了這樣
的警語。

　　　　貴族也永遠更比第一執政官（原文如此，即主要的行政
長官）來得狡猾，而總是會讓執政只成為行禮如儀的擺設，
除非他能與民眾結盟起來，讓他有後盾可以去與之一搏。牽
涉到貴族的整部戰爭史，不就都在證明這項事實？……歐洲
的常備軍隊都是由平民百姓提供給國王，而這些軍隊要抵禦
的都是貴族。

　　就是懷抱著這種理念，亞當斯才疾呼要讓貴族與他們的影響
力被孤立在一室中（按他的講法這是一種「放逐」），並呼籲要

創造出一個君王般的總統，因為這總統將是「天生的人民之友，是人民與人民之代表想對付非富即貴者的貪婪與野心，僅有的防禦。」我們的開國元勳，簡單講，都心知肚明不受節制的私部門權力會對人類自由造成何等的威脅。[18]

他們也很清楚自己推動這場空前的實驗，其意義何在。這場實驗的目的不在於把所有對於個人欲望的潛在阻礙一舉移除，而在於促進人類的幸福與公益。政府運作的目標，按麥迪遜筆下所言，「是民眾的幸福」與「公共的利益，廣大整體民眾的真實福祉」。他主張一七八九年的憲法（相比於《邦聯條例》，該憲法創造一個更強大而非更孱弱的聯邦政府），是確保這個理想無虞的必要之物。美國憲法的序言本身就開宗明義，表述了憲法的要旨：「……為了組織一個更完善的聯邦，樹立正義，保障國內的安寧，建立共同的國防，增進全民福利和確保我們自己及我們後代能安享自由帶來的幸福……。」換句話說我們作為一個國家的任務，就是追求公益，並讓這份公益能世世代代獲得分享與滋養。[19]

自由民主制的出現，是人類成就極為了不起的一座里程碑。自由民主代表的完全不是一種「自然」的生存狀態，它是一尊繁複而纖細的藝術品，其創造耗費了我們人類一族開天闢地以來的準備，外加四百年來尷尬蹩腳的嘗試錯誤。這個過程的餽贈，是讓我們樹立起一個框架，是這個框架在人類複雜社會的歷史長河中給了我們一個破天荒的可能性，一個在接近普世的基礎上賦予

個人自由的可能性。想維持住這個局面,這個與數千年來的人類經驗格格不入的局面,需要我們在自由一事上維持好政府(或云國家)、有權勢者(或云伺機中的準寡頭)與廣大民眾之間的三方平衡。

在英美歷史的脈絡下,國家權力遭到的約束來得最早。一二一五年,貴族針對王權可用以凌駕於他們之上的權力進行了若干制約,靠的是《大憲章》的頒布,並先後用查理一世的人頭與一六八八年罷黜並替換他兒子詹姆士二世的行動,拓展並確認了這些制約的力量。雖然十八世紀的英國人對他們在普通法下的權利讚許有加(該法保護了私有財產權與特定的公民自由),但卻僅有百分之二的成年男性人口獲准投票或以其他方式參與政治事務。此時的英國是個自由的國家,但不是一個民主的國度,而其中的自由也多數是頒授給家有恆產的菁英。在殖民地時期的美國,人丁稀疏,加上大部分原本屬於印第安人的土地都可以買來或占來,所以過半的家戶都成了地主,而這就大大擴大了被授予政治權力的人口比例。美國獨立革命開始時就是一系列的解放戰爭,主要是各個區域的殖民地文化都尋求能在帝國中央集權的大傘下,守護住自身獨特生活方式,只不過在某些地區,這順便釋放出了一股堅持所有成年白人男性都該平等擁有政治權力,叫作民主的力量。[20]

法國大革命對用民粹去搞民主的人而言,不啻是一則警世寓言。法蘭西貧困的大眾推翻並處決了他們的國王與王后,廢了君主制,然後棄舊立新打造起一個全新的世界。極端的革命分子改了月份名稱(即現已不用的法國共和曆),砍了不下一萬六千名

反革命疑犯的頭，參與神職人員的速斬速決，逮捕他們在選舉時的對手，把整個國家推向了亂局，也把大批百姓推到了一名軍事領袖的身邊，將該領袖加冕為皇帝，然後向鄰國發動了戰爭。這讓人類學到的教訓是民主的力量一旦落在觀念裡沒有「自由」的人手中，帶來的將不是自由，而是專制獨裁，如米洛塞維奇（Slobodan Milošević）治下的塞爾維亞與圖季曼（Franjo Tuđjman）治下的克羅埃西亞，都屬於這種「不自由的民主」，而這兩國也都在民意的授權下進行了壓迫與種族清洗。此外像普丁那殺人不眨眼的獨裁政權也受到俄羅斯選民熱情的背書，大搞恐怖主義的哈馬斯組織（Hamas）也從加薩走廊那些飽受創傷的民眾手中拿到了選票，掌握了權力。「少了憲政自由主義的民主，」札卡瑞亞（Fareed Zakaria）這名讓「不自由的民主」一詞廣為人知的公共知識分子在一九九七年公開說過，「不僅有所缺陷，而且還非常危險，因為這東西會帶來對自由的侵蝕，對權力的濫用，對族群的分化，甚至會引發戰爭。」在一個多數人擁戴暴政、暴君與獨裁政權的社會裡，民主本身保護不了什麼，當然也保護不了自由。[21]

　　一個自由民主的政體要成立，需要的是一群準備好要實踐自由的公民。一如美國前總統小布希的文膽麥可・葛森（Michael Gerson）與他的一名同事所言：「負責任且懂得自律的公民不會像黑莓那樣一發不可收拾，而那也就是何以保守的政治哲學不會墮落成失控的自由放任主義。所謂公民，需要經過體制與家庭、宗教社群、鄉里與國家的陶冶。」自由民主制的目的不在於讓男男女女都能為所欲為，而在於創造並維護一個供所有人在其中自

由且自律的社會。想達到這個境界，我們需要的是具有數量優勢的獨立自治個體在顧及自私的目標之餘，也能決心維護好一個能讓每個孩子都有工具跟公平機會能長成獨立自治個體的社會。少了這樣的社會慣例、少了對公益與公民體制的堅持、少了這種堅持去孕育出個人自由供出身不特別傲人的社會成員獲取、享用，少了一群公民去展現出對大眾事務的興趣、知識與熱情，自由民主的制度將難以為繼。[22]

托克維爾（Alexis de Tocqueville）是一名見解深刻且常獲引用的十九世紀法國人，以觀察共和國初期的美國人著稱。而他份外強調的一項心得是：要了解民主為什麼能成功，為什麼能存活，最重要的因素就是這群人的風俗與習慣，其他的因素都被遠遠甩在後頭；什麼他們的憲法裡都具體寫了什麼，他們的地理位置是如何得天獨厚，在其風俗習慣的面前都不值一哂。「我堅信再怎麼有利的處境與再怎麼理想的法律，都無法在習俗欠佳的拖累下維持著一國的憲政。反過來說，再不利的處境與再惡劣的法律，都可以在良好習俗的帶動下轉危為安，」他在《民主在美國》一書中總結，「我是非常認真地堅持這個重點，認真到要是我至此還沒能讓讀者感受到美國人各種實務經驗、習慣、意見，簡單講就是美國人的各種習俗，對於美國人維繫其體制所發揮的重要影響力，那我這本書就等於是白寫了。」他口中的這些習俗，特別是公共教育在東北部的普及，還有在新英格蘭與新英格蘭居民前往屯墾的紐約上州，多數成年男性對地方政治的直接與廣泛參與，在在都供應了他們進行良好統治所不可少的社會資本。出身一個絕大多數人口都目不識丁的封建國家，托克維爾很

震驚地發現美國即便在最粗鄙、最原始的邊境小木屋裡，都能遇上有學問跟能識字之人。「關於他的一切都是如此地原始且狂野，」他說的是窮鄉僻壤的美國人，「但他本身就是人類十八個世紀以來的勞動與經驗結晶……（他）會說城市裡的語言……熟悉過去、好奇未來，張口就能與你爭論現在。」[23]

在這些把自由民主固定下來的「心靈的習慣」（habits of the heart）中，你看得到一定程度的自我節制與公民自覺，看得到一種由內化了的利他主義跟對他人之信任所共組的倫理，看得到在這種倫理的作用下，社會對政府權威與國家干預之需求的降低，更看得到一種個人對自由主義價值的堅持。這就是為什麼在一篇關於代議制政府的論文起始，古典自由主義的理論家彌爾會寫道：「某支民族或許會選擇自由的政府，但如果出於懶惰、粗心或者膽怯，或者是欠缺公共精神，他們無法勝任保存自由政府所需要付出的努力……那他們恐怕就無福長久享受自由政府帶來的好處。」廣為普及於個體的自由會衍生出一個弔詭處，那就是這種自由的維繫會需要個體採取利他的行為模式，也需要功成名就者願意「取之於社會、用之於社會」。唯有如此，讓這些人得以出人頭地的體制與文化等社會發展水準，才能在受惠者的支持下，代代相傳下去。[24]

※

如果說想維繫自由，最終看的是我們能不能在個人自由與公共利益間取得平衡的話，那這個平衡的甜蜜點在哪裡呢？答案是，要看情況：關於民眾在哪一個點上感覺到他們的幸福獲得了

最大的確保,每個社會都會有其稍微不同的座標。某些自由民主社會如日本與韓國會強烈傾向於社會的和諧與集體主義的價值。我們大部分的西歐民主同儕則會選擇一種社會民主主義的定位來優先考量公共利益,而那種定位恐怕是美國人普遍受不了的。英國、加拿大、澳洲與紐西蘭都在社會民主主義與美國現行的新自由主義之間,選擇了自己的位置,其中美國的新自由主義在自由民主政體中算是一個強調個人主義的異數。某種選擇在一種政治文化中行得通,不代表它一定也適合另一種政治文化。

就拿西歐的社會福利民主制度來說。這些西歐國家讓我們看到的是一個勇於任事的大有為政府,與一個蓬勃發展的私有經濟可以攜手並進。智庫中屬於自由放任主義陣營的加拿大菲沙研究院(Fraser Institute),每年會公布全球各國的經濟自由度評比,其評判標準包括法治程度、健全資金的來源、貿易自由度,還有政府管理的鬆緊。在二〇一四年的綜合評分中,美國的表現落於芬蘭與瑞士之後,但小幅領先丹麥、瑞典與挪威,原因是高稅率與較嚴的政府管理在評審眼中都是扣分的項目。唯雖然福利國家往往把高稅率與嚴格管理當成神主牌,但不少這些國家都在法治程度與貿易自由度上完勝美國,其中花錢不手軟的丹麥、芬蘭與荷蘭都在這兩個項目上占據了世界前幾名。澳洲、荷蘭與挪威政府占本國整體消費的比重都高於美國,但這些國家也都在聯合國的人類發展指數上排名高過美國。該指數是透過對預期壽命、生活水準、識字率、教育與生活品質等細項的比較,去量測整體的人民福祉,而在這項指數的排行榜上,挪威獨占鰲頭、美國排名第五,西歐的福利國家全都擠進了前二十五。社會民主制,這種

結合資本主義企業與高稅率、充足的管理，還有全面性的服務與福利（包含免費與高品質的醫療、高等教育、兒童照護、一個月的年假，還有一整年的產假），其實並不相容於自由民主制或財富的積累。儘管看起來好處多多，社會民主制迄今未曾在美國享有過廣泛的支持。[25]

　　自由的定義之爭在美國份外激烈，理由很簡單。不同於挪威、瑞典、韓國或日本，我們不是一個有著共同文化的單一民族國家，美國更像是一個聯盟，當中集合了將近一打區域文化，且大部分都可以將其根源與基本特性，追溯回建立在當前美國東緣或南緣的某個殖民群落中。如我們在第三章會討論到，這每一種區域文化都一直對個人與社群的光譜平衡點在哪兒有不一樣的答案。有些始終更傾向於公益，有些則較青睞個人自由（就連托克維爾都曾有過評論，他對比了更具公民社會意識的東北部與比較自由放任和貴族思想的南方）。唯不論是美國的什麼地方，都比今日的斯堪地那維亞要更個人主義一點，只是也有某些美國區域文化在持續奮力追求一種極端自由放任的社會。那種社會要是真實施下去，自由民主制可能就走不下去了。

　　美利堅聯邦的巴爾幹化（Balkanization），已經讓這個關鍵的問題非常難進行有建設性的討論。這干擾了想要做點什麼的我們，讓我們無法為美國的自由論述出一種共同的願景，一組可以供美國各政黨不論面對從稅率到管理、再到福利的任何問題，都能以此為共同基礎去擬定出政策立場的理想。這也讓有心努力的我們感到困惑，讓我們無法好好地去讀取自家的歷史，去明白我們都嘗試過些什麼，是什麼在導引我們，而我們又可以如何記取

教訓，將之應用到現代生活的問題與挑戰上。這讓我們搖搖晃晃，沒辦法共同站穩我們的方位，沒辦法在對方向與手段有共識的前提下去帶領國家前進，為民眾創造出幸福的生活。這讓我們的共和國在穿過迷宮時跌跌撞撞，或是只能癱瘓地站著原地，徒留我們必須靠妥協前進的體制動彈不得，其血液流成一灘威脅著要讓我們的未來溺斃的債務。

　　這本書的目標是要協助大家找問題的解答，確認我們的光譜平衡點在什麼地方，回復美國的公民社會力量，將眾人團結在共同的追求之下。而為此我們首先要來看兩則警世的故事，一則講的是過頭的集體主義，另一則講的是自由放任主義的模樣。這兩則故事都很重要，是因為我們必須先了解一面倒的追求（不論往哪邊倒），會造成什麼樣的後果。

第二章

# 通往暴政的兩條路

Two Paths to Tyranny

　　一九八九年九月初，我還是個二十歲的學生，第一次在北美以外的地方旅行。我扛著時差，帶著腦中的外語，搭上了一輛開往布達佩斯的列車，那是我要去報到成為交換學生的地方。我要在那兒待上一學期的學校，叫作卡爾·馬克思經濟大學。當時的我主修東歐史，研究過東歐集團的政治，但我從來沒有踏足過一個既不自由、也不民主的國家。一想到要從外頭進入鐵幕內生活，那可是個一堆人想要逃出來的地方。那兒有祕密警察會竊聽你講電話、拆看你的信件，還有對準著我們的家，讓兩代美國小孩活在末日陰影下的核子導彈，我就難免有點膽怯。我一直在聽的匈牙利語錄音帶會出現一些奇怪的對話，像是某兩個人會帶著愉悅的心情，稀鬆平常地在聊天中說「你不用天天吃肉啊，一星期一兩次就很夠了」，或是「今天店裡有雞蛋嗎？」這所描繪的，顯然是一個與上世紀八〇年代的美國迥然不同，物資條件相當嚴峻的地方。我懷抱的期待是能深入了解活在專制極權的社會

裡是什麼感覺，活在個人經濟行為不取決於需求而受制於匱乏的
經濟裡，又是什麼感覺。更重要的是活在一個公民自由不存在的
地方，是什麼感覺。

但我沒有期待到的，是我也順便見證了共產主義的崩解。

我的火車從維也納開出，跨越了奧地利與匈牙利的國境，那
天是一九八九年的九月十日，而大約在同一個時間，改革派的共
產黨政府在布達佩斯做成了一個決定，一個將讓東歐集團的基礎
出現裂隙的決定。匈牙利政府打開了邊境的圍籬，讓東德的民眾
出走。

隨著我搭的火車滑過那巨大的布達佩斯東站，數以千計的東
德民眾正在往我的反方向逃離，但那涓涓細流只是冰山一角，同
時間正有廣大的人潮在往西投奔自由。那人潮之大，迫使在莫斯
科、東柏林、布拉格與布達佩斯的共產政權必須做出決斷：要麼
把軍隊叫來，要麼向民意低頭。匈牙利是這個東歐集團中最開
放、政治最開明、經濟上也最消費者導向的國家，也是個對蘇聯
的持續占領恨之入骨，巴不得能跟奧地利或南斯拉夫一樣也成為
中立國的國家，這樣的他們做起這個決斷可以說相對簡單。他們
的公民早就獲准可以到西方旅行，而那天晚上他們決定讓那年夏
天湧入匈牙利的六萬名東德「遊客」，說白了就是利用匈牙利近
期去要塞化的邊境逃跑的東德家庭，也去西方國家走走。東德人
早知道他們只要能拚到奧地利，就能獲准繼續前往西德，而西德
的憲法已經將東德人認定為本國公民。匈牙利是少數東德政權允
許自家人去旅遊的國家，而數萬東德民眾也利用這一點，預訂了
在匈牙利的暑假，然後就沒打算再回家。

那一天的尾聲，超過一萬名東德人逃到了西德。在西德城市帕薩（Passau）的主要接待中心，駐點的記者報導說幾乎所有的東德難民都不到四十歲，甚至半數都是二十來歲的年輕人。十個人裡有快九個是專業人士：醫師、牙醫、工程師，諸如此類的。三分之二有車，而那在東德可是不折不扣的奢侈品。簡單講，在東德這個勞動力已經嚴重不足的國家裡，這些人是極其珍貴而且無可取代的人力資源。要知道東德當時已經從越南等開發中國家引進了十萬名外勞，才得以讓諸多產業免於停擺的命運。[1]

在接下來的幾週中，東德人口的失血愈演愈烈，主要是長年在本國事務上被噤聲的東德公民開始用腳投票。數萬人在九月拋下了家園，即便東德已停發前往匈牙利的出境簽證也無濟於事。在匈牙利的逃難路線關閉後，東德人便轉往他們僅存還能輕易前往的外國，捷克斯洛伐克。將近三千人前往了西德駐布拉格大使館尋求庇護，希望能獲准移民到西方。另外一千人涉險游過寬廣而凶險的河面，進入了與捷克斯洛伐克以某段多瑙河分別的匈牙利。在東德看似拿不出什麼辦法的狀況下，大膽起來的民眾開始在德勒斯登與萊比錫爆發大規模的反政府示威。十月中，七十八歲的東德領導人何內克（Erich Honecker）遭到他自己的政治局撤職，而政治局雖然宣誓要解除旅行禁令，但卻仍喚不回民眾的信心，沒有人相信他們會說到做到。光是在十一月的第一週，就又有逾六萬人逃離了東德。士兵開始被部署到工廠裡去舒緩缺工的窘況，須知剩餘工人的週工時已經達到七十小時。小鎮居民發現他們沒了醫師或牙醫可看。此外，衣服、水果、木材與零件也都出現了短缺。數日後，四面楚歌的東德政權接受了無可避免的

結果，開放了東西柏林的邊境。數以百萬計的民眾一湧而出。時間來到十二月，原本的東歐集團已然名存實亡。[2]

✳

我在蘇聯帝國的最後幾個月裡穿越了那片區域，西起柏林與華沙，東至羅馬尼亞中部與南斯拉夫的達爾馬提亞沿岸。我目睹了崩潰中秩序的貧窮與暴政，殊不知這個秩序，這個體系，原本宣稱的宗旨是要促進公眾的利益，但其最終產出的卻是所有人的慘禍一場，而其中最慘的莫過於羅馬尼亞。西奧塞古（Nicolae Ceauşescu）在四分之一個世紀裡都是羅馬尼亞共黨總書記，而他把國家搞得債台高築，常是為了推動一些荒謬至極的計畫：例如從多瑙河牽出一條無用的運河；突發奇想把歐洲最棒的溼地，多瑙河三角洲，改造成稻米的耕地，結果米沒種出來就算了，還間接觸發一場生化災難，搞得黑海裡生靈塗炭；把古色古香的首都布加勒斯特大片大片地剷平，只為了興建非常醜陋的「人民宮」（羅馬尼亞議會），那兒以其三百七十七萬平方英尺的占地，只略輸給美國華府的五角大廈（國防部），是全世界第二大的行政官署辦公處；一座建造過程缺陷多到不少人認為要是真的完工，反而會威脅到歐洲東南部安全的核電廠。在累積了巨大的外債之後（光一座人民宮就花掉四十億美元），西奧塞古又突然心血來潮地想一口氣把負債還清。而為了做到這點，西奧塞古想出的政策是Totul Pentru Export，意思是「全力拚外銷」。在這面大旗下，任何能賣的東西都被賣到國外來賺取強勢外匯，也不管二千三百萬羅馬尼亞人自身有什麼需求。結果當然是悲劇收場。[3]

國家明明坐擁令不少歐洲國家稱羨的廣大油田，羅馬尼亞人竟然得在辦公室或飯店大廳裡戴上冬帽與外套來保暖。明明羅馬尼亞以農立國，但國民卻得大排長龍才買得到豬鼻與豬腳，因為中間的部分都賣到國外去了。我在十月份走訪的城市布拉索夫，陷入一片黑暗：依法為了節約用電，每戶人家或商家的每個房間都只能點一只四十瓦的燈泡。而且這個規定不是說說而已，警察會隨機上門臨檢看民眾有沒有配合，畢竟國內每省一瓦電，羅馬尼亞就多一瓦電可以賣到國外。供電在太陽下山一小時後就徹底被切斷，逼著我下榻飯店的客人摸黑沿牆壁走下樓梯，來到沒有暖氣的飯店大廳。在飯店外頭，警察一隊一隊提著機槍牽著德國狼犬，進駐每一處街角，他們鬼魅般的剪影映照自僅有的光源：打在巨大屋頂看板上，讓你知道西奧塞古有多偉大的聚光燈。看板上有的寫著「喀爾巴阡山脈的天才」，還有一面很諷刺地說西奧塞古創造了「時代之光」。

在捷克斯洛伐克與東德，民眾偶爾會多瞥一眼人群中的外國人；在西奧塞古的羅馬尼亞，他們會在路上停下來，眼睛一眨不眨地盯著外國人看，就好像我們是從月亮落下來的外星人一樣。在火車站前的巴士候車處，通勤者組成一道沉默的半圓，圍觀著我跟旅伴一共三個美國人，所有人都像張著嘴的啞巴，沒有人對我們的招呼有任何反應。

然後經過十分鐘，就像聽到隱形的起跑槍響，所有人突然向內朝我們衝來，臉上掛著急迫的表情，手裡握著油膩而破爛的紙幣，懇求著要跟我們買東西，什麼都好：食物、香菸、糖果。我們把手邊有的糖果拿了出來，朝抓取的手遞過了巧克力棒，但拒

收他們的錢，眾人也如同衝過來時一樣突然，一哄而散，瞬間又回到原本悄然無聲的半圓形隊伍中。一輛無軌電車巴士終於拖著貌似痛苦的腳步，從街角的另一頭朝候車處駛來，原來車子的四個輪子扁了三個。

西奧塞古效法北韓的金日成，打造出了宛若邪教的個人崇拜，而作為他統治後盾的，則是據信就像歐威爾小說中的老大哥那樣無所不在的，羅馬尼亞祕密警察。據說某些祕密警察是從小就被招募，主要是羅馬尼亞當年有大量的人口是遭到遺棄的孩童，而這些父母的棄兒本身就是西奧塞古執政的直接產物。西奧塞古滿腦子都是羅馬尼亞的人口愈多，國家就愈偉大的固執觀念，他曾明令禁止墮胎，連進口或販售任何避孕產品也會被抓。再者他對孩子生少了的夫妻會課以重稅，甚至還會「突襲檢查」，看有沒有人非法中斷懷孕。這些倒行逆施的結果就是棄嬰滿天飛，其中有十萬個孩子流落到錢都拿去繳稅，所以資源極其短缺、環境非常惡劣的公立孤兒院。我們在重返火車站，要搭夜車到布達佩斯的時候，就遇見了這樣一群孤兒。火車站巨大而空洞的內部一片黑暗，陰影中赫然是數百人橫躺於地板，等待著列車開來。一名看來六、七歲的男童注意到我們是外國人，試著用羅馬尼亞語與我們攀談，不知道是不介意還是懶得管我們語言不通的事實。他一直用一管小手電筒照著自己的臉，而且忽明忽滅。此外他會不時沒來由地發笑，感覺有點瘋瘋癲癲。車站裡再無其他人敢於跟我們交流，因為告密者看不見但一定在的感覺反應在他們的肢體語言上，但最終有一名坐在我們身邊的年輕人問了那孩童幾個問題，然後一邊假裝在東張西望，一邊低聲丟出了

一段翻譯。「他一個人，要去摩爾多瓦的一間學校，那裡專收看不到希望的孩子。他生病了，而且他其實十一歲了。沒錯，他個子很小，是因為生病的緣故。」那個年輕人最後還多講了兩句。他說他光是跟我們講話就可能被抓。「我想離開羅馬尼亞，」他這樣告訴我們，然後又說了一句廢話，「這裡沒有自由。」[4]

國家的監視無所不在，教室與辦公室都會被竊聽。個人有打字機一律要向警方報備，影印機則不用報備，因為那根本是違禁品。政府耳目的比率之高，據說羅馬尼亞每四人就有一人是官方的眼線。許多羅馬尼亞的專業人才相信連他們口耳相傳的政治笑話，例如說餐廳貨源不夠所以也賣人肉，或是西奧塞古的妻子伊莉娜會飲童血，這其實都是祕密警察出於自身某種陰謀論的理由而放出的謠言。[5]

一如在他之前的蘇聯統治者，西奧塞古的治國基調也是橫柴入灶，硬來的工業化，他堅信這麼做可以培養、創造出一個「社會主義新人」。但這當中有一個玄機，那就是西奧塞古與他（身為繼承人的）妻子都是出身小村子的務農家庭，他們從根本上不信任城市與都會居民，由此他們盡可能想做到工業化而不都市化。在這樣的思路下，西奧塞古下令把大型工廠蓋在偏鄉，然後指派工人進駐這些工廠，但又不提供新居民需要的住所、學校、醫院、道路、下水道、用水系統。結果就是農家子弟得從各地的鄉村通勤，不想通勤的就得搬進急就章蓋起來，暖氣、電力、沖水馬桶都沒有的簡陋工廠宿舍。此外為了避免國民太獨立或太有個性，西奧塞古用推土機推倒了矗立數百年的鄉間小屋，也剷平了那一方方花園土地，逼著居民遷入單調乏味的水泥樓房。有七

千個村子上了預定摧毀的名單，所幸拆了幾十個村子後，西奧塞古的政權就在一九八九年十二月的人民起義中被推翻。6

在我的羅馬尼亞之行的兩個月後，西奧塞古就一命嗚呼，羅馬尼亞在各種意義上重現光明。匈牙利退出了華沙公約組織，捷克斯洛伐克的政權向天鵝絨革命投降，柏林圍牆倒塌。在這種種過程中，蘇聯領導人戈巴契夫（Mikhail Gorbachev）一次也沒有把坦克開出去。兩年之後，就連戈巴契夫自己的國家都不復存在。

＊

在被蘇聯占領的東歐有長達四十年的期間（在蘇聯則是有七十年的時間），莫斯科當局都嘗試打造一個理論上凡事以公眾利益馬首是瞻的烏托邦社會。任何有意義的個人權利都消失無蹤，幾乎所有事物的所有權都在國家手中：工廠、農場、電廠、銀行、鐵路、航空公司、報社與電視台、餐廳與酒吧、店鋪與超市、兒童的夏令營與成人的體育隊伍。非營利的部門與民間機構被連根拔起，在走比較強硬路線的國家要到一九八九年後才獲得復興。任何機構只要身處於政府與個人之間，不論你是童子軍、扶輪社、基金會或慈善團體、工會組織、私立學校，或是村裡的教會，都只有兩條路，要麼解散，要麼由黨國控制的實體取代。

在二次大戰的尾聲，蘇維埃共產主義被強加在槍口下的東歐與巴爾幹半島。在心理學層次上，這代表每個個人都要拋棄他或她自身的「超我」，這是指人類心理結構中的一個部分，一方面擔任我們的良心與道德羅盤，一方面作為仲裁者，調解我們與「本我」的戰鬥，其中本我代表的是人類原始的衝動，然後換上

由共產黨提供的替代品。這個系統，按捷克斯洛伐克的異議分子哈維爾（Václav Havel，天鵝絨革命領導者，後任捷克總統）在一九七八年那篇讓他坐牢的文章裡的說法：「（共產主義）會把所有人拉近它的權力半徑中，但那並不是為了讓他們身而為人能夠了解自己，而是要讓他們捨棄自己的身分來接納系統的身分，要讓他們淪為無意識的分身，成為系統整體自發行為的延伸，或淪為僕役，為系統自行決定的目標效力。」[7]

　　約翰・科薩（John Kósa）作為一名哈佛醫學院出身的社會學者，體驗過蘇聯占領他的祖國匈牙利，而這樣的他曾一針見血地在筆下談到蘇聯是如何尋求達成哈維爾提到的系統目標。每個團體，不論是鄉村俱樂部、釣魚的同好，還是街頭的幫派，都有其自身的集體超我，也就是一組由成員共同接納的價值、目標、禮儀，或常規。科薩在一九六二年寫道：「一個人成為會員，就代表他接受團體的常規，並將之納為他個別超我中的一部分。換句話說，他會把這些團體的價值**內化**。有些人在團體中是真心誠意且積極地合作，有些人就多少有點勉為其難。那些似乎能完美跟隨超我的成員，往往就會成為團體中的幹部。」[8]

　　在像如美國這樣的自由民主制度中，一個人同時會是許多團體的成員，包括教會、社會階級、族裔團體、運動粉絲團、政黨、雇用我們的公司行號。一個人可能會說：「我是一名父親，是通用汽車的員工，是共和黨員，是巴爾的摩金鶯隊的球迷，是天主教徒，是鱒魚的釣客，是義消，是中產階級出身的退伍陸戰隊員。」然後他會就每種身分認同的程度與在何種脈絡下認同這些身分，達成一個平衡。

　　但在蘇維埃系統的極端集體主義中,這些會互相抗衡與消長的認同統統不被允許。所有人都只能接受蘇聯共產主義的超我來作為他或她自身的超我。他或她哪怕稍微遲疑或動搖,都得面對嘲弄、懲戒,甚至生命威脅。共產黨獨占了制訂社會常規、目標與價值的權利,不允許任何的批評或競爭。我們可以看得很清楚的一點,是共產主義在利用一九一七年的革命掌控了俄羅斯之後,布爾什維克黨人不光是肅清了沙皇的皇親國戚、貴族、俄羅斯為數不多的實業家,他們還一不做二不休地解散了獨立的專業、職業與智識類的協會、工會組織,甚至「村社」(mir)這種由俄羅斯小農延續了數百年的集體農作體系都無法倖免。要知道在一個欠缺工業勞動階級的國度中,部分人曾想當然耳地以為村社會順理成章成為建立共產社會的基本單元。

　　在蘇聯共產主義上路的早年,甚至連家庭都被鎖定成要被消滅的目標。蘇聯很鼓勵為人父母者把孩子交給國家養育,任何人只要想,都可以把子女無期限寄放在國營的「兒童之家」(detskie doma),這說穿了就是人手不足、資源又匱乏的孤兒院。離婚與墮胎不但合法而且手續簡便,但那並不是因為蘇聯尊重成年人的自主意願,而是因為他們想藉此弱化人對家庭的忠誠,畢竟家庭是共產黨國僅存還消滅不了的對手。國營托兒所、幼稚園、學校、青年團體,都盡可能被建立來融合家庭的功能,並強化國家塑造下一代的能力。[9]新蓋的房子(住房在一次大戰與革命的摧殘後成了蘇聯非常迫切的需求)都是些公社式的公寓,非親非故的陌生人被迫得擠在一起共用廚房、浴室、生活空間。孩子監視父母,通報父母有什麼偏差的行為或言談,都是受

到當局鼓勵的行為。後來是黨發現他們的確欠缺資源與量能去達成這樣的願景（事實證明國家養出了很多適應不良甚至淪為罪犯的孩子），他們才被迫把兒童早期的撫育責任交還給家庭，只不過蘇聯並沒有停止以國家的力量尋求滲透家庭、制約家庭。[10]

蘇聯政權另一個主要的目標，是想創造他們所謂的「社會主義新人」（New Socialist Man），一種無私無我、秉持集體主義心思、嚴格、勤奮、順服的「未來之人」，而共產主義烏托邦的建立與維繫就要由這些人來推動完成。史達林作為從一九二四到一九五三年的蘇聯帝國之主，他認為年輕人就像黏土，可以放進社會主義新人的模子裡，變成他要的樣子，而這個模子就是蘇聯的政治宣傳、教育、生活經驗。李森科（Trofim Lysenko）身為蘇聯遺傳學研究院的負責人，提出了一套屬於偽科學的理論，而史達林就擁抱了這些理論，然後他就開始相信這些特質可以由被制約之人遺傳給他們的孩子，進而永久地改變蘇聯人民的性格（質疑李森科的反達爾文理論是犯法的行為）。兒童接受的教育是不要去質疑黨對於現實的分析，就讓黨擔任他們的道德仲裁者。「這個計畫，」按照科薩後來所說，「壓縮了人類個性中的獨特本質，目的是要讓社會的組成分子變成精神抖擻的螞蟻跟才華洋溢的機器人，活著只知道工作、蓋屋、戰鬥、嫁娶、繁衍，但在這種種行為中，他們會展現不出一種關鍵的人類特質：他們的良心是不會動的。」[11]

蘇共先後在俄羅斯與東歐掌權之後，就在很短的時間內驅逐、囚禁或處決了所有真正的內部敵人。這導致他們再有錯誤時，就得在黨內尋找代罪羔羊。在史達林與西奧塞古的統治下，

肅清異己是家常便飯。任何人遭到指控，最好的選擇就是馬上承認自己的罪疚，甚至加碼承認幾條他或她沒有做出的犯行。主張自身的清白無異於反控黨錯了，而黨自然是不會錯的，回嘴只會被罰得更重。一九三七年，普查員很盡職且精準地統計了蘇聯的人口，結果他們在不經意間暴露出蘇聯人間蒸發六百萬到八百萬人，這些人餓死在一九三二到一九三三年那場政府造成的大饑荒中。後來，這群普查官員被控告煽動叛亂，數十名公務員不過是盡忠職守，就落得被槍斃或成為階下囚的下場。12

　　藉由剷除個人的能動性，蘇聯體系為自身的毀滅埋下了種子。由於所有東西都屬於公有，所以蘇聯沒有市場機制，也沒有供需關係可以用來組織經濟生產與社會關係。政府的每一個決定都反映了計畫經濟：投資的目標該是什麼？該籌措什麼資源，籌到了又要送到何處？農夫該種植什麼？農產品該賣往何處？工資與物價該訂在哪裡？哪些科學應該獲得資助？媒體應該報導什麼？藝術家應該創作些什麼？每一個人應該各在哪裡生活？他們的社區應該分得多少糧食？只要供應鏈的任何一個部分出問題，效應就會如漣漪一樣在整個系統中傳播。創新，不論是要設計出一個更合理的流程或是一種更理想的產品，都不受到鼓勵，因為這可能會打亂其巨細靡遺寫出來的五年經濟計畫。達成產量目標，往往比顧好產品品質或滿足民眾的實際需求更加重要。而由於產量目標會隨著每一個五年計畫增加，所以生產經理有很強烈的動機要囤積原物料來作為日後有額度要達成時的壓箱寶，而又進一步限縮了經濟活動。短缺變成種「蘇聯病」，畢竟總會有不可預見的事件打破中央計畫者的如意算盤，讓供應鏈陷入混亂。

　　司法不過是祕密警察的延伸，因此必須接受黨內高幹的直接號令，意思是蘇聯並沒有穩固的法治，所謂法律不過是黨內領導一拍腦門決定的事情。在蘇維埃集團國家中，議會沒有獨立的地位就算了，就連理論上負責政策擬定的黨代表大會都只是個戲台子。真正的決策早就由黨的高層在他們打獵的別墅裡私下做成，黨代表開會只是讓這些決策有一個發表的舞台。

　　這種專制獨裁體系所面對最具殺傷力的批判，來自於米洛萬・吉拉斯（Milovan Djilas）。作為一名曾冒著生命危險去跟納粹周旋的南斯拉夫游擊隊員，吉拉斯曾一次次與史達林會面討論軍事戰略與戰後的施政計畫。他協助建立了南斯拉夫聯邦人民共和國，任職於其政治局，然後於一九五〇年代初期，他曾被視為是狄托（Josip Broz Tito）可能的接班人。然後在一九五三年，吉拉斯開始抗議起南斯拉夫體系那愈來愈不民主的本質，其領導階層愈來愈縱情的奢華生活，還有他們堅持拒絕在選舉中出現同屬社會主義的反對黨。這麼一抗議，吉拉斯被關了一年半載，然後放出來之後的他在一九五六年撰文聲援一九五六年的匈牙利革命，支持匈牙利的共產黨改革派嘗試擺脫莫斯科的操控而獨立，結果又短暫去牢裡蹲了一陣子。吉拉斯利用在獄中的時期暢所欲言地斥責了蘇聯與南斯拉夫的共產主義的墮落，並將之寫成《新階級：對共產主義體系的分析》（*The New Class: An Analysis of the Communist System*）一書，在一九五七年出版於海外，還翻譯成眾多外語版本。「非共產國家的官僚有（通常是選出來的）政務長官或者私有財產的主人在他們之上，但共產主義的官僚頭頂兩樣都沒有，」吉拉斯寫道，「非共產國家的官僚是現代資本

主義經濟裡的裁判,而共產黨則是另外一種不一樣且全新的存在……一種新的有產階級。」其核心是「大權在握的剝削者與當家者」,且對全數的物質性資產具備獨占性的控制力,然後拚命往自己身上加諸高到令人髮指的薪資與第二棟房,讓自己可以通行無阻於特殊的店家、水療、各種娛樂設施,當然什麼最好的住所、家具、餐食與用車更是不在話下。他們「可恥的統治手法在歷史上可謂罄竹難書」,他指控「當這個新階級走下歷史舞台時(這只是時間問題),他們的過往不會像過往的任何一個階級那樣令人感傷。在看不順眼就扼殺一切的同時,這個階級也為自己宣判了敗亡與在羞辱中毀滅的死刑。」[13]

✳

　　這個系統不光害死了數以千萬計的生命,斲傷數以億萬計的民眾,同時也對美國的政治發展產生了直接且顯著的效應,主要是外移的俄裔與東歐裔知識分子和其他目睹過極端集體主體之恐怖的證人,共同組成了一股激進的反動能量。他們扮演著將個人主義推至極致的急先鋒,任何不走偏鋒的反應都會被他們聲討,被說成是通往奴隸制的滑坡。

　　在這群赴美的蘇聯難民中,最主戰的政治哲學家或許就是安蘭德。原名阿麗莎・濟諾維耶夫娜・羅森鮑姆(Alisa Zinov'yevna Rosenbaum)的安蘭德出生在沙俄末年的聖彼得堡,其雙親原本穩步向上的人生因一九一七年革命戛然而止。她眼睜睜看著紅軍士兵持槍搶劫了她父親的藥局,把一扇扇門封上,讓藥局就此關門大吉。她上的私校被迫停辦,家中的女僕與護士被迫離開。食

物與生活必需品變得難以取得，「階級敵人」被集中在一起。她最好的朋友奧爾嘉‧納博科夫（Olga Nabokov），和奧爾嘉很快會出名的哥哥弗拉基米爾①，還有他們的貴族家庭，一起逃離了俄國，安蘭德因此再也去不了他們佛羅倫斯風的宅邸，在那裡女孩們有執事、女管家與私人廚師的服侍。安蘭德一家逃到了克里米亞，在那兒待了三年，但最終克里米亞也落到共產黨手裡。回到聖彼得堡，他們發現自家的房子與店面都已經被充公，他們在沙皇時代用盧布存下的身家，已經全成了廢紙。安蘭德進入了彼得格勒大學就讀，那兒她最愛的讀物包括尼采的著作，然後運氣一來她拿到了赴美探視親戚的簽證，那年是一九二四。抓住機會的她一去不返。[14]

　　從這樣的創傷中，安蘭德崛起成為一種極端個人主義信條的奠基者與當然成員，那就是她所稱的「客觀主義」（Objectivism）。客觀主義堅稱人類不應該受限於道德考量，而應該擁抱他們最貪婪的自利。貪心是好的，而利他主義（也就是在她看來，布爾什維克黨人之行為背後的主要驅動力）的本質是邪惡的。像他爸媽跟祖父母明明是有才華又肯努力的人，卻被逼著要犧牲自己來扶持那些弱者、笨蛋跟懶鬼。不論史達林在於蘇聯掌權後是如何消滅無中生有的敵人、如何心血來潮地一殺百萬人，如何建立在人類歷史上僅見的個人崇拜，安蘭德都仍宣稱這個自我中心到瘋狂

---

① 編按：弗拉基米爾‧納博科夫（Vladimir Nabokov, 1899-1977），俄裔美籍作家，代表作是小說《蘿莉塔》（Lolita），被認為是二十世紀最有名和最具爭議性的作品。

的蘇維埃領袖建立了一個典型過於「利他」的政權。人類「至高的道德追求」，安蘭德曾在新聞節目上應主持人麥克‧華萊士（Mike Wallace，後來到CBS主持王牌新聞節目《六十分鐘》）之邀描述自身哲學時表示，「就是達成自身的幸福……每個人都必須把自己活成一個目的，然後只為了自己這個目的而活，每個人也都得照自身的理性與自利去行事。」[15]

　　大，不足以形容安蘭德在美國對於極端個人主義所發揮的影響力。她的小說作品《源泉》（The Fountainhead, 1943）是一個個人天才與集體平庸艱辛對抗的故事，出版後不僅十分暢銷，而且還被拍成了由大明星賈利‧古柏（Gary Cooper）擔任男主角的同名電影。那之後不久她結識一名年輕經濟分析師，並成為他一輩子的好友兼人生導師，那個年輕人名叫葛林斯潘（Alan Greenspan）。葛林斯潘擁抱並力行了安蘭德的哲學，最終還拉著美國經濟陪葬，因為葛林斯潘正好是聯準會有史以來在任第二久的主席。安蘭德在她第二本小說《阿特拉斯聳聳肩》（Atlas Shrugged, 1957）中力挺一名尼采式的「超人」對抗「暴民」，並語帶肯定地描寫了一列火車滿載著思想不那麼具有自由放任主義的乘客，在一場隧道意外中被毒死。此書一出，便遭到左右派批評家的圍剿，例如保守派半月刊《國家評論》（National Review）的錢伯斯（Whittaker Chambers）痛斥其毒氣室的隱喻，但這並無礙於《阿特拉斯聳聳肩》成為又一本暢銷書，且時至今日都還有令人咋舌的銷售成績。《阿特拉斯聳聳肩》出版後不久，葛林斯潘就投書《紐約時報》為其辯護，稱其為「對生命與幸福的慶讚……富有創意的個體伴隨志向的堅定不移，再結合理性，喜悅

與滿足指日可期。永遠只會逃避意義與理性的寄生蟲終將滅亡，
也理應滅亡。」這本書後來又多了一名支持者是二○一二年的共
和黨副總統提名人與後來的眾議院議長保羅・萊恩（這人一手催
生出的預算書砍掉了各種社會服務，好讓政府有錢去替億萬富翁
們減稅），而他的一眾支持者也隨他把這本書奉為圭臬。同樣受
到安蘭德影響的還有在二十一世紀初被自由放任右派視為英雄的
前德州國會議員朗恩・保羅（Ron Paul），以及他擔任肯塔基州
參議員的兒子，蘭德・保羅（Rand Paul）。一如曾在《商業週
刊》擔任調查記者的蓋瑞・懷斯（Gary Weiss）在二○○八年的
金融市場崩盤後寫道，當她的徒眾阻止了有意義的華爾街改革
後，「安蘭德就變成了右派版本的湯姆・喬德（Tom Joad，史坦
貝克小說《憤怒的葡萄》裡的主人翁，代表一種運動的精神領
袖，且其鬼魂也曾在書中慷慨激昂地說過：哪裡有可以讓窮人吃
飽的戰鬥，眾人就會在哪裡看到他）。你簡直可以聽到她在說
著：**哪裡有戰鬥可以讓富人更富，你就會在哪裡看到我。哪裡有
監理機構在追殺銀行家，你們就會在哪裡看到我。**」[16]

　　在面對專制獨裁之蘇聯集體主義時，反應大有問題的不光是
安蘭德一人。堪薩斯州威奇托的石油大亨弗雷德・科赫（Fred
Koch）一開始發跡在三○年代初期，是因為他替史達林升級了
煉油廠。在蘇聯的見聞讓他十分震驚：食物的配給、民眾的衣衫
之襤褸，無所不在的監視。按照他的說法，那是「一片飢餓、苦
難與恐怖的土地」。在接著的二十年間，許多與他共事的蘇聯工
程師不是被處決，就是被送到西伯利亞。甚至連他的官方輔導
員，那位老是在夸夸其談蘇聯打算如何滲透美國政府的仁兄，都

因為被指控密謀顛覆政權而被賞了子彈。「在那兒的親眼所見，讓我相信了共產主義是這世界前所未見的邪惡力量，（且）我必須盡一切力量來與之奮戰。」關於要奮戰這點他說到做到，這包括他寫了很多小冊子，也在全美發表了很多演講，在在都是要警告美國人注意內部的共產主義陰謀，並痛陳美國的非營利組織、外援計畫、工會團體、人權領袖，甚至於聯合國本身，都是蘇聯詭計的代理人或喉舌，其用心就是想把極權的集體主義引進美國。科赫與其他人共同創辦了約翰‧伯奇協會（John Birch Society）這個極端反共的右翼團體，極端到他們認為在水裡加氟的計畫都是「共產主義的支配工具」，且懷疑美國總統艾森豪是忠實的共產黨員。科赫提出警告說政府發放的福利正在改造民眾，讓他們在「不知不覺中成為得靠人養的生物。結果就是人類這個物種會變成歐威爾在小說中所描述的那樣——被慈悲老大哥的大靴子踩進地表上的一張人臉。」對科赫而言，公共意識會無可避免地導致蘇維埃式的集體主義兼獨裁統治。[17]

他會在自家餐桌上痛斥共產主義，希望灌輸他的世界觀給下一代，但成效不盡如人意。他的其中兩個兒子弗雷德里克與比爾成了不沾鍋，完全不碰政治，二兒子查爾斯則吸收了父親的觀點，在威奇托成立了一間約翰‧伯奇協會的書店，並發表演講警告共產主義的凶險。他另外一個兒子大衛後來說他父親「對共產主義緊張兮兮」，但他還是接受了他父親對政府之惡與個人優先性的定見。大衛與查爾斯兄弟聯手，在幾十年間花了數億美元，就是為了在美國創造一個自由放任的運動，並且其宗旨就是要減稅、鬆綁管理、終止政府各種「權利賦予」（entitlement）的方

案、紓困、虧損補貼,還有對抗全球暖化的各種努力。他們把各種資源撒向自由放任主義的加圖研究院與傳統基金會,並在喬治梅森大學裡創立了梅卡圖斯中心(Mercatus Center),發表報告來提倡私有化社會安全機制,削減社會福利方案與聯邦醫療補助(Medicaid,即窮人健保),還有對氣候變遷的不作為。當茶黨運動在二〇〇九年興起時,科赫兄弟檔也透過他們的倡議團體「美國昌盛」(Americans for Prosperity)出錢出力,替茶黨辦理了他們規模最大的造勢活動。在這些他們的父親會覺得如魚得水的活動上,會有講者在台上痛斥聯合國想搞大一統的地球政府,而歐巴馬總統則是想在美國實施「社會主義」。到了二〇一一年,科赫兄弟儼然已經是政壇保守派最有力的金援。[18]

作為對貨真價實之極權式集體主義的反動,安蘭德、弗雷德・科赫與他們的追隨者打造了一股強大的抗拒力量,並藉此主張一種極端的個人主義。但就在眼裡只有國家機器、只看得到國家無所不在所造成的危險時,他們出現了盲點,他們沒能看到自己提倡的替代系統早就有人類試過,而且還另闢蹊徑地也導致了另一種暴政。

極端個人主義的倡議者常不願意承認一件事情,那就是不受節制的國家權力固然是一種潛在的暴政來源,但私人又何嘗不是。綜觀人類歷史,政府淪為弱勢的社會也曾遭到專制力量的掌控,主要是政府一弱,就無法防止財富、力量與特權朝菁英手中聚集,而一旦菁英變得金錢與權勢一把抓,他們就又可以自身的

影響力去攫取經濟與政治的控制力。這類菁英，諸如中世紀匈牙利與波蘭的貴族、二十世紀尾聲崛起於瓜地馬拉或薩爾瓦多的豪門望族，可以建立起對市場、國家財富、司法、軍方，政府行政與立法功能的準獨占地位，並藉此把稅務負擔轉移到其他國民身上，政府支出則都流到自己懷裡。少了一份社會責任感，如安蘭德一眾最極端的個人主義者都認為自己不需要負擔任何社會責任，熱中自利的個人一旦處於社會高層，社會就會開始自肥成風。隨著權勢滔天的個人將自身的自由最大化，其他人的自由就會遭到擠壓，屆時我們就會看到不亞於蘇聯體系末期的景況，也就是一小撮權貴會把社會上所有的財富、權力與特權都掃到自己兜裡。

　　一如不受節制的集體主義會破壞公益，不受節制的個人主義也終究會通往一個個人自由無法由所有人共享，而只會把持在少數人手中的社會。推至極端的自由放任主義不同於共產主義，之所以從來沒被付諸實行，不是沒有原因的，簡單說就是窒礙難行。極端集體主義的批評者若需要現實世界中的案例來說明立場，大可以指證歷歷，例如北韓、納粹德國和蘇聯，但極端個人主義的批評者就沒這麼方便了，他們頂多只能搬出二十一世紀初的索馬利亞曾見過國家權威的消失，導致個人可以「自由自在」去追求自利，結果就是無政府狀態跟舉目可見的恐怖，而那也正是霍布斯想像中的「自然狀態」（state of nature），生命在其中只能殘酷、野蠻且短暫。但這公平嗎？不公平。索馬利亞的狀況，抑或是一九九七年的阿爾巴尼亞，一九九〇年代的獅子山與賴比瑞亞，並不是出自於對個人自由的過度強調，而是來自對個人自

由無甚興趣的政權崩潰。想好好舉一個現實世界中的案例來說明極端個人主義的應用結果，我們可能得走進時光隧道去看看殖民時期的美國，或更確切地說應該是形成美國東部沿海的一「片」美國。

那兒的創始者是循海路而來，一六七〇年下錨在現今查爾斯頓的外海。如同新英格蘭、德拉瓦灣殖民地，還有維吉尼亞潮水地方（Virginia Tidewater）的鄉野，查爾斯頓的這群人也是英國人，但與眾不同的是他們並不是在英倫諸島上土生土長，而是出身巴貝多與背風群島（Leeward Islands）等加勒比海的英國殖民地。他們來此的任務不是要建立喀爾文教派的烏托邦（像在新英格蘭那些人），也不是要實踐貴格會的理想（如在賓夕法尼亞），更不是要複製英格蘭鄉間的半封建莊園社會（如維吉尼亞潮水地方的仕紳所為）。相較於這些，他們是要移植一個有著完整形態的社會模型，一個基於創業精神的資本主義社會，他們要強調的是個別財產主人的自由，還有社會對其財產權的強力捍衛。他們的憲法是出自洛克本人的手筆。他們奉行古希臘與古羅馬的古典共和主義，由一小群菁英掌握行使民主的自由，而大多數人的自然狀態就是聽命行事跟擔任奴隸。確實，這群人的新聚落就是一個奴隸社會，而他們也傳播人人不平等與階級特權的福音在其殖民的廣大區域裡：包含現今南卡羅來納、喬治亞、佛羅里達、密西西比與路易斯安那的大部；東德克薩斯與阿肯色的西南隅；田納西的密西西比河沿岸；北卡羅來納東南角的溪流流

域。他們對於集體價值的敵意與所秉持的平等倫理，使其注定要與其他終將成為美國的地區產生撞擊。而這場撞擊所觸發的，是一場美國歷史上最恐怖的戰爭，乃至於直到今天都還沒完結的社會衝突。

在深南地方被建立起來的當時，巴貝多是英國在美洲最富有、人口最多，爭議也最大的一處殖民地。巴貝多起源於一六二七年，當時那裡只是小農靠種植品質低劣的菸草、棉花、豬隻，勉強度日的簡單社區。但到了一六四〇年，荷蘭貿易商教會了巴貝多人如何種植蔗糖，並帶著他們一些人去參觀了屬於荷蘭勢力範圍、位於巴西北部的農園，那兒有被鎖鏈綁起來的一群群非洲黑奴在熾熱的赤道太陽下，做著照顧與收成甘蔗等會把腰給折斷的粗活。蔗糖跟菸草一樣，都可以在英國與荷蘭賣到高價，由此首先掌握到生產技術的人便賺足了錢，可以在這座約三百平方英里的小島上掃光所有餘下的土地。但勞動力是個問題。比方說在維吉尼亞，打了契約的僕役願意在往往非常野蠻的主人手下操勞好幾年，只因為雙方說好了等契約期滿，這些僕役就可以得到土地。但在巴貝多，土地已經都有主人，想分也沒得分了，所以英格蘭、威爾斯與蘇格蘭的僕役對巴貝多都躲得遠遠的。大部分的勞工會來到這個島上，都不是自願的，那些被英國官方遣送來的愛爾蘭人不外乎是戰俘、雞鳴狗盜之徒，或單純是流民。等這些人也用光之後，商人便一不做二不休開始綁架小孩，結果就是英文裡的「被巴貝多」（Barbadozz'd）在十七世紀晚期有了「被綁架」的意思，跟二十世紀初的「被上海」（shanghaied）異曲同工。去到島上，這些孩子會被虐待、欺騙，甚至被主人殺害，而

當地的執法與司法單位都控制在農園主人的親戚或社會同儕手中。受不了的僕役暴動所在多有，包括一六四九年那場幾乎讓農園主人的統治畫上句點的起義。開闢新的勞動力來源，勢在必行。[19]

　　所幸對巴貝多的農園主人而言，他們如今已有了足夠的財力可以購買並進口數以百計的奴隸去種植農地，而對待這些有男有女的奴隸不用像對僕役那麼客氣。這些奴隸在巴貝多人發明的奴隸法規下沒有權利，沒有「自由」，而後這些法規也成了英國其他地方殖民地的模板。該法稱黑人是「信仰異教、野蠻、難以預料且危險的民族。」只要農園主人高興，想打他們就打，想對他們用刑就用刑，想讓他們工作到死也不成問題。而且反正蔗糖的利潤非常高，所以操死奴隸其實不會划不來。「我們在這兒的英國人認為黑人小孩出生的第一天價值五英鎊，」一名島上的訪客在一六五五年回報，「他們養起來不花錢，而且永遠都是赤身裸體。他們彼此間販賣起這些黑奴，就跟買賣羊隻沒有兩樣。」[20]

　　農園主人中的大咖變得富可敵國，其不道德、傲慢且炫富的名聲傳遍了大英帝國各角落。賓夕法尼亞的狄金森（John Dickinson）作為美國的一名開國元勳，不屑地指出巴貝多人是「殘忍至極的一群人……獨裁的領主用其掌握的權力去壓迫不可勝數的從屬，他們的排場全是靠奴隸制堆疊出的成果。」其他訪客在去過之後，觀察到島上的仕紳過得比他們在英國家鄉的同儕還要奢侈，同時在英國有輿論抱怨起他們用錢搜刮騎士頭銜與產業。確實很多人返回英國當起了遠距的地主，並在議會與法庭中當起深具說服力的遊說者，藉此讓英國針對投票與任公職的權力

施行了非常嚴格的財產門檻。在這樣一個唯利是圖的小島經濟中，其社會風氣也變得高度放縱。「宗教等社會與文化體系遭受嚴重忽視，由此巴貝多與背風群島的生活是出了名的聲色犬馬跟喧囂放蕩，」歷史學者傑克·葛林（Jack Greene）如是說，「整座島上的社會，都是圍繞著錢在發展。」[21]

然而到了一六六〇年代尾聲，由於巴貝多與背風群島已經沒有剩餘的土地可開發成新農園，農園主的年輕子嗣必須要離家去創業。數以百計的這群新血於是外移到一塊新殖民地，那裡已經被英國官員與地圖繪製者稱為「西印度群島的卡羅來納」。

在如今是大查爾頓都會區的地方，他們複製了他們出身的奴隸社會，只是地點換到一片擴張空間不餘匱乏的大陸上，一處亞熱帶的沿岸地區。卡羅來納殖民地的創始憲章是由洛克寫成，並擘劃了一個由仕紳與農奴組成的多階層社會，其中前者被賦予「相對於其所擁有奴隸的絕對權威」。在當地的治理憲章保障下，奴隸主可穩穩地擁有最大的土地，主要是書面文件裡載明他們可以按帶到新殖民地的每名僕役或奴隸，領到一百五十英畝的土地。到了一六八〇年代中期，卡羅來納殖民地四分之三的農園都控制在巴貝多家族的手裡，而且其分布高度集中在最具價值的區域，也就是以查爾斯頓跟鵝溪（Goose Creek）為中心的地帶。在美國獨立革命的前夕，由農園主菁英所把持的查爾斯頓地區若以人均財富而言，達到了驚人的二千三百三十八英鎊，這是乞沙比克各殖民地的四倍有餘，更相當於紐約或費城水準的六倍。如同巴貝多群島，卡羅來納殖民地也是個物質主義、貪婪、個人主義的地方，仕紳在當地你推我擠地爭霸，商人階級則拚了

命要晉身為菁英。《南卡公報》（*South Carolina Gazette*）在一七七三年有這樣的觀察：「他們的一輩子就是一場永無止境的賽跑，每個人都在想辦法拉開跟追趕者的距離，也都在想辦法超越或趕上每一個在他前面的人。每個做買賣的都說自己是商人，每個商人都說自己是仕紳，每個仕紳都說自己有貴族身分。在虛榮與風尚之間，這群人就此無可救藥。」[22]

　　巴貝多人所建立的這種社會傳播到美國的亞熱帶低地，創造出一種獨特且延續至今的深南區域文化。深南地方在南北戰爭前是一個極端個人主義者的夢想天堂。政府存在的目的只限於提供法院、被閹割的警察權、軍事國防力量以保障私有財產。身處於社會金字塔高層的個人非常保護自己的自由。別人自不自由他們沒有興趣，至於人人平等的概念更是讓他們抱有敵意。

　　當地的稅率極低，其設計讓大部分明明有能力的人都無須繳稅。殖民地時期的奴隸主在控制了南卡羅來納的立法部門後，是讓商人與其他民眾按地產與資產的實際價值去繳稅，但卻另行對土地課徵以英畝面積而非市價計算的單一稅（flat tax），意思是名下有位在山丘邊境百畝林地的窮困農夫，跟有百畝良田與莊園宅邸的富裕米農，兩方繳的會是相同的稅。在壓力之下，立法者在獨立革命後撤銷了這種差別待遇，但農園主卻悍然拒絕讓評估者前來會勘其莊園與地產的實際價值。[23]

　　由於收到的稅少，公共服務也乏善可陳。由納稅人扮演財源的公立學校在十七世紀初的新英格蘭隨處可見，但在殖民地時期

的深南地方則一間都沒有，甚至某些州要晚到一八七〇年代才開始成立公立學校，而那主要正是因為在深南地方，有種強烈的個人主義精神存在於擁有不動產的白人男性戶長心中，而他們也是唯一一個能投票的族群。②克萊門特・伊頓（Clement Eaton）是二十世紀中期一名研究美國南部的歷史學者，而按照他的解釋，「讓孩子接受教育在當時被認為是個別家長而非國家的責任。」構成南方寡頭社會的農園主會雇用家教來教導他們的孩子，並送他們去私人學院就讀，其中將孩子送回英國的菁英中學又是他們的首選，同時他們也會確保由公家財源蓋起他們的孩子之後要就讀的大學。大部分中下階層的白人都只能在經濟能力所及的範圍內接受各種教育。最晚到一八五〇年，在深植於深南地方文化的七個州當中，白人家庭的孩子僅有百分之十到十六能進到公立學校就讀，遠低於全美通算的六至九成。這導致的結果是，白人成年者的文盲率在深南各州落在百分之十三到二十六之間（不分黑白的成年文盲率更高達百分之五十三到六十三）。在麻薩諸塞州（新英格蘭表現最差的一州）其整體的文盲率僅不到百分之五，甚至在新罕布夏州才百分之一點七。深南地方的菁英認為目不識丁的人口是好事一樁，為此他們會不遺餘力地阻礙有識之士想提高窮困白人識字率的努力。當南卡羅來納高地的墾民（其組成主要是獨立的蘇格蘭－愛爾蘭農民與牧民）在一八五五年，請州立

---

② 譯者注：美國保障全體女性投票權的憲法第十九號修正案是在一九二〇年八月十八日通過，距離其草案被送進國會的一八七八已經相隔四十多年。在第十九號修正案通過之前，最早賦予女性投票權的是一八六九年的懷俄明州。

法單位授權他們的社區自行徵稅來普及下一代的學校教育時，控制該單位的農園主打了他們回票，理由是徵稅的權力是立法機構的專利。[24]

由於州級的執法部門、法院、監獄都欠缺經費，所以民眾只好自行伸張自己的正義，維安與警察的工作大幅度落到了私設民兵、農園監工與私刑暴民的肩頭。在南北戰爭的前夕，「白白相殘」的凶殺發生率在佛羅里達創下了萬分之八點六人的驚人高峰，比二〇〇九年的世界謀殺首都宏都拉斯還高（萬分之六點六八人），跟二〇一二年美國成人凶殺發生率僅萬分之零點四七人，更是多了將近二十倍。幾十年間，深南地方選民與立法者一直抗拒花錢建立州級的監所，這一方面是因為他們寧可訴諸暴力，一方面是他們根深柢固有著對政府權力的懷疑，也因此到了一八六〇年，南卡羅來納成了美國最後一個連一座監獄都沒有的州。放眼整個深南地方，奴隸的審判幾乎全都在私人環境中由主人為之，奴隸主有權懲罰奴隸，甚至殺了奴隸（唯如果你懲罰致傷或致死的奴隸屬於別人，那該賠的還是要賠）。[25]

由於深南各州的政府被禁止干預經濟或社會事務，因此當地的經濟與社會關係幾乎都完全不受監理或管制。一個大剌剌的例外是那裡明令禁止有人以言談、書寫或各種方式散播對奴隸主把人當成財產的質疑，違反者將視為犯罪並處以重刑。在一八三〇年，路易斯安那州的一部法律規定人不可以在佈道、擔任執業律師、擔任法官，或在舞台上表演時口出任何可能激發奴隸心生不滿的內容，否則就是犯法。在喬治亞，州長朗普金（Wilson Lumpkin）曾發言支持一個類似的法案，他警告州議員若他們不

對反奴隸制的寫作者使用強制力,「我們豈無理由擔心他們不懈的努力可能成功誤導多數民眾……並最終出手干預州憲法賦予奴隸主的合法權利?」「蓄奴的自由」,這種對於財產主人的個人權利的主張,壓倒了深南地方的言論自由,甚至這種逆流還直闖到美國眾議院的開會現場,主要是南卡羅來納的國會議員成功針對反蓄奴的發言或訴願頒布了「噤聲規則」,有效期間長達六年。26

　　農園主寡頭對於個人自由與其神聖財產權的執念,強大到對南方邦聯(Confederate States of America)產生了阻礙,讓邦聯無法好好地捍衛自己,也捍衛自身的政治體系。面對生存危機,邦聯政府嘗試做出緊急處置來確保這個新成立的國家能存活下來,但這些緊急措施卻與深南地方的禁忌產生了扞格,因為深南各州就是把賦權給政府並削弱個人財產權當成禁忌。隨著內戰戰事日久,食物供應開始短少,包括前線的軍糧都供應不上,但許多農園主仍拒絕官方請他們改種穀物的要求,他們就是堅持要繼續種棉花這種主要的經濟作物。邦聯官員求農園主能出借奴隸來建造關鍵的要塞,但還是一樣被打了回票。不得已在一八六二年春通過了徵召法後,里奇蒙③的邦聯政府被深南各州的州長狠狠教訓了一番,甚至連邦聯的副總統,喬治亞州的史蒂文斯(Alexander Stephens),都在筆下寫道此舉讓「我們講什麼州權與……憲法保障的自由都成了笑話。」該徵召法隨即被修訂,規定只要擁有二十名起跳的奴隸,就可以豁免被徵召農園裡任何一

---

③ 譯者注:位於維吉尼亞州,南方邦聯的首都。

位好手好腳的男性。一八六三年，在北方聯邦軍開始長驅直入的同時，南方邦聯授權軍隊取用穀物與其他物資來作為戰事之用，但當一名軍官出示了命令給南卡羅來納農園主哈蒙德（James Henry Hammond）看，請他配合提供玉米時，哈蒙德卻將命令撕得粉碎，丟出了窗外，並宣稱他要是乖乖照做，那就等於是「在自己的額頭上烙下**奴隸**的字眼」。還有人說，應該要求里奇蒙當局減少而不是增加對奴隸主的要求，因為提供邦聯國防支援必須尊重他們的意願。「奴隸財產制在這場戰爭中的神聖性，」南方邦聯助理戰爭部長坎貝爾（John A. Campbell）表示，「對邦聯造成了莫大的傷害。」[27]

✳

由於堅持把政府視為是唯一的暴政代理人，因此自由放任主義者與安蘭德「們」期待中的社會，會以小政府與私有財產馬首是瞻，他們認為這樣的社會才能深得個人自由與繁榮的精髓。但事實當然不是如此。雖說一個弱勢政府不會有成為蘇聯或納粹等集體主義獨裁政體的條件，但這樣的政府也將難以抗衡另一股常見的獨裁力量——富人與有權勢者，須知這兩種人在最大化自身自由的過程中，會快速地剝奪其他每一個人的自由，這包括他們會獨占平步青雲的途徑，或是冒天下之大不韙，直接重新定義誰有資格享有作為自由個體的利益。而這樣的發展，對深南地方與古往今來許許多多的類似社會而言，就是由菁英掛帥的專制政治，寡頭在這當中可以視所有人為草芥，為所欲為。

深南地方的寡頭成員所熱切投入的，是一種特定的個人自

由，也就是他們自己的自由。假以時日，他們日益收緊哪些個體有資格自由生活的定義。參考西印度群島的先例，他們否定了非洲裔的個人權利，理由是他們的種族低人一等。他們一面如此愛惜自身的自由，一面棄他人的自由如敝屣，但卻不覺得這當中有什麼矛盾與不合理。「他們詠嘆的完美自由，」林肯在一八五四年有感而發，是「將別人化為奴隸的自由。」南卡羅來納的火爆參議員卡洪（John C. Calhoun）若能多活幾年，恐怕也會大方承認林肯這段話。「自由這東西若被強加到不適合的人身上，只能是禍不是福，而且此禍還將非同小可。」卡洪寫道，並補充說「世上最沒有根據的謬誤」莫過於「廣為流傳那人皆生而自由且平等的看法」。[28]

按照這種邏輯，深南地方的菁英食髓知味，限縮了是哪種人被認為有能力行使並享受個人自由。伴隨弱勢的深南墾殖居民跟州政府完全任由他們操控，加上美國的權利法案（前十條憲法修正案的統稱，目的是安撫反聯邦人士，以保障個人自由並限縮聯邦權力的方式來保證憲法的通過）完全只限制聯邦政府，導致沒有人可以攔著這些菁英。非洲裔從一開始就被認定沒有能力自理，到了十九世紀初更被認為是奴隸制的莫大受益者。南卡羅來納的知識分子西姆斯（William Gilmore Simms）堅持認為若非奴隸制，則非洲裔將回到「非洲老家那種食人族的狀態，所以現狀對他們是一種救贖。」到了一八五〇年代，黑人在「人類多元起源說」這種偽科學的理論推動下，已經不被認為是個完全的人類，主要是該理論主張人類的不同種族其實是各自有獨立演化路徑的不同物種，而其中黑人是演化層次上最落後的一種。「有個

不容輕忽的真相，」喬治亞州長史蒂文斯曾堅稱，「奴隸制讓他們（黑人）服從優越的種族，對他們而言是符合自然且道德的狀態。」[29]

這種觀點，在當時遭到了非裔美國人中受過教育者的公開強力抨擊。這些非裔美國人要麼是直接生於奴隸制不合法的地區，要麼就是逃到奴隸制不合法的地區。當中最著名的一位名為弗雷德里克・道格拉斯（Frederick Douglass），就是從潮水地方逃出來的奴隸，他巡迴英國發表反對奴隸制的言論，並在那兒的廢奴主義者替他贖身之後返回美國。這之後道格拉斯出版了一本宣揚廢奴思想的小冊子，並在美國至北的地帶展開巡迴演說，倡言奴隸制的違反道德之處不證自明。「把人當成野蠻人是錯的，剝奪人的自由是錯的，驅策他們工作而不給薪水是錯的，蒙蔽他們與其他人類的關係是錯的，用棍棒毆打他們是錯的，鞭笞他們的皮肉是錯的，將他們的手腳安上手銬腳鐐是錯的，放狗去追捕他們是錯的，把他們拿去拍賣是錯的，拆散他們的家人是錯的，打掉他們的牙齒是錯的，燒他們的皮膚是錯的，用飢餓去迫使他們順從主人，也是錯的，但我該用什麼東西去主張這些錯誤呢？」他問白人聽眾。「我該主張這樣一個染了血、染了垢的體系是錯的嗎？不……我的時間跟精力可以用在更好的地方。」他大力主張憲法是「聲張自由的光榮文件」，因此其核心的精神就禁止了奴隸制度。還有其他人則全盤推翻了種族的分類。「我們欣喜於自己是有膚色的美國人，但不接受我們是**不同的人種**，因為上帝讓所有居住在地表的民族都是同一支血脈，祂不會用顏色去區分人。」一大群紐約市居民集結起來，在一八六二年如此上書林

肯，抗議他支持要在戰後把美國黑人遣送回非洲。林林總總的這些主張，不論切入點是道德、是種族、是憲法，都在北方各族群間爭議不斷，但到了深南地方，這些事連討論的空間都不存在。30

深南地方的農園主一邊在十八世紀的稻米與十九世紀的棉花行情中累積財富與權勢，一邊也繼續以限縮眾人自由為手段，擴張自身的個人自由。在該地區大部分的殖民地中，投票權都有嚴格的財產門檻，而且這門檻對照不同的公職還會一步步更高不可攀，至於設置這些門檻的理論基礎則是：去統治這個國家的人，應該要是具體擁有這個國家的人。南卡羅來納一直到內戰前，都維持著這種排除部分人的參政制度。權力集中在州議會，但選區的劃分又確保農園所屬的行政區可以獲得幾近全數的代表權，而人口不斷成長的蘇格蘭－愛爾蘭自耕農偏鄉則席次少得可憐。在十九世紀初想競選議員席次，你必須名下有五百英畝地跟至少十名奴隸，或者不動產扣除負債後的淨值要達到一百五十英鎊以上（當時普通美國勞工的年收入大概是二十英鎊）；若想選州參議員，資產門檻是三百英鎊，至於當州長的門檻是一萬五千英鎊。這代表選出該州所有州級與地方官員、該州兩名聯邦參議員，還有要替該州選出總統的選舉人團代表，都是由一個代表農園主立場（而非公共利益）的州議會產生。31

眼看蓄奴在十九世紀中葉面臨日益高漲的輿論批判，深南地方的領袖發展出了一套對人類進行束縛的繁複辯護，且其適用範疇不限於黑人。南卡羅來納的前州長哈蒙德在一八四五年出版了一本見解獨到的著作，並在當中力陳被奴役的勞工是如何更快

樂、更健康,且比他們在英國與北方各州的自由同儕獲得更好的照料。哈蒙德說那些在英國與北方的自由人正遭受工業資本家的無情剝削,因為資本家不同於奴隸主,並沒有要照顧勞工的義務,畢竟自由之身的勞工不是他們的財產。由於北方的工薪階級並沒有被綁縛住,所以他們對社會是一種風險,他們隨時會揭竿而起去支持某股民粹的政治訴求、罷工,甚至革命,進而威脅到美國的「共和體制」。相比之下被奴役的勞工乖順又沒有權利參政,所以可在哈蒙德所稱「設計良好且可長可久之**共和大廈中**」扮演「基石」的角色。哈蒙德在廣獲深南寡頭擁抱的論述中堅稱窮困的白人與勞動階層應該被奴役,這樣對他們也好,被奴役後他們會體認到這是「至為光榮的解放之舉」。這讓人不禁會去想,要是邦聯避免了內戰而走上了自己的道路,這種理論會不會真的被付諸實行。[32]

但當南卡羅來納愚不可及地在桑特堡(Fort Sumter)朝美國國旗開槍後,原本同情或不置可否的地區紛紛轉而與深南為敵,集結在了聯邦的理念下,而這也觸發一場原本不見得會發生的戰爭。結果對聯邦來說是慘劇,但對邦聯來說更是慘上加慘,主要是後者不但死了幾十萬人,一座座城市成了廢墟,經濟體系遭到毀滅性的打擊,最終北方人占領了他們的疆土,並打算以北方的理念「重建」南方。唯最終北方人重建不成,原本的邦聯將回復並捍衛其種族階級制度直到一九六〇年代。在深南地方,寡頭們會在內戰後重新掌權,形成一股對放任經濟與社會政策堅定的聲音,並持續形塑美國的政治直到今日。

這樣的比喻或許有點不倫不類,但蘇聯與戰前的南方體系確

實有著某些共通性。兩者都極度不民主，都明顯地反自由而對民權與廣大公民的自由漠不關心，都在國家財富的分配上完全談不上公平，也最終都無法與不那麼獨裁的外敵在經濟、軍事與外交上匹敵。兩個社會都在構成廣大人類自由的兩大主要組件中選了一樣來抨擊——蘇聯選了個人自由，深南地方選了集體公共利益，結果兩個社會也都殊途同歸地走上了暴政之路。

　　兩個社會帶給人類的同個教訓是，自由民主制需要在自由內涵中兩種相互競爭的任務間取得平衡。然而對美國人而言，想取得這個平衡有其獨特的複雜性，原因是我們不是一個美國，而是好多個「小美國」，每一個小美國都有自身對於這個平衡點該抓在哪裡的見解。所以說想解決美國們之間的僵局，我們的第一步就是要去理解這當中的看法落差在哪裡。

第三章

# 互不相讓的美國「們」

The Rival Americas

　　要是被推到極致的個人主義與集體主義都會導致暴政，那我們該如何去打造並維繫一個自由與良好的社會呢？這個問題的答案，自然就是要達成這兩股力量間的平衡。任何一個社會都存在能讓人皆大歡喜的平衡點，在這個點上的政府可以供民眾問責，可以展現出對個人權利的尊重，但也不會弱到無法維持自由市場經濟與結構性的平等這兩種自由民主制的養分。

　　每個自由民主社會都有其不同的「甜蜜點」。日本與南韓都強調公益甚於英國與加拿大這兩個廣泛正面看待個人主義的國家。美國整體而言則是地表上把個人主義發揚光大的地方之一，其國家神話的核心供奉著一整排英雄好漢，諸如在阿拉莫戰役中陣亡的大衛・克羅克特（Davy Crockett）、十九世紀小說家艾爾傑（Horatio Alger）筆下的角色、硬漢牛仔約翰・韋恩，福利體系卻遠弱於其他任何一個國家。唯美國人想就個人與集體自由之平衡點取得共識的努力，卻遭到一項簡單事實的阻礙，那就是美

國不是一個一元的社會，我們不像日本、瑞典或匈牙利那樣有一組廣泛獲得國人接納的文化習俗。我們是一個成員間有著不同意見的聯邦，其組成包含了十一種彼此競爭的區域文化，且當中大部分都有數百年起跳的歷史，重點是每一種區域文化都對個人自由與公共利益的平衡抱持不同的看法。這就讓理解這場屬於美國的爭議（從過去到現在的爭議）變得格外困難，而讓這點難上加難的是少有人意識到我們分裂的區域文化的真實輪廓，也少人知道每一種區域文化的精神特質是在什麼條件下被鑄造出來。

　　我們已經習慣了。一想到美國的區域主義，我們就會想到相對直觀的梅森－狄克森線①：北vs.南，洋基藍vs.狄克西灰，或者近年來應該說是狄克西紅。②但現實要比這複雜得多，而且還不只是因為這個典範排除了整個美國西部。即使光看東部，顯而易見且長期存在的文化裂隙也存在於馬里蘭、賓夕法尼亞、德拉瓦、紐約與俄亥俄等各州間。再來就算我們往西看，文化的斷層線也並沒有反映在各州邊界上，如伊利諾州的北部與「下州」（downstate，位於該州東北角，芝加哥都會區以南的地帶）根本是兩個星球。奧勒岡州與華盛頓州的沿海區域與彼此之間，也與加拿大卑詩省跟北加州之間更像，跟這兩州自己的「內地」反而

---

① 譯者注：梅森－狄克森線（Mason-Dixon lines），從賓州到馬里蘭，再從馬里蘭到德拉瓦之間的分界線，一七六三到一七六七年間由英國測量家梅森與狄克森聯手會勘畫定，並於南北內戰期間成為自由州與蓄奴州的分界線。

② 譯者注：狄克西（Dixie），美國南方的代名詞，與代表北方佬的洋基概念相對，來源眾說紛紜，主流說法正是梅森－狄克森線。歌頌南方鄉土的歌曲《狄克西》被稱為內戰時南方邦聯的非正式國歌。

不太像。奧斯汀或許是德州的首府，但達拉斯、休士頓與聖安東尼奧才是「三家分德」各自的中心城市，更別說「兩個密蘇里」的民眾連自己的州名Missouri該怎麼發音都談不攏。傳統上以州為基礎的區域分界或許是美國許多政治與社會討論的基礎，像是北部、南部、中西部、西南部、西部，但這些分界其實有著許多不足之處，甚至有幫倒忙與欠缺歷史脈絡的疑慮。

　　真實而有歷史根據的北美區域地圖無視於州與州，或者國與國之間的邊界，但這樣一張圖卻曾深刻影響了我們自詹姆士鎮③與普利茅斯④以來的歷史，並繼續決定著今日美國政治辯論的各種條件。在撰寫前作《北美十一國》（*American Nations*，暫譯）的過程中，我花了許多年探索這些區域實體的創立、擴張與所具備的影響力，他們其實就是沒有建州的美國民族。這一點所凸顯的，是我們的國家其實從來沒有真正統一過，不論在各自的追求、原則與政治行為上皆是如此。我們從來不是歐洲意義上的那種民族國家，而偏向於一種民族國家的聯盟。比起法蘭西共和國，我們更像是現在的歐盟，而這一點觀念上的混淆也阻礙了我們一起找到共通立足點的努力，反倒是在其作用下，讓我們強加了某個組成民族的價值到其他民族的身上。一旦你熟悉了真正的地圖，你就會看其無所不在的投影出現在語言學者的方言地圖上、文化人類學者的物質文化擴散地圖上、文化地理學者的宗教

---

③ 譯者注：英國在美洲建立的第一個永久性的殖民地，以當時的英國國王詹姆士一世命名。
④ 譯者注：五月花號來到美洲的登岸處。

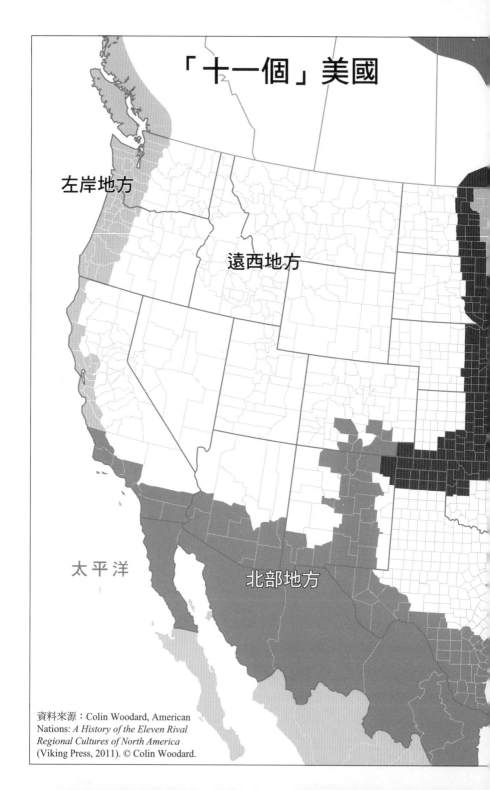

「十一個」美國

左岸地方

遠西地方

太平洋

北部地方

資料來源：Colin Woodard, American Nations: *A History of the Eleven Rival Regional Cultures of North America* (Viking Press, 2011). © Colin Woodard.

第一國度

中部地方

新法蘭西

洋基之國

洋基之國

新尼德蘭

中部地方

大阿帕拉契

潮水地方

深南地方

大西洋

新法蘭西

西屬加勒比海
的一部分

明蘇達州

威斯康辛州

密西根州

荷華州

伊利諾州　印第安
納州

密蘇里州

阿肯色州

密西西
比州

路易斯安那州

新罕布夏州

佛蒙特州

緬因州

紐約州

麻薩諸塞州

羅德島州

康乃狄克州

紐澤西州

德拉瓦州

馬里蘭州

西維吉尼亞州

賓夕法尼亞州

俄亥俄州

肯塔基州

維吉尼亞州

北卡羅來納州

南卡羅來納州

田納西州

阿拉巴馬州　喬治亞州

佛羅里達州

信仰分布圖上，還有近二百年來每一場爭破頭的總統選舉中都看得到，人盡皆知的藍紅州地圖上。我們必然得先明白美國真實的「民族」組成，才能去理解茶黨運動，就像那組成也能釐清美國獨立革命或南北戰爭期間的各種事件。[1]

　　我們的區域隔閡，源自於一項事實：北美殖民地的各個原始群集，進駐的是來自英倫諸島不同地方的人，甚至還有來自法國、荷蘭、西班牙的先民。每一群人都擁有他們各自的區域、政治與民族特徵。代代相傳之下，這些分立的歐美文化在顯著孤立的條件下發展，彼此並無太多聯繫，而在這過程中，他們鞏固了各自珍視的原則與基本價值，並以幾近排除了外來因素的狀況在整個北美東半部形成一群群的聚落。這些聚落有的崇尚個人主義，有的追求烏托邦式的社會改革。有些相信他們是受上天指引，有些認同良知與求知的自由。有些擁抱盎格魯新教徒的身分，有些在遵循族裔與宗教上的多元主義。有些注重平等與民主的參與，有些秉持以古代奴隸國家為模型的傳統貴族秩序。放眼整個殖民時期與進入共和國時代的初期，這些聚落都自認為是彼此的競爭者，他們會競爭土地、人口與資本，甚至會把彼此當敵人，畢竟他們在英格蘭內戰（一六四二至一六五一年）、美國獨立革命時，還有美英戰爭（一八一二年，又稱為第二次獨立戰爭）中都有人站在對立面。幾無例外的，這些區域文化都曾在約克鎮之戰（一七八一年，美國獨立戰爭的最後一場決定性陸戰）後的八十年間考慮過脫離聯邦，甚至有兩個區域文化也真的在一八六〇年代為了這麼做而不惜開戰。事實上，我們從來都不是「一個美國」，我們一直都是好幾個美國，以今天而言就是十一個美國。

## 洋基之國

　　由極端的喀爾文派信徒建立在麻薩諸塞灣海岸來作為新錫安，我所謂的「洋基之國」（Yankeedom）自始就很強調要完善地上的社會，為此他們的手段有社會工程，有讓個體為了公共利益而否定自我，還有對於外來者的積極同化。洋基之國重視教育、智識成就、對社群（而非個體）的賦權，還有公民對政治跟政府事務的廣泛參與，其中這最後一點被看作是公眾對抗貴族、企業與準暴君使用各種詭計強奪豪取的盾牌。從作為核心的新英格蘭出發，洋基之國已經隨其墾民擴散到：上紐約州；賓州、俄亥俄州、伊利諾州、愛荷華州的北方帶狀地區；南北達科他州的部分東部；往北則進入五大湖區各州的上半；往東穿越到加拿大大西洋沿岸地區⑤的大部。

　　早期的清教徒相信他們與上帝訂了契約，因此他們是神選的民族，負有在地上創造一個更完美社會的任務，也就是所謂的「山上之城」，供人類在亂局當中仰望追尋的明燈。從一開始，他們就嘗試要透過集體式的機關與制度來達成這個目標，由此但凡兩者有所衝突，公益永遠先於個人自由。名為新英格蘭的這場實驗的目的，是要維繫社群的自由，而這點對於該區域的創建者而言，就意味著要時時提防貴族階級的崛起，而這點又需要他們去限縮個人的貪欲。

　　早期的洋基之國在某個地區安頓下來，單位不是個體而是家

---

⑤ 譯者注：又稱為加拿大的海洋省分（Maritimes），主要指新布藍茲維、新斯科舍與愛德華王子島等三部分。

庭,外加圍繞著家庭、一起移動的整群朋友與鄰居,這組成的便是往往在其清教徒、(喀爾文派)公理會或長老宗牧師的帶領下,一個個的「行動村莊」(village on the move)。在來到殖民地的邊境時,例如十七世紀初是麻薩諸塞東部,半世紀後是紐約西部,十八世紀末是俄亥俄的西保留地⑥,十九世紀初則是密西根州,他們會把土地幾近平等地分給所有成員,啟動徵稅,然後用稅款積極興建公立學校、聚會所、共用的牧場。每個城鎮從一開始,就是一個具體而微的小共和國,當中有民選的委員會會決定鎮內的大小事務:諸如公共道路、教堂、綠地、校舍的地點規劃;稅款的課徵、收取、支出事宜;民兵的招募與組織。地方教會的教眾也全盤自治,無須對任何外部的階級組織回報。相對於在其他區域,郡大權在握而鎮的權力趨近於零,新英格蘭與洋基之國大部則剛好反過來,郡的權力幾乎遭到架空,這為的是讓不需要負責的政治力量無從孳生。直到今日,新英格蘭的許多小鎮都還保有鎮民大會式的政府組織,民眾會自行以立法者的身分集結,然後直接投票做成所有實質性的決策。政府在這些洋基人的心目中不是敵人,而是其公民的集合體。2

確實,洋基人會慢慢對政府與公共體系展現出一種其他地區的居民所難以想像的信心。新英格蘭人自始就相信面對自私商業

---

⑥ 譯者注:因為一些歷史因素,康乃狄克殖民地曾於獨立戰爭期間從交給聯邦政府的土地中「保留」下西側土地。康乃狄克州後來放棄了對這片土地的聲索,但這歷史地名仍保留了下來,且因此當地的建築風格呈現新英格蘭風情,與俄亥俄州其他部分迥然不同。俄亥俄州第二大城克里夫蘭即為西保留地的主要城市。

利益的陰謀詭計，政府可以守護公共利益。他們相信面對各種不當行為，不論是十六世紀的通姦或口出穢言，還是十九世紀的蓄奴跟飲酒，政府都有辦法透過禁止或監理等具體作為去維繫社區的道德標準。他們相信政府可以透過對基礎建設與學校的公共支出，來創造一個更美好的社會。即便是對於利益的追求（例如一個洋基菁英著迷的話題），都不被看作是種私人行為，而被解讀成一種公民義務，因為只有透過賺錢，他們才能繼續完成建立新錫安的責任，畢竟那是清教徒溫斯羅普（John Winthrop，新英格蘭殖民地的創辦人）在一六三〇年剛下船的佈道中所做出的承諾。「我們必須在這項工作上團結起來，同心同德，」溫斯羅普說，「我們必須願意削減自身的奢侈，來供應他人的必需……共同撐起宛若一家人的經濟……有福同享，有難同當，歡欣在一起、哀戚在一起，流汗受苦也在一起；永遠能在工作中看到我們的使命與社群，我們的社群就是不同成員組成的同一副身體。」[3]

　　這樣的一個社會，看重的是公益，不信任的是自私的個人動機，其雄心是帶領美國與世界走向光明。

## 新尼德蘭

　　由荷蘭人（Dutch）建立的尼德蘭，是西方世界最先進的社會，我稱之為「新尼德蘭」（New Netherland）的這個區域文化在其歷史中，展現了荷蘭人的「先進」特點。荷蘭人有著一種全球性的商貿文化，諸如全球性對應多種族、多信仰；商貿則具有物質文化的特點，由此他們對多元性有著深刻的包容力，對於讓好奇心與良知自由發展的信念則堅定不移。時至今日，新尼德蘭

的組成為涵蓋紐澤西北部、長島西部與下哈德遜河谷在內的大紐約市。如同十七世紀的阿姆斯特丹，新尼德蘭崛起成為領先全球的出版、貿易、金融中心，像磁鐵一樣吸引著移民，也為遭到其他區域文化迫害的人提供庇護，受益者包括十七世紀的賽法迪猶太人⑦，也包括二十世紀初的同性戀者、女性主義者，波希米亞人。他們不是特別民主，也不是特別在乎高深的道德問題，要知道他們也包容了奴隸制，且在桑特堡的聯邦軍隊遭受攻擊的一八六一年之前，他們都捍衛著深南地方的立場。但這並不妨礙他們與洋基之國結盟來守護兩者共有對公部門體系的重視，還有對宗教福音規範個人行為的排斥。

　　早期的新尼德蘭在很大的程度上，取得了個人發展與公共利益間的平衡。作為一個由荷蘭西印度群島公司創辦、擁有並統治的殖民地，新尼德蘭的成立宗旨是為股東賺取獲利。當公司的一些董事想要化身老闆來施行獨裁統治，將其多語言的居民當成員工來對待時，公民們完全無法接受。「一個恣意妄為的政府成立在我們之間，」他們在一六五三年的抗議書中寫道，「壓垮了我們的意志，讓我們的努力與受到的感召都遭到打擊，以至於身在荒野中的我們再無法以原本的熱忱跟幹勁，去促進這個國家的良善發展。」他們堅稱統治的荷蘭人有義務「促進其子民的福祉」，因此也必須撐起「每個生而自由之人」的公民自由，使其

---

⑦ 譯者注：賽法迪猶太人（Sephardic Jews）最早生活在伊比利半島，但十五世紀時遭到西班牙驅逐，開始浪跡歐洲各國，賽法迪就是希伯來文裡的西班牙之意。

不受該公司總督的侵害。笑到最後的，是這些抗議的公民。[4]

　　不同於新英格蘭的英國清教徒，新尼德蘭人的自我想像中並沒有太多自治的成分，他們沒有代表制的議會，且大多時候的荷蘭統治時期都沒有市政府的存在，但他們確實期待僅有的那點體系去創造公益。在針對西印度公司的專制統治所提出的成功抗議中，他們主張改變是必要的，否則「這個國家將永遠無法繁榮昌盛」。一六五三年，新尼德蘭人一贏得成立市政府的權利，他們就推動一系列的公共建設，他們興建了一道牆來抵禦英國人（今日的華爾街就是其遺址），用路街鋪上了鵝卵石，蓋了一條貫穿聚落中心的像樣運河，還建了一座碼頭給當時堪稱殖民地經濟命脈的遠洋船隻使用。他們通過一系列的法律，以公益的名義要求個人遵守規定：茅屋必須改建成使用瓦片的建物（避免人口密集處發生火災）、街邊的雞舍與豬寮必須拆除（出於美觀與衛生的考量）。隨著紐約在十八世紀末與十九世紀初持續發展，公共建設與法規也變得愈來愈重要，因為城市在日益擁擠後的安全與繁榮，就要靠這些有形無形的基礎建設來維繫。[5]

　　更重要的是，新尼德蘭人為了限縮其政府的力量，而祭出強大且外顯的設計去保障個人自由，因為他們認為個人自由是他們與生俱來的權利。一六五三年的抗議者主張了他們作為「生而自由」之人的權利，並藉此阻卻公司老闆對其財產權的侵犯。英國兩度征服了新尼德蘭，第一次是一六六四年，第二次永久性的征服則是在一六七四年，新尼德蘭人都在事後交涉出長長一串要獲得保障的個人自由：官方不得任意扣押財產，不得任意駐軍民宅，開庭受審的權利跟宗教信仰的自由也要獲得保障。在美國獨

立革命後，紐約新尼德蘭地區的居民主導通過了一條州法來賦予民眾更多權利，包括選舉自由、立法者的言論自由，以及只有民意代表可以透過立法課徵新稅的規定。不令人意外的，堅持要在美國憲法草案裡加入權利法案（第一到第十條憲法修正案）來限制政府權利的，正是紐約。作為一個宗教信仰多元的社會，兼具新聞自由的傳統，加上有被外國占領跟被有專制思想的企業總督統治過的歷史經驗，新尼德蘭人直到今天都還很清楚保障公民自由在維繫自由社會上的重要性。[6]

最後，新尼德蘭或許比起其他的任何一支殖民地文化，都更是一個在社經地位上具有流動性的社會。在十七世紀末爬上霸主地位的菁英家庭，無一是從祖先手中繼承到他們的身分地位。這些有權有勢的家庭得以建立，完全靠的是當時一種非常「荷蘭」的人格特質，一種白手起家的創業精神。范柯特蘭（Van Cortlandt）家族的開創者在來到新大陸時只是一介士兵，而他先當起了木匠，最終成了市長。弗雷德里克．菲利普（Frederick Philipse）是個屠戶轉職成的當鋪業者，他死的時候已是全市的首富，在巴貝多群島有一處奴隸農園，在揚克斯也有一處莊園住所。鐵道與航運豪門范德堡（Vanderbilt）家族的第一人是打了契約的僕役，而政治世家范布倫（Van Buren）家族的第一批人則全是佃農，但這些人都要麼培育出歷史上最富有的家族，要麼為美國貢獻第一個白手起家之人當選總統的案例。[8][7]

---

[8] 譯者注：美國第八任總統是馬丁．范布倫（Martin Van Buren），任期為一八三七到一八四一年。他同時也是民主黨的創辦人之一。

　　生活在具有高度流動性且習慣對外進行貿易的社會裡，新尼德蘭人很早就體認到他們既需要一個勇於任事的政府以照顧公益為己任，也需要以明確的規定保證生活在這樣一個政府底下的個人自由。「閉上眼睛，起碼不要強迫別人違背自己的良心，而要讓每個人都能擁有自己的信念，個人唯一需要遵守的原則不過是奉公守法，不去冒犯他的鄰人，也不去跟政府作對。」總督彼得・斯圖維森（Peter Stuyvesant）在荷蘭的上級這麼指示他，那年是一六六三年。「這對你所轄之省⋯⋯有百利而無一害。」[8]

## 中部地方

　　「中部地方」（The Midlands），美國搖擺州[9]的重鎮，是由英國的貴格會信徒創建，他們相信人類有著與生俱來的良善，也歡迎各種民族與信仰的人來到他們在德拉瓦灣岸邊的一處處烏托邦殖民地。以多元主義的中產階級為核心，中部地方催生出了美國中央心臟地帶的文化，族裔與意識形態的純淨從未在那裡被擺在第一位，政府被視為一種外來的干擾而不受到歡迎，政治觀點長年算是溫和，甚至可以說是無感。自始就是個族裔馬賽克的中部地方（獨立革命時期的中部地方是德裔而非英裔占多數），一如洋基之國，都認為社會的構成理應讓普通人受益，並同時排拒由上而下的政府干預。從其位於賓州東南部、紐澤西南部、德拉瓦與馬里蘭北部的文化爐灶出發，中部地方的文化擴散及於：俄亥俄、印第安納、伊利諾的中部；北密蘇里；愛荷華大部；南安

---

⑨　譯者注：政治立場不特地偏向哪一黨的州。

大略；南達科他、內布拉斯加與堪薩斯的東半部；並分別以邊界城市芝加哥跟大聖路易都會區與洋基之國和大阿帕拉契接壤。

　　如同洋基之國，中部地方的初衷也是一個烏托邦計畫，只不過中部地方的個性完全不一樣。憑藉著他們特有對人性的樂觀看法，威廉·佩恩（William Penn）等早年的貴格會人士在創建中部地方時，就不覺得強迫個人做公益是有必要的事情。確實，貴格會成員本身就反對權威與階級，由此他們拒絕在仕紳或貴族面前稱呼他們的頭銜，也不肯向他們舉帽致意。作為和平主義者，他們終究會失去對殖民地政權的控制力，只因為他們不肯挑起那至為基本的一項基本政府功能：以軍事力量避免殖民地的毀滅（在他們的例子裡，賓州東南部大城費城就面對來自印第安人的攻擊）。相對於早期的洋基城鎮會聚集成一個核心來強化社群的團結性、凝聚力與總體紀律，佩恩容許其墾民定居在分散的土地上，結果就是其農場的分布型態較為零星。來自特定宗教派別或地理區域的墾民，諸如威爾斯人或門諾會信眾，抑或是德裔的巴拉丁人⑩，獲准形成他們自有的社區來行使或保存他們的身分。在其設計給賓州的原始憲法中，佩恩把大部分的權利賦予給年度的立法集會，給總督的權利極小，而這也反映了貴格會會議的平等架構。秩序的形成理應是自然而然的事情，其前提是每個個體都能遵循處事的金科玉律：己所不欲，勿施於人。政府相對弱勢，且在殖民時期的美國有著偏低的稅率。9

---

⑩ 譯者注：來自德國巴拉丁地區（Palatine）的族群，一七〇九年因逃避各種饑荒戰爭與迫害而獲得英國庇護。

在中部地方，其殖民地打底的精神特質是平等。家族農場（作為個別且獨立的存在）是當地經濟快速成長的主要動力，也是當地大部分人口的根據地。大規模的農場在當地相當罕見。在一七六〇年代那個農園在南卡羅來納低地動輒有五百到一千英畝大的時期，賓州東南部與紐澤西的平均農場大小只有一百二十五英畝，其中紐澤西南半部是中部墾民的地盤。他們的遺產法鼓勵產業要均分給後代，主要是他們不樂見分產不均為中部地方創造出貴族。[10]

如此構成的是一個心存社群的社會，他們不信賴強大的政府，但信賴人性最好的一面，所以就組成了一個覺得沒有政府也無妨的民族。如果要用一句話去說明中部人的精神特質，那就是：「政府，別來多管閒事，就讓我們的社群去自由建立一個更好的天地。」

## 潮水地方

由英國南部仕紳的年輕子弟所建立起的「潮水地方」（Tidewater）有一個特別的宗旨，就是要複製其老家鄉間那種半封建的莊園社會，以便使經濟、政治與社會事務都由身兼地主的貴族操盤，而他們的各種決定也會符合自身的利益。這些自封的「騎士階級」算是大致得償了自身的願望，將維吉尼亞、馬里蘭、南德拉瓦與北卡羅來納東北部的低地都打造成了鄉村仕紳的天堂，先後有契約僕役跟奴隸來代他們負責農忙。潮水地方向來從根本上是保守的地方，高度重視對權威與傳統的尊重，至於平等或公眾的政治參與則沒被他們放在眼裡。作為十七與十八世紀

最強大的民族，今天的他們已經走下坡，主要是他們向西的擴張
被其喧鬧的阿帕拉契鄰居卡死了位子，晚近則遭到中部地方擴張
的蠶食。

　　這個於英國內戰後在乞沙比克鄉間生根的社會，可以很精準
地被描述為一個具有階級性的自由放任社會，一個與君權神授觀
念失勢後的英格蘭，有異曲同工之妙的自由專制實體。身兼地主
的仕紳，包括當中許多想成為貴族者，對財產、權力、宗教體制
與法律都有著幾近於獨占的控制力。他們是自身莊園中的主人，
是兼具知識與智慧的「頭」，負責控制那些各方面都不如他們的
「手」：妻子與孩子、勞工與僕役、乞丐與奴隸。他們享有的所謂
「自由」（準確來說是特權）是其他人都沒有的，那包括他們豁
免於稅務與體罰，可以擔任公職。唯隨著這些權利所一起帶來
的，則是一份責任，那就是要帶領社會、要照顧弱者，還有後來
要撐起自由與共和的原則。[11]

　　在英格蘭與殖民時期的美國大部，普遍的觀念是在一個共和
國當中，公益只能被託付給財力最強的人，理由是只有什麼都不
缺的人，才能自然而然地具備「公民美德」，也就是一種無私地
為了公益付出的能力（大家好像都沒想到即便是有土地的貴族也
會做出自私自利的決定）。確實，所謂身為一名仕紳，其從定義
上就代表了他擁有穩定的收入來源，且其理想的形式是由莊園土
地帶來的穩定金流，穩定到他不用工作。非仕紳者不論你再有
錢，只要你還需要經營事業來營生，就會被認定無法以超然的態
度克服個人利益，也因此不會被授予擔任公職的特權。由此維吉
尼亞與馬里蘭都立下了嚴格的財產門檻來限制哪些人可以參與立

法代表的選舉。以維吉尼亞為例，這個標準是：一百英畝的未開發土地，或二十五英畝的土地加一棟屋子跟一個運作中的農場。仕紳的另外一個正字標記是接受過博雅教育（liberal education），因為受過這種教育而能具備的常識，也被認為是能理解時下公共政策議題的一種基本條件。[12]

相對之下，廣大公眾所扮演的角色是選出能具體代表上述美德的領導者。「我秉持此一偉大的共和原則在行事，那就是民眾會擁有美德與智識去選出德智兼備的領袖，」麥迪遜後來寫道，「如果我們的社群裡蘊藏有足夠的美德與智識，那這些美德與智識就會被實踐在領袖的遴選上；由此我們便不需要去仰賴領袖的美德，亦不需要把信念寄託在統治者身上，而只需要仰賴跟相信選出這些人的民眾就好。」麥迪遜等潮水地方的革命家對普通人選賢與能的能力有信心，也相信他們會有不打算自行出仕的自知之明。當這種信念在革命後的幾十年間開始動搖後，許多人都很氣餒於他們一路以來所奮鬥的目標，已經無法實現了。[13]

這種「共和美德」的概念，解釋了一種很矛盾的現象，那就是何以這些開明的潮水地方仕紳可以在美國革命中發揮決定性的作用（我說的是華盛頓、傑佛遜、麥迪遜），又同時可以是奴隸主。奴隸幫助他們實踐了他們的「美德」，讓他們可以帶領社會去讓所有人受益。「不可或缺的勞動階級是存在於政治範疇之外的財產。」《大西洋》雜誌的科茨（Ta-Nehisi Coates）在二〇一四年一篇知名的評論中表示。他說這種局面讓奴隸主得以「行有餘力去宣揚他們對自由與民主價值的熱愛」。這種概念框架也解釋了何以華盛頓會對當選或連任總統如此意興闌珊，更不用說被

加冕為國王了。他活出了古典價值，在獨立戰爭後卸下了將軍的兵權，也在總統任期結束後裸退，兩次都是為了要回到維農山莊去履行他身為莊園主人的職責。這種種表現的重點在於政府的目標是追求公益而非私利。他們奉行的是貴族式的集體主義，就像一種十七世紀版本的「唐頓莊園」，社群的利益永遠被擺在第一，且菁英的領導權無庸置疑。[14]

## 大阿帕拉契

十八世紀初，來自北愛爾蘭、北英格蘭、蘇格蘭低地等被戰火蹂躪的邊境一波波粗獷好戰的墾民，建立了「大阿帕拉契」（Greater Appalachia），常被嘲諷為鄉巴佬與山地人的家鄉。事實上，這是一個在幾無空檔的戰事與動盪中形成的墾殖文化，其特色在於投身軍伍之人的價值觀，還有對私人主權與個人自由的高度堅持。從賓夕法尼亞的南中部出發，該文化沿阿帕拉契山脈而下，進入到俄亥俄、印第安納與伊利諾的南部，阿肯色與密蘇里的奧扎克高原，東邊三分之二的奧克拉荷馬，然後再繼續下到德克薩斯的山區鄉間，一路上與印第安人、洋基人、墨西哥人發生衝突。大阿帕拉契對低地貴族與洋基之國的社會工程師充滿同等而強烈的質疑，所以經常更換效忠的對象，一切只看誰對其自身的自由是更大的威脅。自從南北戰爭後的重建時期（一八六五至一八七七年）以來，以及更明顯地是從一九六〇年代的動盪以來，大阿帕拉契就都保持著與深南地方的合作來抵銷聯邦政府干預地方偏好的能力。

世世代代的美國人都有一個從小被灌輸的迷思，那就是建立

我們國家的是一群懷抱高度個人主義，頭戴浣熊皮帽（或後來換成牛仔帽）的開疆拓土者，是他們靠著勇氣、辛勤與自立的精神活了下來，而且發展了起來。我們想像中的這些人住在木屋裡，用自製的武器英勇捍衛家人不受印第安人的威脅，既不尋求也不倚賴政府的協助，更不沉湎於城市的舒適生活。雖說這種描述對現今的美國來說，大部分都極度與事實不符，但如果我們只看大阿帕拉契的邊疆的話，那這說法還滿準確的，因為那些邊疆真的是相當凶險、真的是遠離政府中心，也真的是住著一群看重個人自由，對任何一種發號施令的體制都不信任的個體。

　　蘇格蘭－愛爾蘭裔等邊境墾民都擁抱著一種極端偏向自由放任主義的自由定義，也就是在盡量不受執法部門、法庭等政治性體制干預的情況下，得以自我治理的權利。他們力行一種「以眼還眼」的正義，也就是有冤情的一方理該採取的私刑正義。如某句源自北不列顛的鄉野俗諺所云：「每個人都應該是自身家園的警長」，從這種觀點往下推，按歷史學者費雪（David Hackett Fischer）所言，就是政府機構，包括實際上的警長（精確來講是郡治安官），其實能做的事情相對不多。自命的正義使者與動用私刑的暴民，直到二十世紀中期都還廣獲當地社會接納，附帶一提，英文中的「私刑」（lynch）就是來自查爾斯・林區（Charles Lynch）這個在維吉尼亞的阿帕拉契地區對親英派行使邊疆正義的傢伙，那年是一七八九年。殖民時期這裡的聚落少而稀疏，墾民們偏好生活在孤立的家園中，由此學校、法院、圖書館等各種公共機構也相對稀少。領導者作為地方菁英，是靠著他們的名望而非社會階級在吸引個人的追隨者，而這些名望又來自於他們展

現過的勇氣與果決。這個區域的居民既不尋求、也不接受太多政府的挹注,他們只想保持現狀。[15]

再者,大阿帕拉契人會願意為了自身權益挺身而出,即便是面對強大敵人也一樣。在整個殖民時期中,這個區域都大致屬於由潮水地方或深南貴族掌握的某個墾殖地。這些潮水地方或深南地方的寡頭(其思想具有階級性,而且看不起偏鄉與高地的低賤平民)拒絕給予阿帕拉契地方應有的議會代表權,並通過了把稅務負擔從富裕農園主轉嫁給貧困農夫與牧人的政策。一七六〇年代在北卡羅來納,潮水地方的各郡獲得了十倍於人均的立法代表權,但明明同時間該地方有著大且快速成長的阿帕拉契區塊。作為回應,偏鄉的墾民組成了一團一團的「管制者」(Regulators),一口氣奪取對自身地盤的控制權,並在「自治」的這三年毆打律師、洗劫法院、驅逐收稅的官員,最後是潮水地方的民兵安營紮寨進行了會戰,才將阿帕拉契鎮壓下來。類似的反抗運動在阿帕拉契邊境持續形成,而在美國獨立革命時期,舊恨點燃了在南北卡羅來納與喬治亞的激烈內戰,期間暴行所在多有。一直到了十九世紀,邊境的生活都會驚人地讓人想起阿帕拉契墾民的老家,也就是那被戰火肆虐的英國邊疆。[16]

阿帕拉契地方的宗教傳統鞏固了其個人主義。當「第二次大覺醒」⑪在獨立革命後的若干年中橫掃美國邊境,數百萬美國人

---

⑪ 譯者注:第二次大覺醒(Second Great Awakening),十八世紀末到十九世紀初,美洲大陸興起類似第一次大覺醒般的宗教復興運動。第一次大覺醒發生在一七三〇到一七六〇年代,以公理會為主的許多牧師認為殖民地人民失去了其清教徒祖先的信仰,於是便發起一系列試圖恢復宗教熱情和投入的活動。

擁抱起嶄新的宗教改革，發起全新的抗議宗（基督新教）教派，弱化了所有來自歐洲的既有教會，包括源自英國國教的聖公宗、屬於清教徒的公理會、長老宗，或是貴格會。但就在洋基之國邊境居民創造了集體主義的各種宗教，諸如米勒派、摩門教、基督復臨安息日會，想形塑出更完美的地上社會時，大阿帕拉契地方的民眾則擁抱起偏向個人主義的信仰，由每個人去與上帝一對一接觸，也直接聆聽聖父與聖子的話語，跳過教會機構、神職階級或文字詮釋等的中介來接受神的直接導引。大阿帕拉契人（實際上深南地方的非菁英階級也是如此）人生的重點從來不在改善眼前這個世界，而在於求得個人在來世的救贖。

　　不羈、民粹，而且高度自由放任，大阿帕拉契在歷史上一直是孕育個人主義政治行動的鍋釜──過往有管制者運動，今天則有茶黨運動。

## 深南地方

　　「深南地方」（Deep South）是由來自巴貝多的奴隸主建成宛若另一個西印度群島的奴隸社會，始終是白人至上、貴族特權與現代版古典共和主義的堡壘，其模板就是古代的奴隸國家，民主在當中只是少數人的特權，奴隸制則是許多人天生的命運。深南地方的文化將種族隔離與專制主義散播到了南方的低地，最終包圍了大部分的南卡羅來納、喬治亞、阿拉巴馬、密西西比、佛羅里達與路易斯安那，外加田納西西部與阿肯色東南部，還有德克薩斯與北卡羅來納。即便是在其奴隸制與世襲階級體系被外界干預推倒後，深南地方仍持續奮戰。他們想把聯邦的力量擋回去，

還有那些會影響到資本家、有錢人的稅務，那些討人厭的環保、勞權與消費者安全保護措施，也都是他們的眼中釘。

在前一章細部介紹過的深南地方是個階級主義且自由放任主義的國度，而它不同於潮水地方的地方在於，深南地方的寡頭從未對社會的其他成員有份義務感或責任心，而是單純認為社會就是為了他們而存在，其架構就應該以他們為中心，就應該繞著他們轉。深南地方固然與阿帕拉契地方一樣強調個人主義，但它跟平等主義八竿子打不著。若說阿帕拉契人眼中的世界是個適者生存的戰場，那深南地方寡頭的世界觀就是這些戰爭早在幾百年前就打完了，他們的家族就是勝利者。而勝者、最適應這個社會的人，就應該囊括所有戰利品。

## 北部地方

作為歐美系國度中的老大哥，西班牙裔的「北部地方」（El Norte）可以回溯到十六世紀晚期，當時的西班牙帝國在現今的美墨邊境創立了蒙特雷（Monterrey）、薩爾蒂約（Saltillo）等前哨。時至今日，這支復興的文化已從現行的美墨國界雙向擴張了至少一百英里，納入了德州南部與西部、加州南部與帝王谷、亞利桑那南部、新墨西哥州大部、科羅拉多州一部，還有墨西哥最北端的六州。大部分美國人都知道那裡是個有著異國風情的地方，西班牙的語言、文化與社會風俗才是主流；僅有少數人意識到的是在墨西哥人之間，他們口中的norteños（北方人）是出了名的比中部人與南方人獨立、自給自足、適應力強，且更有事業心。長期作為民主改革與革命情緒的溫床，該地區的不同區塊都

曾嘗試過要脫離墨西哥獨立，並在美墨兩大聯邦國家之間扮演緩衝的國度。到了今天，北部地方已經演變成類似冷戰時期東西德的存在：共享一種文化的兩支民族被一座大牆隔開。

十七與十八世紀的西班牙不同於英國與荷蘭，是一個既不開明也未經重建過的獨裁國家，一個中央集權的君主政體。放眼其母國或其到處在美洲開枝散葉的殖民地，你我看不到任何一絲代議制立法機構的影子。貿易與製造業均遭到高度管制，從事大部分活動都需要先取得特殊的執照（前提是該活動沒被禁止），物價也是由中央官員說了算。

對西班牙帝國而言，墨西哥總督的地盤原本就算得上天高皇帝遠，而北部地方又在墨西哥當中屬於天高皇帝遠的邊境，由此西班牙人殖民當地就像那兒是月球，人類要在那裡蓋基地一樣，他們會派出由農民、畜牧者、僕役與士兵組成的兵團，去那兒建立偏遠的據點。統治當地的大都是軍事指揮官或由帝國官僚從大老遠指派過去的其他外地人。[17]

即便是當墨西哥在一八二一年獨立後，北部地方中如今歸屬美國的各部分仍無一具備完整的國格，也沒有自治需要的各種體制。一八三六年墨西哥推出的退步憲法中，州立法機構遭到廢除，州長會由墨西哥城當局直接指派，且只有具財力者才能出任公職。在上加利福尼亞（Alta California，如今屬於美國的加州），一名墨西哥騎兵軍官回報說「標準應該稍微通融一點」，否則沒一個人拿得出「法律規定擔任州長、參議員或眾議員需要的資本」。該地區的法院依舊遠到一般人根本到不了，大案子要聽審只能先長途跋涉好幾個禮拜，而當地的司法機構還有另一個

令其運作窒礙難行的問題，那就是缺乏識字的律師或法官。「加
利福尼亞政府，」一名美國訪客在一八四〇年代表示，「非常鬆
散、非常沒效率，爛得無以復加。」該地區的政治傳統直到被美
國併入為止，都屬於中央集權且在統治上非常沒有效率。18

　　但相比墨西哥的任何一個地方，北部地方都更渴望一個民主
的未來。乾燥邊境上的生活不似墨西哥中央腹地那樣階層分明，
個人有更多的機會可以創業，即便那意味著他們得與國界另一邊
的深南地方美國人進行非法貿易。受夠了墨西哥內地政府那中央
集權的專制統治，北部地方各地曾先後嘗試成立格蘭特河共和國
（Rio Grande，美墨界河）與德克薩斯共和國，他們希望能藉此
扮演美墨兩大聯邦間的緩衝。北部地方後來繼續留在墨西哥的部
分，提供了針對十九到二十世紀之交獨裁者迪亞斯（Porfirio
Díaz）的反抗力量，同時有不少極端分子流亡到了美國境內，在
工薪階級的西裔之間醞釀出極端左翼的革命思想，畢竟當時這些
西裔勞工正受到種族階級制度的剝削，而實施這種制度的又是新
立的美國各州政府，須知不少這些州政府都控制在深南地方與阿
帕拉契的移民手中。19

　　從一九六〇年代以來，北部地方操西語的多數人口已經為自
己爭到一口氣，這包括他們在該區域階級制度的倒台中出了一份
力，拿回了理應屬於自己的政治權利。其承繼的傳統，按照奇卡
諾⑫學者基紐涅斯（Juan Gómez Quiñones）所說，是一方面「對
政府不信任」，一方面又懷抱著「放不太下的期待是政府應該普

---

⑫ 譯者注：奇卡諾（Chicano），意指墨西哥裔美國人。

遍提供社會福利，但也很務實地知道政府只給一小撮天選之人這
種待遇」。在北部地方這麼個家庭與教會的關係相當強韌，且天
主教會代表的集體主義衝動又影響力不減的地方，政府被認為是
公益的代理人，即便大家也不真的覺得政府會不帶著優待區域菁
英的偏見去扮演好自己的角色。只要其非白人、說西班牙語的文
化還獲得相互競爭的政治人物接受，北部地方就會在理論上是一
個大選時的搖擺區。[20]

## 左岸地方

　　另外兩個區域文化的建立時間則相對晚很多，分別是在十九
世紀的中期與晚期，且建立者不是出身歐洲的墾民，而是來自前
面登場過的區域文化前輩。這兩個較新區域文化的歷史明顯較
短，且直到二十世紀前，墾民的人口數都相當稀疏，而這對應的
就是不如其他區域深刻的文化足跡。唯淺歸淺，它們的文化足跡
確實存在，而且還對現今美國過半的政治理想產生了強大的影
響。這兩個區域中較先有人進駐的，是「左岸地方」（The Left
Coast）這個形狀跟智利一樣狹長，卡在太平洋與喀斯喀特山脈
與海岸山脈之間，從加州蒙特瑞延伸到阿拉斯加首府朱諾的國
度。這個區域原本是由兩組各自獨立的群體墾殖：一組是來自新
英格蘭，循海路而來且進駐城鎮的商人加上傳教士和樵夫，另一
組則是來自大阿帕拉契，普遍駕馬車前來且控制了鄉村的農人、
採礦者與毛皮貿易商。渡海而來的洋基人費了很大勁，要將這裡
變成「瀕臨太平洋的新英格蘭」，但結果只稱得上是事倍功半：
左岸地方仍是一個混血兒，其DNA中的理想主義、對良善政府

與社會改革的信念來自新英格蘭，對個人自我表達與探索的承諾則貢獻自阿帕拉契。作為洋基之國最堅定的盟友，左岸地方三天兩頭就會與其家鄉內地的遠西地方交戰。[21]

　　不同於洋基之國，左岸地方的文化將公益定義為一項計畫，而這個計畫的目標是要創造出一個滋養的支持系統來協助個人自我實現，而不是要創造出井然有序的社群來節制個人的貪婪。但話說回來，左岸文化其實有其非常社群主義的一面，特別是牽涉到環保這個終極公益議題的時候。在一九七〇年的第一屆地球日以前，整個美國的環保運動都是把較帶有集體主義色彩的國度當作根據地，例如說洋基之國、新尼德蘭、中部地方，以及還有最重要的左岸地方。塞拉俱樂部（Sierra Club）作為美國首見的草根環保團體，就在一八九二年成立於舊金山。綠色和平組織（Greenpeace）作為一九六〇年代與七〇年代環保行動主義的急先鋒，也成立在溫哥華。海洋守護者協會（Sea Shepherds）成立在華盛頓州沿海，地球之友（Friends of the Earth）成立在灣區。一九七五年，科幻小說家卡倫巴赫（Ernest Callenbach）想像這部分的世界分裂了出去，自行成立了一個名為「生態烏托邦」（Ecotopia）的國家，居民與環境共存在一個穩定狀態的平衡之中，是個至今仍被理想主義者兼分離主義者當成寶的構想。[22]

## 遠西地方

　　「遠西地方」（The Far West）作為另一個第二世代[13]的國

---

[13] 編按：這裡意指北美大陸第二波拓殖的時代。

度，是北美大陸上一個環境與地理因子力壓民族因子的地方。高海拔、乾燥且偏遠的遠西地方阻斷了東部國度的擴張之路，且除卻小型的例外，都是透過龐大工業資源的部署來完成墾殖，諸如鐵路、重型採礦設備、礦石冶煉爐、水壩、灌溉系統。這造成的結果就是遠西地方的聚落大多接受大企業的指揮與控制，而這些大企業的總部又遠遠地設在紐約、波士頓、芝加哥、舊金山。另一個可能的聚落主宰是聯邦政府自己，畢竟聯邦政府是遠西地方的大地主。由於此區域被沿海國度當成美國內部的殖民地在剝削，因此其政治領袖一方面把公眾對於聯邦政府的不滿當成政治提款機（但其實聯邦的基礎建設支出是當地的重要財源），一方面又避免去挑戰當地的大企業主，任由他們保持著與鍍金年代相去不遠的影響力。遠西地方涵蓋西經一百度線以西幾乎所有的北美內地，範圍從北部地方的北界到第一國度的南緣，當中包含加州、華盛頓、奧勒岡、加拿大卑詩省、阿拉斯加、科羅拉多與加拿大的草原省分的大部，還有愛達荷、蒙大拿、猶他、內華達的全境。

　　遠西地方相當著名的自由放任本色（具體表現在獨來獨往的牛仔孑然一身對抗大自然，也對抗遠方腐敗都市利益的形象上）會稍微收斂，是因為該區域的發展十分仰賴大規模的公共建設計畫與政府扶持的各個產業。超大型的灌溉、水壩、運水計畫讓當地的城市與用水孔急的農場得以在乾燥的大環境中安身立命。先後獲得聯邦補助的鐵道、公路、機場將其連結到遠方的市場。二戰與冷戰時期的軍工支出，例如位在新墨西哥州洛斯阿拉莫斯與華盛頓州漢福德的核武實驗室，到內布拉斯加州西部的核導彈發

射井，以及夾在這當中的數十個軍事基地，都稱得上是當地的經濟命脈。[23]

　　遠西地方也是個於公於私都遭到剝削的區域。在十九世紀與二十世紀初，安納康達銅礦公司（Anaconda Copper）等於是蒙大拿的土皇帝，這包括他們買通了法官與官員，操控大小法律規定來圖利公司的大股東與高層。伐木的利益團體幾乎清光了該區域由聯邦持有的林地，而石油跟天然氣公司則在由聯邦管理的印第安保留區探勘，但卻往往沒有付出任何權利金給原住民部落。

　　林林總總的這些剝削，養成了遠西人對經濟公平性的議題敏感度。由此這個文化上帶有個人主義色彩的邊疆，也同時到二戰之前都是經濟民粹主義、勞工工團主義等種種「公益」主張的溫床。這裡選出了立場十分前進的參議員如蒙大拿州的波頓・惠勒（Burton Wheeler）或愛達荷州的威廉・波拉（William Borah），同時小羅斯福跟他的「新政」也在遠西地方獲得熱烈的支持。時至今日，遠西人被動員起來對付的是另外一個他們主觀認定的魔王：聯邦政府。率領這場動員的政治人物承諾要把干預排除，為地區的繁榮與自給自足清出一條坦途，具體而言他們希望能把政府監理降低。

　　簡單講，這裡有的是一種被殖民剝削搞到精神分裂的政治文化。這裡重視公民自由，尋求個人發展機會的均等，但也想要建立一個公平的競爭場域跟開放的公家「荷包」，好讓公共支出可以支撐起經濟。平等主義與個人主義在這裡兼而有之，但又都沒有貫徹到底。遠西就許多方面而言都是中部地方的翻版，只不過更傾向於自由放任主義而非社群主義。

## 第一國度、新法蘭西

　　另外兩個國中之國，最北方由因紐特人掛帥的「第一國度」（First Nation），以及以魁北克為中心的「新法蘭西」（New France），都主要落在加拿大境內且對本書的討論重心而言較為邊陲。美國在第一國度中位處阿拉斯加北部、西部，還有在新法蘭西位處路易斯安那南部的飛地，都只有小得可憐的選舉影響力，對於美國正經歷的個人與集體自由定義之爭也幾乎可以忽略不計。這兩個文化區都處於民族獨立建國的邊緣，第一國度裡有格陵蘭想獨立，新法蘭西裡則有魁北克想獨立，兩個文化區也都有著強烈的集體主義思想。自從在一九六〇年代那場不是很寧靜的「寧靜革命」中找回自己的身分後，魁北克人已經建立起一個歐式的福利國家，而且還化身為槓桿，讓其母國加拿大也跟著一起轉型。魁北克省有著許多強大的工會，還有一個由巨大國營企業稱霸的經濟，像能源巨擘魁北克水電（Hydro-Québec）就是其中一例。格陵蘭的因紐特人連私人財產都不存在，所有的土地都是集體擁有的公產，個人不論是要成家還是立業，都要跟公家租地。當其蘊藏的石油與礦產被發現足以支付丹麥式「從搖籃到墳墓」的福利國家政策後，格陵蘭人就萌生了三百多年來第一次想要自治的念頭。[24]

✳

　　這些各有千秋的區域文化，這些互為對手的「國度」，大大複雜化了美國人想在個人自由與公共利益平衡點上達成共識的努

力。大部分誕生於十八與十九世紀的自由社會都各自有他們單一
的主軸文化（如荷蘭或丹麥），或頂多兩到三種主軸文化（如比
利時、瑞士或英國）。要在個人與集體自由的權衡中達成共識，
在這些異質性較低的國家中相對容易，更別說後來的日本與南
韓，他們社會中的一致性與和諧性都是廣受看重的共同價值。但
在美國，我們不同的區域文化間在這些問題上有著差距甚大的不
同看法，而這也正是我們從一開始的聯邦憲政設計就如此複雜的
原因。

　　美國不同區域間的緊張程度會居高不下，正是因為我們在自
由觀念上的衝突如此之大，從大阿帕拉契的極端平等個人主義，
到洋基之國從根本上相信的社群主義願景，另一邊還有深南地方
的階級性自由放任主義，而這樣的緊張曾導致我們的人民兵戎相
見，而且我說的還不光是南北戰爭。當英國國王與議會在一六四
〇年代因為對共和主義的未來有不同想法而訴諸戰爭時，潮水地
方的仕紳與洋基之國的清教徒也分別採取了相反的立場。當美國
獨立革命爆發之際，中部地方的人民與深南地方的寡頭一點也不
想介入，而新尼德蘭人則集結在英帝國的背後，唯恐他們的個人
權利會遭到新英格蘭社群主義者一旦得勢後的踐踏，畢竟萬一英
國皇家的權威被推翻，紐約政府的主導權很可能會落入洋基之國
手裡。洋基人本身也曾在一八一二年的第二次獨立戰爭中尋求脫
離聯邦，而那象徵的是他們失去了聯邦事務的控制權，將控制權
讓給了懷有自由放任思想的潮水地方菁英。凡此種種的緊張關係
至今未歇，只不過戰線換到了選舉的地圖上，也換到了國會議員
投票紀錄的地域分界上。[25]

　　這些區域差別分化了我們的開國元勳，在共和國的早年創造出了恐懼與不確定性，進而催生出一部尋求在政府、菁英與庶民的自由間取得平衡的美國憲法。然而即便是天才如傑佛遜、麥迪遜、亞當斯與漢彌爾頓，也無法用一部憲法封印住這些殊異的看法二百年，乃至於二百多年。確實事實已經告訴我們，一個地方的內部分歧不是一場慘烈的戰事跟一段一延再延的軍事占領，就可以解決的。

第四章

# 菁英與大眾

The Elite and the Masses, 1607-1876

　　英屬美洲殖民地的百姓以子民的身分屬於一個奇特的政權：一個君主制的共和國，其自由表現在很多方面，不自由則表現在其他方面。英國本身有著一種混雜的政治文化，其根源可以回推到一〇六六年的諾曼入侵（Norman invasion），當時是來自現今法國的階級制貴族征服了社會相對較為平等，且自認「生而自由」的盎格魯－撒克遜人。就在殖民美洲的計畫上路之際，英國的君主們遭受了兩次重大的挫敗，一次是一六四〇年代的英國內戰失敗（還導致一段短命且過程相當恐怖的共和國政體），另一次是一六八八到八九年的光榮革命（當時有愈來愈多專制國王遭到推翻與替換）。英國民間對於各種自由的強力伸張，導致了王室的權力遭到制衡，但這所謂的民間並不是普通的「人民」，而是王國中的貴族地主。這一點讓共和主義的理念遭到獨特的扭曲，也讓其受到熱烈討論，最終更觸發了行動。採取行動的正是獨立革命時期的美國人。

　　洛克從智識面為這理想提供了充足的子彈。洛克是在英國內戰中出生的孩子，父親原本是一名鄉下律師，後來追隨法官約翰‧波帕姆爵士（Sir John Popham），以騎士軍官之姿與王師作戰，而波帕姆爵士則是一名西部鄉村（West Country，指英格蘭西南部）的貴族，其家族曾在一六〇七年嘗試殖民緬因但未果。內戰之後，波帕姆將青少年期的洛克納入羽翼，贊助他在護國公克倫威爾（Oliver Cromwell）治下的共和國時期接受牛津的教育。在牛津大學，洛克找到了另一位更強大的貴族贊助者，艾胥利‧庫柏（Ashley Cooper）。身為第一代沙夫茨伯里伯爵（First Earl of Shaftesbury）的庫柏將洛克提拔到政府高位，並把他找來起草憲章，供他眾多產業中的新卡羅來納殖民地使用。就當英國卡在王政復辟（一六六〇至一六八八年）的專制雄心與仕紳的現代化力量間掙扎抽搐的同時，明明在王廷上任官的庫柏成為了英國與專制主義奮戰的一個要角。洛克的政治哲學貨真價實地是寫成於庫柏私人的廳堂中，同時其內容也反映了英國貴族的憂慮：「政府」（也就是君主制度與其附屬的官僚）與「人民」在自由的分配上，處於一種零和的鬥爭中。國王擁有的權利與自由愈多，人民擁有的就愈少。只不過，洛克所說的這個「人民」，並不是活在英國疆域內的每個人，而是能夠行使自由權利的有產階級成員，諸如大貴族、地主仕紳、富商，或許再加上獨立持有土地的農戶。他認為這些個人，因為擁有後來會被稱為「共和美德」的特權，所以才能進行理性的思考，由此他們才可以也應該自己統治自己。洛克主張在這樣的過程中，他們將可以創造出一個良善的社會。[1]

　　當然，這種論述會導致一個無解的問題，那就是英國該拿構
成英倫諸島大多數的窮人與不具美德之人怎麼辦才好。在當時，
貴族把數百萬小農從他們祖傳的土地上趕走，為的是清出空間來
建設大型商業農場與放羊牧場。中世紀主奴體系之間的雙向義務
經此一斷，讓封建領主變成了貴族地主，也讓原本自給自足的小
農變成了數百萬名失去土地的叫花子。沒了土地，這些「多餘人
口」的成員被迫自謀生路，而他們的孩子則必須出門打工，且薪
資低到大部分人淪為法蘭西斯‧培根爵士（Sir Francis Bacon）
口中「有家可歸的乞丐」。大量的人湧向都市。營養不良讓他們
發育不良，這些人比起他們中高階級的英國同胞矮六英寸，平均
壽命則只有一半。他們慢慢被自認為了不起的那些人認為是劣等
的種族，他們的貧窮被歸咎於懶惰與素行不良，而不是因為被剝
奪了家族很可能耕作了數十代的田地。這一半被迫家道中落的人
口被定義為沒有道德、沒有身分地位，也沒有政治權力的一群，
並被貼上敗類的標籤，他們三天兩頭被驅趕或教訓都非常合理。
「不是白癡的人都明白，」十八世紀社會評論家亞瑟‧楊恩
（Arthur Young）說，「下層階級就是要讓他們窮著，否則他們永
遠都不會知道要努力工作。」[2]

　　十七世紀與十八世紀初的英國共和主義者擔心，他們對個人
自由與政治平等的呼籲會被這些不學無術的烏合之眾利用。他們
怕這群人會利用其數量上的優勢，來聲索讓散漫、懶惰與犯罪獲
得獎賞的政經改革，並因此讓新生的共和國毀於一旦。湯瑪斯‧
戈登（Thomas Gordon）與約翰‧特倫查德（John Trenchard）合
著了《加圖來信》（*Cato's Letters*）這本當時頗負盛名的政治平

等專論，而他們就大力反對慈善學校讓一小群窮人家孩子獲得教育，理由是這些學校是在「培養乞丐成為所謂的學者，而這只是把奇美拉（Chimera，希臘神話中的噴火怪獸）與憤怒的想法放進這些人的腦子裡，但其實他們手裡只該有十字鎬。」洛克本人曾寫過人之所以會窮不是因為「社會沒有伸出援手或自身沒有工作餬口」，而是因為「紀律鬆散，因為禮數、美德與勤勉的崩壞……還有劣根性和懶散」。他對此在一六九七年提出給政府的解決方案，是立個新法去逮捕所有十四到四十五歲，好手好腳的男性乞丐，然後讓他們「努力工作」到他們可以被放上海軍船艦服役三年為止。五十歲以上的殘疾男性若是被抓到行乞，首先會被關進牢裡，然後「得服勞役三年」。至於要飯的孩童不分男女，都要被「好好鞭打一頓」。乞丐所生三到十四歲的孩子會被送進專門的學校學習工作（也只學習工作），每天他們會被餵食「每日一肚子的麵包」與「天冷時視需要的一點溫熱水粥，因為用來給室內當暖氣的火焰可以順便拿來煮一鍋粥」。這些童工的薪資會被扣住來抵銷粥的費用。其他更激進的共和主義者還有更過分的提案。兩位都獲得傑佛遜高度評價的詹姆斯·伯格（James Burgh）與安德魯·佛萊契（Andrew Fletcher），呼籲要奴役窮人，這完全就是深南地方的階級主義兼自由放任主義者在南北戰爭時期的說話口吻。[3]

　　我們的開國元勳，就是成長在這樣的一種智識氣氛當中，當時不論是個人主義、政治自由與基本民權，都是有財產所以有美德的男性專利。但到了一七六〇年代與七〇年代，美國的區域文化在一點上出現了顯著分歧，那就是他們各自有多少比例的人口

是貴族，是財產不多的家庭，或是一貧如洗的廣大庶民。不令人意外的，這方面的殊異塑造出個別區域不同的價值觀，也讓眾人對獨立戰爭的目標與遺產有了不一樣的期待。

＊

　　潮水地方仕紳對共和問題的看法與英國的共和主義者如出一轍，只不過前者有好上許多的條件可以說到做到。他們的社會極為近似英國的鄉間，有少數彼此結盟的貴族世家控制著一切政經事務，他們分享權力的對象只有小商人階級中比較富裕的成員。他們與英國鄉間最大的差別，是關乎「廣大民眾」的本質。殖民地的窮困白人人口幾乎全由契約僕役或其後裔組成，並且數量無論如何都不足以對仕紳構成威脅。在這些窮困白人之下是自然已經遭到奴役的黑人勞動階層，而且奴役他們還是為了他們好，也是為了社會好。確實，這樣的人口組成讓潮水地方的農園主成了英帝國版共和制度最大的支持者，因為他們不害怕被底下的人推翻，何況他們從小受的教育就是他們代表著古典共和思想中的「公民美德」。共和制與奴隸制，如歷史學者摩根（Edmund Morgan）很久以前指出過，兩者並不衝突，在當年的思路下，這兩者其實相輔相成。「不論是英格蘭還是新英格蘭的共和主義者，維吉尼亞人都可以勝過他們一籌，部分理由是維吉尼亞人已經把問題解決掉了，」摩根寫道，「他們達成了一個大部分窮人都被奴役的社會。」4

　　在倫敦當局嘗試將其殖民地帝國集權化與標準化的過程中，潮水地方仕紳的獨特地位受到了威脅。在世世代代享有對政治、

司法與英國國教在當地之神職職務的近乎壟斷後,他們感覺自身的權力受到兩方面的掏空,一方面是英國派了主教過來上任,另一方面是課徵新稅降低了他們名下農園的利潤。因為確信他們有能力可以自己統治自己,加上意識到北美疆域有雄厚的擴張潛力,面西的皮埃蒙特①貴族,諸如維吉尼亞的理查・亨利・李(Richard Henry Lee)、派翠克・亨利(Patrick Henry)、華盛頓、傑佛遜,以及馬里蘭的湯瑪斯・強森(Thomas Johnson),都很熱中於要脫離國王與英帝國獨立。他們會領著愛國者衝鋒,會說著古典共和主義的語言,還往往會在戰場上擔任紳士軍官。立場比較模稜兩可的低地同胞很快就加入了他們,主要是因為維吉尼亞的皇家總督約翰・莫瑞(John Murray)昭告四方只要奴隸願意為國王拿起武器作戰,就可以獲得自由之身(最終接受這項提議的黑人親英派有大約一萬人,當中一部分在戰後遷居新斯科舍與其他英國殖民地)。這代表著潮水地方的貴族處在多重的威脅之下:他們的財產權遭到攻擊,他們經濟基礎受到衝擊,他們的安全暴露在危險的威脅裡,他們主觀認定撐起了他們各種自由的支柱蒙受了可怕的打擊。[5]

深南地方的寡頭在滿意於他們在帝國內部的社會地位之餘,普遍對革命的理念抱持敵意。他們在數量上與他們的奴隸相比處於一比三的劣勢,在南卡部分地區甚至可以達到一比九,奴隸主視英國的力量為他們內外部安全最好的保障。「獨立不是一個清

---

① 譯者注:皮埃蒙特(Piedmont)可直譯為「山腳下」,這裡指從美國東部沿海到阿帕拉契山脈的丘陵地帶,就行政區來講會是從紐澤西延伸到阿拉巴馬。

醒而明理之人……該對美洲抱持的願景。」南卡羅來納的農園主亨利‧勞倫斯（Henry Laurens）在一七七五年一月寫道，並補充說他所屬的階級只尋求在帝國內部「合理的自由」。在獨立戰爭的第一槍打響在遙遠的萊辛頓之後，一波恐懼降臨在了該區域，期間各報紙都在想像帝國將有武裝黑奴的陰謀。南卡羅來納人直接無視了皇家總督，控制住了殖民地，但他們對獨立運動的看法仍舊莫衷一是。「一個共和政府相比一個惡魔的政府，好不了多少。」喬治亞殖民地的大陸會議代表約翰‧祖布利（John Zubly）宣稱。最終，深南地方的眾人會選擇支持獨立來保障奴隸制，但結果卻是在一七七九到一七八○年間遭到入侵與占領，其中喬治亞甚至被正式重新吸收到帝國的版圖內。唯在深南各州的偏鄉那又是另外一幅完全不同的景況。[6]

對於新英格蘭與紐約上州的洋基人而言，古典共和主義所關心的事情已經獲得了理想的處理。在他們井然有序的社群中，個人已經長年在大環境使然下必須置公益於他們的私利之前，洋基之國沒有世襲的爵位，沒有擁地的貴族，沒有打契約的僕役，奴隸更是已經幾近絕跡。整體而言，大部分的人口都已經處在社會分級裡的中層：有財產、節儉且勤奮度日，在共和主義的理念中「具有美德」。他們沒有群眾需要去奴役或恐懼，沒有領主會逼人成為佃農。他們的社區實打實地自給自足。革命時期的新英格蘭人在自視是人類希望的同時，會想要保護好這種社會秩序。在英國人廢止了麻薩諸塞的殖民地憲章且讓波士頓進入戒嚴之後，率先揭竿而起的就是他們。新英格蘭人民在組成了由公民領導的公有民兵單位後，在新成立於麻薩諸塞的省議會指揮下團結抗

戰，一舉讓英國人喪失了在波士頓占領區以外的所有區域。到了一七七六年春，新英格蘭人已經實質上贏得了他們的獨立地位。要是他們能說了算的話，那新英格蘭可能就不會再繼續革命下去了。[7]

另外有兩個區域文化則不是那麼渴望獨立。中部地方的居民非常滿意於倫敦當局推動的中央集權，且區域內多族裔的人口一方面看不出獨立的好處，一方面覺得自己的殖民地如果真獨立了，還可能面對一些潛在的危險，畢竟他們在賓夕法尼亞、馬里蘭、德拉瓦都要與並不好惹的阿帕拉契地方與潮水地方共處。在中部地方占多數的貴格會與重浸派（Anabaptist）都是和平主義者，他們都對參與戰爭興趣缺缺，他們的領袖因此也在整場衝突中想要保持中立。而在新尼德蘭，輿論一面倒的親英，英王在他們眼中是個人權利的有效保護者，而個人權利正是該區的珍寶，特別是在紐約省這處皇家殖民地，要知道紐約省原本應該受到在紐約上州占多數的洋基人影響才對。確實英軍在整場獨立戰爭中，也一直都使用新尼德蘭作為他們主要的基地。[8]

就這樣，英美的衝突開始在一系列的獨立戰事中，開始在上述三個區域文化間的民族解放鬥爭中。他們的目標（還有那兩個沒去蹚渾水的區域的目標）都不是要搞革命，而是想要保守地面對變局，他們想要維持各自在百年或更長的歲月裡所鑄造出來，特有的政治、經濟與社會關係。那當中僅有的「革命」元素，就是新獨立的殖民地可望成為共和國而非君主國，就像荷蘭共和國、文藝復興時期的佛羅倫斯共和國、克倫威爾治下的英格蘭共和國一樣。

　　然後對某個區域文化而言，一場真正的革命確實已然勢在必行。確實在這場衝突與後續的發展裡，是大阿帕拉契地方讓激進主義與民主精神在當中不虞匱乏，是他們將美國推向了一條前所未見且將改變世界的航線。

　　在萊辛頓之戰之前的五十年間，美國的前身經歷了北美史上僅見的移民狂潮。大約二十五萬名蘇格蘭－愛爾蘭等邊境居民擁進了北美人煙稀少的偏鄉，第一站是賓夕法尼亞的中南部與西南部，後來又到了馬里蘭、維吉尼亞、南北卡羅來納與喬治亞的西部。這些移民當中有為數眾多的孩童，而這點也徹底改變了上述殖民地的人口結構，且由於這些內地偏鄉遠離沿海行之有年的社區，因此文化上的同化與傳統上的社會控制都難上加難。他們很多人很快就放棄了長老宗信仰，擁抱起浸禮宗（Baptist）與衛理宗（Methodist）等崇尚個人主義的宗派，這包括他們不崇尚階級權威，並認為自身的每名成員都能靠一己之力與困難的問題搏鬥，不用倚靠書本或主教的庇蔭。這些宗派也懷抱一些關於自我價值的激進思想，或是認為普通人也可以直接自我治理的危險理念。沿海的菁英，包括賓夕法尼亞的中部地方居民；馬里蘭、維吉尼亞與北卡羅來納的潮水地方仕紳；南卡羅來納與喬治亞的深南地方農園主，都視這些內地人是對共和主義的一種潛在威脅，所以他們才為了緊握住權力而不肯讓偏鄉聚落的居民在立法機構中獲得正當的代表權。[9]

　　戰事爆發後，大阿帕拉契的民眾對國內外的敵人同時出擊。在賓夕法尼亞這塊他們控制了中南部與西南部的殖民地中，阿帕拉契人扮演了革命陣營裡負責殺對方一個措手不及的突擊部隊。

隨著戰事發展，他們邁入了費城，推翻了賓夕法尼亞那些怯懦的中部地方菁英。而一控制住賓夕法尼亞殖民地，阿帕拉契的領袖們就起草了新的激進憲章，授予阿帕拉契各分區實質的治權，並由一院制的立法機關與由短任期之十三人所組成的行政委員會來負責行使這個治權；為了確保民意不被抹滅，賓夕法尼亞將完全不設參議院或總督。在北卡羅來納，邊境居民出征了潮水地方仕紳的軍隊，偶爾還會在戰場上拉出蘇格蘭的旗幟，上頭偶爾能看到蘇格蘭的精神口號寫著Nemo me impune lacessit，大致的意思是就是「不准你踐踏我」。在南卡羅來納與喬治亞，不少人拿起武器與深南地方的寡頭相拚。這兩個區域都在英軍占領他們各自區域時陷入了內戰，有些人尋求把壓迫過他們祖先的紅衣英軍趕走，有些想要跟紅衣英軍合作來對付低地的菁英。只有在維吉尼亞，內地的邊境居民才與沿海的領導人同心同德，結成了聯盟來終結英國的統治，並加入了華盛頓的大陸軍，成為其行伍中的一員。[10]

英軍方面康瓦里斯將軍（General Cornwallis）的投降，並沒有讓阿帕拉契人對自由的奮鬥告一段落，主要是他們要的自由是：一個自由放任的民主政體，當中的政府要夠弱勢、夠遙遠，要既對普通人民馬首是瞻，也要由普通人民進行運作。他們不屑一顧那些口口聲聲「公民美德」、「天生貴族」的說法，他們排斥那些讓白人男性可以獨攬投票權與參政權的財產限制，他們不想跟洋基之國那種只能在緊密的社區控制下享受的「有序自由」扯上邊。阿帕拉契人根本不想要什麼共和國，他們要的是民主。

✳

　　從一七七六到一七八九年，所謂的美利堅合眾國頂多是一群
主權州的鬆散邦聯，各州同意的是要共同維持一組由中央統籌的
國防、外交與外貿政策。州議會大權在握，且許多州議會都是以
極端民主化的方式在揮灑這些實權。整體而言在一七七六年之
後，各州立法性質的集會變大了很多，且往往具備幾個特色：一
年任期、選民擴增、偏鄉的代表權獲得保障，而這種種特色都確
保了前所未見的人員流動性與有大量的民意代表出自草根的基
層。放眼新的邦聯，新加入者尋求的不是聊備一格地宣揚公共利
益，而是大鳴大放地反映他們所屬地方上、職業團體裡，甚至是
他們自身的真實利害。來自大阿帕拉契地方的代表尤其搬出了幾
項訴求：讓普通人的債務獲得緩解，將稅務負擔轉移到富人身
上，不要再讓州長與最高法院有權推翻民意代表的決斷。北卡羅
來納州梅克倫堡郡（Mecklenburg）派出了代表去參加該州有史
以來第一場憲政會議，而百姓們給代表的指示是：「凡是傾向於
貴族制或把權力放進有權有勢者手裡，（且）用來壓迫窮困者的
規定，統統反對。」新政府按他們所說，應該要是一個「簡簡單
單的民主，或盡可能如此」。[11]

　　在戰後，邊境居民起身反抗了一場由美國歷史上一大反派，
費城銀行家羅伯特．莫里斯（Robert Morris）所策劃，腐敗至極
的財務詭計。在戰爭期間，大陸會議的大陸軍沒有錢付軍餉，也
沒有錢買下他們從農家強徵來的食物與牲畜，於是他們只能寫下
一堆欠條。然而就在財務部門由莫里斯掌控的期間，賓州宣布該

州將不再接受持有者用這些欠條來抵稅，逼著退伍軍人與農戶把這些欠條賤賣給莫里斯的黨羽跟企業合夥人，收購價只有面額的六分之一到四十分之一。莫里斯接著再加入了聯邦政府，並與提攜他的漢彌爾頓共同宣布要讓這些投機的黨羽與合作人發財，具體而言他們要用真金白銀的貴金屬跟這些人買回所有欠條，而且價格是面額加上百分之六的利息，收購的財源則全數來自新推行的特種貨物消費稅（excise tax）與威士忌稅，且新稅的設計是讓一開始被迫賤賣欠條的窮人去承擔大部分的稅賦。那些繳不出稅的人（事實上當時鄉下鬧錢荒，貨幣的流動性有問題，所以付不出來的人所在多有），就會面臨農場與財產被充公的下場。

這種欺人太甚的施政讓起義者在大阿帕拉契遍地開花。在北卡羅來納西部（後來變成田納西州的地方），墾民在一七八四年退出了這個由潮水地方控制的州，自行成立一個「富蘭克林州」，並在那兒讓蘋果白蘭地、動物毛皮與菸草成為通用的法幣，律師、神職者與醫師等業種則被排除在民選公職之外。自立門戶以求當家做主的他們申請加入聯邦，並獲得了過半數州的支持，只可惜通過的門檻是三分之二的州數，接著後來一場與切羅基族（Cherokee）原住民的全新戰事讓這場獨立運動無疾而終。在賓州西部，政府辦公室被搶，公民成群結隊從獄中劫走債務人，攻擊郡治安官、稅務官、法官。一七九四年，九千名阿帕拉契地方的賓夕法尼亞人朝中部地區的城市匹茲堡進軍，迫其投降，並召開了由維吉尼亞跟賓夕法尼亞西部共二百二十六名代表與會的區域獨立會議。他們自行設計了旗幟，討論了要主動向西班牙與英國尋求保護的可能，然後才被華盛頓率軍將其解散。[12]

　　然而事到如今，就連新英格蘭的領導人都動起來要壓制地方性的民主起事。一七八六年，揭不開鍋的退伍軍人在麻州西部發起了武裝叛變，主要是官方多次嘗試要查封在戰時被白吃白喝白拿的農家房舍；一如阿帕拉契地方的起事，這所謂的「謝司起義」（Shays' Rebellion）最終是動用了聯邦軍隊才得以弭平。在事件的後續，殖民地領袖呼籲召開跨州的特別會議（憲政會議）來壓抑雨後春筍般的民主運動，並為了限縮州議會的權限而對中央政府進行改革與強化。不令人意外的，大阿帕拉契的居民在這場會議中幾無置喙的餘地，他們唯一的發言管道就是賓州的單一代表，而那兒也是他們唯一擁有實權的地盤。

　　關於自由之本質所抱持的不同信念，形塑了後來成為一七八九年版憲法的各種思索，但該部憲法的辯論主軸仍在於「階級對抗平等」。來自中部地方與新尼德蘭的會議代表只尋求小幅度改變現狀，支持平等民主與弱勢的中央政府，但他們在投票時敗給了洋基之國、潮水地方與深南地方的菁英代表，後面這群人要的是夠強的中央政府，跟中央政府裡要有被指派的總統與一個參議院。當討論主題來到參議院的代表權分配時，洋基人堅持州州平等，並擋下了深南地方想把奴隸都算成眾議院代表席次計算人頭的如意算盤，逼出了一個妥協的結論是奴隸要算進人頭可以，但要打六折。各州接著各自舉行了批准聯邦憲法草案的會議。其中新尼德蘭人是等到大陸會議同意在草案中循荷蘭的先例，加入保障各種公民自由的憲法修正案，合稱「權利法案」後，才同意在州內進行批准憲法的投票。

　　阿帕拉契地方內幾乎各州的代表都投票反對憲法草案，唯一

的例外是維吉尼亞。在賓州,也就是邊境居民在州內唯一具有可觀代表權的州,州議會裡占多數的中部地方代表綁架了聯邦憲法的批准過程,靠的是突擊式地排入代表的改選議程。他們的盟友凍結了所有反憲法的資料,攔下了所有郵件中的報紙,同時州議會代表的改選也搶在憲法草案還來不及送到州內較偏遠的阿帕拉契地方前就辦理完成,就此以區區百分之十八的投票率選出了一群支持批准憲法的代表,大部分都來自中部地方。當年的阿帕拉契人反對建立一個強大的政府來節制個人自由,他們的眾多後人今日依舊不改初衷。[13]

最終產生的聯邦憲法(包含三權分立的政府與各種公民權的保障),對個人主義式的民主制度發揮了長久以來的制衡效果,一如它確保了沒有哪個區域文化可以徹底爬到另一個文化的頭上。這部憲法裡涵蓋了各種可以類比於君主制或中央政府權力的機構(行政部門)、貴族或寡頭影響力的機構(參議院)、廣大的公民成員(眾議院),甚至還有超然獨立於外的神職人員階級(最高法院)永遠不用面對選舉,沒有任期,唯一的責任就是詮釋並保守聯邦的神聖原則。這部憲法不啻是一種嘗試,它的目標是讓威脅要將美國這場政治實驗甩得支離破碎的各股離心力,共同找出一個平衡。

✳

聯邦憲法中含有各版本的自由定義在相互競爭的張力,但並沒有去化解這股張力。在憲法通過後的三十年間,美國的開國元勳仍相互為了一個問題在衝撞,那就是新聯邦政府應當扮演的角

色，而他們很快就在這點上分成了兩個陣營，一邊傾向於個人自主與放任經濟的自由放任主義，另一邊則尋求將權力與資源拿去發展一種有所本的社會與國家，因為他們相信有朝一日，這樣的社會與國家將成為全世界的希望與典範。

　　不令人意外的是自由放任主義者的陣營是由潮水地方一名啟蒙經歷無懈可擊的農園主領軍，這位農園主就是傑佛遜。如同跟他同世代的許多人，傑佛遜認為經濟獨立是公民身分的基本條件，只有那些不需要倚賴強者的人才有可能在深思熟慮後做出無私無我的公民決定。對他與他的盟友而言幸運的是，美利堅共和國矗立於地廣人稀的大陸東緣。迥異於歐洲那片土地早就都被兼併到少數人手中的舊世界，美國似乎還有很多土地可以分配。任誰只要想，都可以成為一個獨立的農夫兼地主，自給自足並因此享有公民的美德。傑佛遜宣稱：「在大自然與一片汪洋親切的隔絕下，我們遠離了四分之一個地球所歷經的毀滅與浩劫。」他還說美國這個「天選之國」有「足夠的空間容納我們的子孫繁衍百代、千代」，或大約二萬五千年之久。傑佛遜式的觀點是典型的自由放任式視角，他認為在一個個體可以自由自在且自給自足的共和國裡，個人的經濟與公民決定可以加總起來產生出一個興盛的經濟，跟一個理想的社會。果然，這看法獲得的熱情支持來自潮水地方、深南地方與阿帕拉契等自由放任主義者的地盤，也來自新罕布夏南部與緬因州中部沿海的蘇格蘭－愛爾蘭飛地、麻州西部的辛苦農民、費城與紐約的工匠等偏集體主義地區的不滿少數族群。在替這個陣營發言時，傑佛遜等貴族自詡不是一位仕紳奴隸主，而是一個「磊落的農夫」。[14]

　　與傑佛遜這一派唱反調的，是集體主義、大有為政府的倡議者，也就是所謂的聯邦黨人（Federalists，因為他們支持一個強大的聯邦政府），再後來又被稱為輝格黨人（Whigs），這源自英國同名的共和主義思想政治運動。

　　這群人認為放任的做法有百害而無一利。「很多狂野、臆測性的悖論在我們的思想中生根，為我們所相信，這就是其中之一，」漢彌爾頓論及放任觀念時說道，「任何一個通曉商業史的人都應當排斥這類想法。」相對於放任，他認為聯邦政府應當勇於任事，應當積極去「成就偉大的事業」，他認為聯邦政府應該投資全國性的公路、橋梁、運河，而且該打的仗就打；他還認為聯邦政府應當效法英國打造精密先進的財政體系，並藉此去發行證券、整合州級的革命戰爭債務，成立一家國家級的銀行來發行債券，也發行美國初始的標準化紙幣，並讓鑄幣廠去產出標準化的硬幣，至於國家級的特種貨物消費稅與關稅則可以做為上述作為的財源。而這種種作為，在漢彌爾頓看來，將能確保聯邦政府參與到「最能觸及人心弦」的領域，進而提升「社群獲得的尊敬與凝聚力」。[15]

　　這兩個陣營在國家應該如何擴張上各有想法。獨立革命為阿帕拉契山另一頭遼闊土地打開了殖民之門，因為美國人再不用遵守英國人與各印第安原住民族所簽協議中的白人屯墾禁令。聯邦黨人希望這個區域（包含現今的上中西部與阿帕拉契各州的大部）可以成為「合眾國巨富的礦藏」，但他們希望看著當地在中央統籌下漸次獲得屯墾。在他們的規劃中，土地將分階段向印第安部落購得，然後再經過會勘與分拆後成為有組織的城鎮，並以

至少六百四十英畝的面積為單位進行拍賣，同時每個城鎮都會撥出數千英畝的土地來做為公立學校的財源。講究文明的墾民帶著至少過得去的資本（許多人可以合理推測來自海外）可望進駐當時所謂的「西部」，並把秩序、開明，與心懷社群等價值一併帶去。這是社群主義的願景，中部地方與洋基之國那種中產階級可敬聚落的模型能傳遍整塊大陸是他們的期許。[16]

但聯邦黨人的這個願景，失敗了。數萬人說西遷就西遷，無視於政府的規劃、命令，還有劃定的界線，他們只有占地為王的觀念。這當中大部分人來自大阿帕拉契，而他們也按其本色主張自己有與生俱來的權利採取這樣的行為。「只要是人……都毫無疑問地有權進入任何一片無主的荒野，並在那兒建構自身的憲法，」一群不受控在圈地的俄亥俄州人宣稱，「國會無權對他們下禁令（或）……出售無人的土地來支應公共債務。」國會後來派了聯邦軍隊去俄亥俄，一把火燒了這些圈地者的聚落，但聯邦軍前腳剛走，他們後腳就把聚落又蓋回去。華盛頓作為聯邦黨人中名號很大的一位，是這麼說的：「除非你有中國的長城或一整排軍隊」，否則你都別想擋住他們。[17]

單就他們的主觀立場而言，傑佛遜派很樂見這種急速又脫序的邊疆移民。在他們眼中，西進擴張是共和國延續命脈的關鍵所在，因為只有這條路能讓大部分家庭獲得農夫自由民的獨立性，也因此避開加入歐洲薪資奴隸大軍的命運。按他所寫，北美的西部疆域能創造出「一個自由的帝國」。在其擔任總統任內，傑佛遜把握機會買斷了拿破崙持有在密西西比河谷中的土地，藉此讓美國的疆域面積翻了不只一倍，嚇壞了聯邦黨人。這筆路易斯安

那購地被麻州聯邦黨人費雪・艾姆斯（Fisher Ames）哀嘆說，
不過是在「亂花錢，換得一片除了狼群與晃蕩的印第安人外杳無
人煙的荒野」，也是一場要建立「維吉尼亞帝國」的陰謀，屆時
群聚在上頭的蓄奴住民就可以藉此力壓聯邦。約西亞・昆西
（Josiah Quincy）以哈佛校長的身分警告說這會導致「奴隸力量
演變成在聯邦中的終極霸權」。在一八〇三年的路易斯安那購地
案後，眾多新英格蘭人就開始考慮要脫離聯邦來保存他們更為有
序的生活方式。漢彌爾頓警告了他們不要這麼做，因為這麼做並
不能「真正緩解我們真正的弊病，也就是**民主**這個東西。」18

　　究其本質，共和國初年的這種種矛盾均屬於是區域間與意識
形態間的衝突，這是當事人自己也承認的事實。漢彌爾頓說：
「南方人的觀念是北方人想要的政府治理太多了，多到讓人做事
不太方便。而北方人的觀念是南方人的偏見不相容於必要的政府
治理，同時也有礙於聯邦達成其核心的目的。」事隔二百多年，
他的上述發言仍舊十分準確。19

　　共和國初期的美國在空間與人口上的擴張，讓聯邦黨人注定
只能成為一個區域性的政黨，走不出新英格蘭與由新英格蘭所開
發的一部分中西部，其競爭力頂多能外溢到新尼德蘭與中部地
方。聯邦黨人在一八一二年戰爭期間與分離主義的曖昧牽扯，徹
底摧毀了他們的政黨。在要求新英格蘭與紐約脫離聯邦並自立為
全新「北方邦聯」（Northern Confederacy）的民粹呼聲中，聯邦
黨人在一八一四年底於哈特福（Hartford）集會，並在那兒擬定

了一面倒有利於洋基之國的全面修憲訴求。慘的是他們的最後通牒才發出不久，人在紐奧良奮戰的安德魯・傑克遜（Andrew Jackson）將軍就傳來了美軍痛擊英軍的捷報。聯邦黨人與他們有點社群主義傾向的主張就此一蹶不振。代表著自由放任的個人主義的傑克遜展開了驚人的爬升，直到這段平步青雲之路通往南北戰爭。

　　傑克遜是個徹頭徹尾的大阿帕拉契人。有對蘇格蘭－愛爾蘭移民父母的他生於南北卡羅來納的邊界上，打過讓美國獨立的革命戰爭，率領過田納西民兵在一八一二年戰爭中對抗克里克印第安人，還在一八一八年自作主張入侵西班牙控制下的佛羅里達，為的是懲罰窩藏脫逃奴隸的塞米諾爾（Seminole）部落原住民。曾經在無疾而終的富蘭克林州中住過，後來原地變成田納西州人的他是個鄉村律師，是對抗印第安人的鬥士，也是蓄奴的白人至上主義者。於公他爭取的是盡可能小的政府，盡可能大的個人自由，是積極向西進行軍事擴張，是讓各個區域文化有權去維持其自身的傳統（尤其蓄奴是重中之重），無須被外人干預。在擔任總統任內，傑克遜無視於最高法院的判決，以種族清洗為目的逼迫切羅基人遷出他們祖傳的土地，四千條人命就這樣被他害死在前往奧克拉荷馬的卑劣旅程中。他這個人沒有教養、心狠手辣，而且天不怕地不怕。[20]

　　傑克遜在一八二八年贏得總統大選，擊敗的是在政治上與社會立場上都與他南轅北轍的現任者，約翰・昆西・亞當斯（John Quincy Adams）。亞當斯當過參議員，也是前任美國總統之子（美國第二任總統約翰・亞當斯是他父親）。他原本是哈佛出身

的外交官，長大在有秩序且以社群為中心的新英格蘭文化裡。亞當斯能通六種語言，傑克遜在路易斯安那擊敗英軍的同時，他人就在歐洲跟英國談和。選民面對這兩位候選人，就等於面對仕紳才子跟無背景邊疆子弟的選擇，他們一個主張以公益為核心的價值觀與政策，一個是追求個人自由最大化白人至上主義者。沒有意外地，傑克遜挾阿帕拉契、潮水地方、深南地方的一面倒支持贏得選舉勝利；亞當斯在洋基之國與中部地方獲得過半支持，其地域劃分與二十五年前他父親尋求連任但敗給傑佛遜，情況如出一轍。[21]

在被稱為「傑克遜時代」的一八二八到一八五〇年間，美國的聯邦政府採行了經濟上的放任立場，反對發展由政府立法管制的銀行體系跟以聯邦資金進行公路與港埠的建設，還有或許影響最深遠的，是阻斷了獨立公務體系的成長茁壯。相對於此時的歐洲國家在培育依技術與考試成績出頭的職業公務員，藉此建立不帶政治色彩的政府官僚體系，傑克遜則開除了數以千計的政府雇員，換上一批政治掛帥但欠缺技術與經驗的死忠者來負責同樣的公務。「所有公職者的職務，」傑克遜聲稱，「都非常單純，任何有智力之人皆能勝任。」這之後的半世紀，聯邦官僚的聲譽與效率，乃至於許多州及官僚的聲譽與效率，都毀在政治化官派人員的手裡，因為出於政治考量的官派任命是腐敗的溫床，也導致美國民眾比起歐洲民眾對政府官員的看法更趨於負面。阿帕拉契出身的政治人物沒有意外地，成為了傑克遜時代的白宮常客（傑克遜自己當了兩任，詹姆斯・波克一任，然後是扎卡里・泰勒），當中還夾著潮水地方出生的溫和派輝格黨農園主（約翰・泰勒與

短命的威廉・哈里森），以及白手起家且在荷蘭長大的紐約「政治機器」之主馬丁・范布倫。[22]

阿帕拉契勢力在這個時期的對手是經常不太走運的輝格黨人，而輝格黨作為一個政黨則深植於追求秩序且心存社群的洋基之國文化，由此其黨員長年主張由政府主導的國家「改革」。確實，十九世紀初的輝格知識分子與辯士會回顧早年的清教徒前輩來尋求啟發與理想。丹尼爾・韋伯斯特（Daniel Webster）、魯弗斯・喬特（Rufus Choate）與亞當斯等人所尋求的，是建立一個具有美德的社群，而美德的定義是個人的勤勉自律，還有對公共利益的堅信不疑。商業與生意是百姓應當珍惜而政府應當支持的大計，但這並不是因為這麼做可以讓個人更有出息，而是因為經商可以有助於人們建立一個更強大的社群，一種層次更高的文明。輝格黨人認為人類的個體並沒有如洛克所宣稱的進入自然狀態，而是成為了麻州的輝格雄辯家愛德華・艾瑞特（Edward Everett）口中「有序家庭中的一員」。放縱自身的衝動有害於社會，而自制、紀律與自我犧牲則能幫著強化社群的道德強度與經濟力量。一個「有組織且興盛的國家」，艾瑞特主張，是「我們實踐天命的道路」。[23]

輝格黨除了鼓吹投資基礎建設與金融機構，也宣揚各種道德理念如廢除奴隸制，實施禁酒與安息日法（週日禁止商業活動，也就是所謂的藍色法律），而這種種做法都是在限制個人權利（放棄在週日辦派對、放棄飲酒、放棄蓄奴）以成全公益（一個更為健康且道德的社會）。他們當中的工業家創造出了烏托邦式的製造業社群，如麻州的洛厄爾（Lowell），法蘭西斯・洛厄爾

（Francis Cabot Lowell）的紡織公司在當地不只供員工住（當中不少員工是女性），而且還辦醫院、辦學、辦圖書館，建教堂來改善並監督員工下班後的生活。新罕布夏的輝格黨人丹尼爾·普拉特（Daniel Pratt）把這個模式複製到阿拉巴馬州的普拉特維爾（Prattville），事實上他創立這個企業城鎮，就是為了薰陶他深南地方的勞動成員接受「正面的新英格蘭美德，如戒酒、節儉與努力工作」。這種模式後來又被複製到美國南部的其他地方，一如「洛厄爾模式」也擴散到新英格蘭的各隅。輝格黨也尋求讓勞工中的移民潛移默化，並拚了命不讓一類人得到完整的公民資格，也就是那些還沒有加入輝格黨領袖口中的「英美大家庭」，還沒有「按我們的模式」養成好習慣的人。如同聯邦黨人，輝格黨也反對領土擴張，他們覺得那樣會讓國家無法全速跟全力去推動社會的進步。[24]

在十九世紀中之前，人口結構的力量是站在懷著自由放任之心的傑克遜主義者。然後到了一八五〇年代，傑克遜主義開始成為了時代的逆流。

時間來到一八五〇年的轉捩點，深南地方與大阿帕拉契的快速擴張已經戛然而止。在短短四十年間，深南地方就吸收了亞熱帶的墨西哥灣低地，把奴隸農園的農業模式往北推至密蘇里南部，往南引進佛羅里達中部與德克薩斯不毛牧場的邊緣。同一時間，活躍於邊疆的阿帕拉契人則已經墾殖了整片南方高地、密蘇里的奧扎克高原與小狄克西地區、阿肯色西北部的半壁江山，還

有伊利諾跟印第安納的南部。然後突然之間，他們就沒有路再往
前進了。

　　這兩種區域文化分別在南部彼此強碰，在北邊遭遇了他們的
洋基與中部地方鄰居，在西邊跟一種他們不樂見的生態事實撞個
正著。大致以西經一百度為界，再往西就沒有足夠的水源支撐他
們的作物與風俗。獨立的邊疆民族拿一塊塊林木稀疏且少有水坑
的土地沒轍，而奴隸主則苦惱於這些區域種不了棉花等由奴隸照
顧的作物。同一時間在北方，洋基之國、中部地方與新尼德蘭等
區域都在大舉吸引著外國移民來到美國的沿海，這要麼是因為那
兒有充足的工作機會（這三個國中之國皆然），有適於北歐與中
歐新移民種植他們熟悉作物的邊疆土地（洋基之國與中部地
方），要麼是因為那兒有多元文化與包容的傳統（中部地方與新
尼德蘭）。許多移民也來自偏向集體主義的文化，而且是封建貴
族控制住土地與政治權力的那種。對這類移民來說，深南地方、
潮水地方與阿帕拉契地方就無甚吸引力，也看不到什麼經濟上的
機會。到了一八五〇年，自由州中出生於外國的居民人數已經是
奴隸州的八倍。而這就造成了北方的人口（包括中西部當中由洋
基人進駐的北區與由中部地方居民開發的腹地）快速超車奴隸
州。深南地方與潮水地方的貴族突然警覺到他們的對手，眼看著
可以鎖定並包辦參眾兩院與總統的選舉人團，而作為他們整個經
濟與社會體系基礎的奴隸制，可能來日無多。

　　深南地方此時作為早已在政經力量上甩開潮水地方與阿帕拉
契的地方文化，首先開始尋求擴張，為此他們希望說服被美國併
吞其熱帶地區的鄰居，當中不少都是剛從衰落的西班牙帝國手中

取得獨立地位的孱弱小國。他們有計畫想入侵古巴還有墨西哥全境，想實質占領墨西哥城與尼加拉瓜，並紙上談兵地開始打算要征服加勒比海盆地大部來做為其規劃中深南奴隸制「黃金圈」的一部分。其實深南地方也有點害怕這麼做下去，會讓領域內多出數百萬非白人的居民，而這種恐懼也讓他們有點綁手綁腳，而等種種因素造成這些夢想盡皆成空後，深南地方開始覺得自己只剩下一條路可走：脫離聯邦。

後來的戰爭打的不是個人權利，而是奴隸制度，是深南地方與潮水地方靠奴隸制建立起的階級社會與自由放任生活。奴隸制，按深南地方的領袖一有機會就主張的，是一個基礎，而在這個基礎上建立的，是一種符合美德、獲得聖經認可、且優於自由州的社會體系。此時在阿帕拉契地方，大部分人固然不反對奴隸制，但深南地方與潮水地方擁抱的階級制與貴族社會秩序是他們所無法接受的。一八六〇年，這三劍客組成的「自由放任聯盟」出現了裂隙，一邊是生活在邊疆的平等主義者（他們視生命為自由民之間憑實力進行的比拚），另一邊是生活在低地的階級制貴族（他們認為該比拚的早就在幾十年或幾百年前比完，他們就是勝利者家族的後裔）。傑克遜（與范布倫）建立的民主黨，在其一八六〇年的大會上正式裂解，主要是來自深南地方與潮水地方的黨代表撂下了還在座位上的阿帕拉契與北方代表，從大堂中出走。不久之後，林肯當選美國總統，深南地方控制的各州（也只有深南地方控制的各州）脫離了美利堅合眾國的聯邦。一八六一年二月，他們在召開的大會中建立了「美利堅邦聯」，也就是「南方邦聯」。潮水地方與阿帕拉契控制區域在此時的想法是留

在聯邦中或與中部地方聯手成立第三勢力，來擔任深南人跟洋基人之間的緩衝。例如紐約市市長費南多·伍德（Fernando Wood）提議脫離聯邦來創立獨立且從事奴隸買賣的城邦，模板是鼎盛於十四、十五世紀北歐的漢薩同盟（Hanseatic League）。[25]

　　若是深南地方沒有在一八六一年四月開始攻擊聯邦的郵局、鑄幣廠、軍事設施，那他們其實滿有機會透過談判與聯邦和平分手，因為真正想用武力阻止南方出走的只有洋基人（就連林肯這個生於阿帕拉契的洋基之國與中部地方混血兼前輝格黨人，都宣誓了要避戰）。但南卡羅來納州那些字典裡沒有「自制」二字的寡頭們，終究對聯邦在查爾斯頓港的據點桑特堡發動了致命的攻擊，導致潮水地方以外的各地區都與他們反目，包括連阿帕拉契都集結到了聯邦的理念背後。西維吉尼亞脫離了維吉尼亞成為一個新州，也成為聯邦軍志願者的大本營。東田納西的民眾嘗試效法西維吉尼亞，但遭到軍事鎮壓。屬於阿帕拉契地方的北阿拉巴馬居民建立了屬於聯邦黨人的溫斯頓州，並以阿拉巴馬兵團的身分加入聯邦軍。阿帕拉契人主導的肯塔基州、印第安納州與密蘇里州哪兒都沒有脫離，賓州的蘇格蘭－愛爾蘭裔州長詹姆斯·布坎南（James Buchanan）宣布與聯邦同進退。

　　南方邦聯在一八六五年敗下陣來，而我們已經在第二章談過其對於寡頭自由的執著，是如何耗損了它的自衛能力。戰後由洋基人指揮的聯邦軍進駐了邦聯的城市，試著推動浩大的建州計畫來改造該區域，使其呈現出更符合社群主義想像的模樣。靠著士兵維持的秩序，數以千計的洋基與中部地方的教師、教士、商人與官員被部署到聯邦占領區，而這些人帶去了公共教育，創立了

給黑人就讀的小學甚至是大學（許多這些學校到今天都還屹立不搖），消滅了讓種族階級系統根深柢固的法律與習俗。從一八七〇到一八七七年，原本的邦聯州選出了十五名非裔美國人到眾議院，另外在參議院則有兩名密西西比州的代表，而這些黑人國會議員也極力爭取聯邦政府打擊種姓制度般的種族階級制度。「我可以向來自眾議院另外一邊，那幾位我認為在社會上算是我後輩的民主黨朋友保證，」約翰・林區（John R. Lynch）這名奴隸出身的共和黨黑人議員在國會中表示，「萬一哪天我在某家飯店跟你們其中一位不期而遇，還是跟你們同桌用餐，抑或是跟你們一起搭車，都請別擅自認為我接受了你們可以在社會上與我平起平坐……不，議長先生，我們想要的不是在社會上的權利。我們要求的是保護，是讓我們能安心享用這些公共權利。」[26]

　　但戰後的重建最後是以失敗告終。洋基人雖努力想讓阿帕拉契地方中的邦聯部分改頭換面，但最終他們只是把阿帕拉契變成了深南寡頭的盟友。聯邦的占領一於一八七六年告一段落，「重建」地區的白人就廢止了公立學校、設下非裔美國人行使投票權的人為障礙，並殺害那些膽敢依法競選公職或無視於吉姆・克勞法[②]的黑人。

　　唯內戰雖然沒能改變美國那些較為個人主義與自由放任的區域，但這些區域在此期間國會中的缺席卻創造出一個時間窗口，讓蘊含社群主義精神的改革得以一波波在聯邦政府中過關。新一

② 譯者注：吉姆・克勞法（Jim Crow），美國南部各州對有色人種實行種族隔離制度的法律，從一八七六到一九六五年間有效。

代的社群主義政黨：共和黨，讓眾多老輝格黨的訴求得以付諸實行，諸如全國性的銀行與貨幣體系、用以保護國內產業的進口關稅、大手筆的基礎建設支出。就在南北戰爭中最黑暗的年代，國會催生出了美國首見的聯邦所得稅，建立了農業部（來協助美國農業在戰後的擴張中步上正軌），還接連通過了《大學用地撥贈法》（*Land Grant College Act*，用來支持在全美各地設立公立大學）、《公地放領法》（*Homestead Act*，鼓勵自由民在大西部務農）、《太平洋鐵路法》（*Pacific Railway Act*，挹注建立了第一條橫貫北美的鐵路，連結起內布拉斯加州的奧馬哈與加州的舊金山），以及《詐欺追訴法》（*False Claims Ac*t，來嚴格取締包商在與聯邦政府合作時的詐欺行為）。歷史學者萊納德・柯瑞（Leonard Curry）說這一連串的進步立法所拼湊出的，不啻是一幅「現代美國的藍圖」。[27]

　　林肯作為大部分這些進步改革的監工，深知這些法案的目標所在：「政府具有正當性的存在目的，在於替組成一個社群的眾人完成他們一樣樣必須有人去完成，但對民間而言窒礙難行或難以臻於至善的事，這些是超乎個別民間力量或甚至個人能力所及的事情。」政府「是集合一國之人的力量，眾志成城去完成特定的目標。」這些集體行為的目標包括「公用的道路與公路、公立學校、慈善機構、濟貧設施、孤兒院、供逝者安息的墓園、政府機器本身。」他不是不知道這些有形無形建設所費不貲，因為他亦曾寫道：「架構最好，行政運作也最好的政府，必然是昂貴的。」[28]

　　在重建時期，少了邦聯州的國會還通過了三項關鍵的憲法修

正案，確立了奴隸制的非法性質，禁止各州根據種族而剝奪人的公民身分或投票權，保障了全民在法治下獲得相同保護的平等地位，有效擴大了權利法案的保護傘到全體個人身上，讓聯邦政府手上終於有一把可用的利器（原版權利法案的十項憲法修正案被解讀為只適用於聯邦政府，所以從一開始就不被當回事）。雖然新修正案真正被徹底落實到生活中，還得再等一百年，但它們的制定還是達到了搶占道德高地的目的，對南方低地靠奴隸制維持的生活方式產生了譴責的效果。這些新憲法修正案還有一個效果，那就是限縮了深南地方與潮水地方貴族為所欲為的空間，（至少在書面上）奪走了他們擁奴、蓄奴跟立法否定他人自由的權利。對於推動上述立法與憲改的洋基－中部地方聯盟而言，聯邦政府不再是對自由的潛在威脅而必須被人為弱化。聯邦政府如今成了法定自由的守護者，成了讓美國邁向進步與繁榮的代理人。[29]

舞台就此搭建了起來，至於準備上演的則是人類歷史上極富戲劇性的一場經濟擴張。唯這場擴張將終於一次深刻的危機，深刻到讓美國人不得不從定義上去重新思考，究竟什麼是為所欲為的自由，什麼又是在法律合理規範下的自由。

第五章

# 放任主義的興衰

The Rise and Fall of Laissez-Faire, 1877-1930

隨便找個二十一世紀的自由放任主義者，問他們想看到美國的政策環境採行什麼樣的一種模型，他們很可能舉出的不會是內戰前的南方，而是所謂的鍍金年代，也就是從一八七七年到一八九〇年代的這段時間，其中一八七七是戰後重建的終點，而一八九〇年代則有進步時代的改革者成功引進了若干屬於基礎的勞動與消費者保護規範。這段時間的美國是一個名為放任的世界，聯邦政府在當中相對弱小且不管事（但還是比內戰前大，也比較愛管閒事），而經濟則是私人問題，而非公共議題，政府基本上只關心契約的履行與個人擁有財產的權利。如果有時光機，很多著名的自由放任主義者與自由市場倡導者都會想回到這裡。二〇一〇年初，雅各布・霍恩伯格（Jacob Hornberger）以自由未來基金會（Future of Freedom Foundation）的創辦人兼會長的身分，在《理性》（*Reason*）雜誌上撰文捍衛「我們的美國先賢」在逝去的鍍金年代中的成就：

　　讓我們思考一下，就說，一八八〇這年好了。那個社會裡的美國人可以自由地去擁有所有他們靠自己賺得的東西，因為當時沒有所得稅。他們也可以自由決定要如何使用他們的金錢——要花、要存、要投資、要捐出去，悉聽尊便。人心之所向，基本上可以從事任何他們有興趣的行當或職業，不需要什麼執照或特許。來自聯邦的經濟規範或監理機關少之又少。沒有社會安全機制、聯邦醫療保險（針對身障者與年長者）、聯邦醫療補助（照顧低所得者）、社會福利、紓困、所有的經濟振興計畫。沒有國稅局、沒有教育部、能源部、商務部、勞工部。沒有環保署或職業安全與健康管理局。沒有聯邦準備理事會。沒有毒品法。教育幾無公立體系。移民不存在控管。聯邦未插手基本工資或物價管制。貨幣體系靠的是實實在在的金幣或銀幣，而看不到紙幣。沒有奴隸制。沒有中央情報局，沒有聯邦調查局。刑求或殘酷或不尋常的懲戒都無處可見。沒有遣返。沒有海外軍事帝國。沒有軍工業複合體。

　　對於我這樣一位自由放任主義者而言，這樣的社會確實他媽的鍍著金色。[1]

　　鍍金年代絕不是霍恩伯格的私房偏好，而是早從經濟上的放任時代隨著股市在一九二九年一起崩盤後，鍍金年代就一直是自由放任主義者在美國的心頭好。「我對國內的政治處境非常悲觀，」化學業大亨皮耶・杜邦（Pierre DuPont）曾在四〇年代尾聲有感而發，「而且無疑會一直悲觀下去，除非新政能夠有一天

夯不啷噹連皮帶骨一起由美國民眾用自由的選票唾棄。」不久前還在保守派智庫小布希政策研究院（George W. Bush Institute）任職的薛蕾斯（Amity Shlaes），曾在二〇一四年高調稱許了鍍金年代，因為她認為「監理部門、工會、立法者」尚未獲准插手勞工議題、勞動環境、勞資合約，才解放了如卡內基①與弗里克②之流的「強盜貴族」③，去「替工人做很多事情，正是因為政府沒有介入，他們才覺得勞工是他們的責任。」[2]

　　但事實是就自由放任的程度而言，十九世紀末遠遠比不上內戰前的美國已經是一個共識，主要是到了十九世紀尾聲，他人的財產權已經不再是不能碰的禁忌，州級官員與地方上的多數民意已經在理論上被禁止用種族去否定他人的公民權（唯性別平權仍是漏洞百出，且就算有法律保護的種族平等也很快就遭到嚴重稀釋），甚至於聯邦政府也開始主張有權課徵、管制商業，並透過對基礎建設的補貼或興建來干預那雙「看不見的手」，須知這些建設都是自由市場中不會無端出現的東西。如我們在前一章所見，這些從純傑佛遜主義跟傑克遜式的個人主義與共和主義出走的發展，反映了這個時代是由一群洋基菁英揭開序幕並掌控大局。在中央的聯邦層級，這群洋基菁英趁著舊邦聯分子人坐困里奇蒙而不在華府的空窗期，推行了基本的變革，唯在地方上，在

---

① 譯者注：安德魯‧卡內基（Andrew Carnegie, 1835-1919），美國的鋼鐵大亨。

② 譯者注：亨利‧弗里克（Henry Frick, 1849-1919），反對成立工會的美國實業家。

③ 編按：強盜貴族（robber baron），或譯作強盜大亨，這個稱呼出現在十九世紀後期的美國，專指以剝削手段積累財富的商人、實業家。

其各自控制的州中，洋基領袖們也沒有停止引入各種規則與法條，來保護他們「遵從道德的社群」不受工業界那些放任資本主義，也不受文化價值與他們不同的外國移民潮的侵蝕。今日的自由放任主義者之所以把一八八〇年代的美國理想化，是因為到了世紀之交，這種道德化的社群主義改革運動又一次開始對聯邦層級的政策產生影響力，且過程中往往伴隨著其所屬區域中實業家的支持。到了二十世紀初，自稱「進步主義者」（Progressives）的改革派會徹底占得上風，其中一個原因就是以放任掛帥的政策環境很顯然沒有為美國人帶來更大的經濟與政治自由，而只是帶來了獨占與寡頭。

※

從南北戰爭到一八九九年的這段期間，美國經濟展現了令人咋舌的成長，而其銳利的箭頭是一種劃時代的革命性科技，那就是鐵路。一八三〇年首見於美國的鐵路提供了比推車、馬車、運河駁船、蒸汽船都快速、安全、可靠且全天候的運輸表現，由此鐵路所到之處，都成了貨運與客運的首選。鐵路就此在美國開始快速成長，軌道里程數在一八六〇到八〇年間增加了兩倍，下一次有兩倍的增幅就要等到一九二〇年了。在聯邦政府的出手協助下，鐵道連起了大西洋與太平洋，也抵達了這兩大洋之間的幾乎每一個地方。發達的鐵路網對國家經濟的正面影響無可估量。在一八四〇年，鐵道普及之前，從新罕布夏的康科特（Concord）運貨到麻州的波士頓要四天，從芝加哥送來更要四週。十年之後，從康科特到波士頓只需四小時，從芝加哥過來才需要四天。

大家都說鐵路消除了空間與時間的障礙。[3]行駛主要路線的鐵路公司理所當然成了美國第一批的大企業,在幾百甚至幾千英里的範圍內成了數千人的雇主。鐵路公司有讓發車時間同步的需求,但又沒辦法靠某個地方的太陽來確定正午時間,於是標準化的時間與時區應運而生。在西部,他們沿著鐵路線造鎮,並不惜以數百萬的重金從最遠可到中歐的外地召募墾民,然後把他們運到鎮上,充實當地的人口。鐵路公司對資本跟資源有著難以輕易滿足的龐大需索,而這便催生出了股票市場的現代化與華爾街各銀行跟煤、鐵、銅、石油、玻璃等產業的整合。鐵路業者所創造出的運輸網路,讓其他產業的集中化產生了可能性,很快地就有一小群公司控制了全美的製糖、肉品包裝與農業機具市場。傳統的工匠,諸如自雇的裁縫、鞋匠、鐵匠、玻璃師傅,開始難以跟工業化的大型對手匹敵,最終往往只能放棄,關門大吉並轉業為拿薪水的勞工。所在地土壤貧瘠且受季節限制的小農,像是在新英格蘭北部或賓州丘陵地的那些農夫,隨著更具規模、更具生產力且距離更遠的農場把農產品送來他們的市場,而紛紛破產。最終他們只好也跟著兒孫的腳步到鎮上或城市裡求職,在日益林立的工廠成為一名工人。[4]

　　這樣的發展對傳統的共和主義思想構成了挑戰,須知在傳統的共和主義思想裡,人的各種自由都是依附在經濟的安穩與獨立上,而人的經濟安穩與獨立又是依附在土地的所有權,或至少依附在人賴以維生的生財工具上。北美廉價或甚至可無償取得的土地讓開國先賢懷抱著希望,他們心想這下子大部分的美國白人就可以達成經濟上的自由,而不會變成一窮二白且家無恆產,無法

獨立生存的群眾，進而讓一群窮人像英國那樣威脅到共和自由體制的延續，或是像法國那樣引發血腥的革命，最終使共和國變質成獨裁的擴張主義帝國。但到了如今，數百萬沒有土地的受薪勞工正大批湧入紡織廠、煤礦坑、工業時代的廠房，他們失去了經濟自由，也失去了屬於公民的美德。不同於舊日的工匠學徒，年輕的勞工不可能期待在工廠內學到一技之長，更不可能出師成為一名師傅。受薪的勞動工作不是一階踏板，不會通往傳統定義上的「獨立」，工人就是永遠的工人，幹多久都一樣。同一時間，拓荒的邊疆也在一八九〇年正式關閉，主要是人口普查局判定所有的土地都已經「名花有主」，而這也等於宣告了傑佛遜式的無盡農業擴張大夢，來到了夢醒時分。

在此同時，同一種過程正讓一小群人變得極為富有，甚至比戰前最大咖的農園主還要富有。在一八九〇年，美國前百分之一的有錢人跟後百分之五十的窮人，總收入是一樣的，甚至這前百分之一的富人還擁有比另外百分之九十九加起來都多的財產。靠著這種大到難以想像的資源，他們對美國經濟產生了滔天的影響力，獨占事業歸他們管，垂直整合的一條龍企業歸他們管，甚至連他們送進政府的政治人物在忙些什麼，也歸他們管。不難想像，許多富人都擁抱起個人主義，並利用他們的力量去宣揚一種自由的概念，然後用這種自由來合理化對他們非常有利的局面。

從一八七〇年代開始，這群興起中的寡頭就建立了一種概念，就是自由在美國所真正代表的是「訂定契約的自由」。只要勞資合約是由雙方「自由」簽下的，那後續衍生的一切都自然是公義且恰當的：例如說童工在危險的機器中承受超長的工時；礦

工在簡陋且只有單一出口的礦井操勞，且要當在可燃氣體中演著明火的風險；工廠工人的薪水領的不是鈔票，而是公司發的憑條，工人拿著憑條只能在公司所屬的商店購買超貴的商品。只要消費者沒有被迫購買特定的產品或服務，那即便該產品有毒或服務不合格或甚至會危及生命，那公眾都不應該多管閒事；誰都可以自命是醫師，也可以自由開出完全達不到標籤上所宣稱效果的成藥。簡單講，人必須要保持自由之身，剝削起來才比較方便。

　　確實，美國的法院也用上了這種論述去阻擋立法，讓法律無從介入去禁止虐待勞工，也無法改善勞動條件。許多州的法院都判定法律不得明定工時上限或安全工作條件的下限，否則就是違憲。法院認為這類勞動法律干預了勞工想在任何他們接受的條件下工作的權利。一八八五年，紐約最高法院推翻了禁止人在貧民窟的廉租公寓裡生產雪茄的法律，理由是這條法律剝奪了勞工的「基本自由權利」，包括「選擇工作地點」的權利。隔年，賓州的最高法院也撤銷了一條禁止企業用憑條支付勞工薪資的法律，並表示不讓勞工「自行決定簽約與否」是「徹底違憲」，也是「用立法監護去侮辱勞工」的做法。伊利諾州的最高法院推翻了一條禁止血汗工廠且規定婦孺每週工時不得超過四十八小時的法律，理由與賓州最高法院如出一轍。美國的最高法院則推翻了禁止雇主將「不參加工會」列為雇用條件的聯邦與州級法律，最高法院的見解同樣是這違反了「個人自由的權利」，在此例中，選擇不加入工會就跟加入工會一樣，也是一種自由跟權利。在二十世紀初期，最高法院又撤銷了紐約一條限制烘焙師傅的每週工時在六十四小時以下的法律，以及一條禁止十四歲以下童工製品進

行跨州交易的法律。其中前者被認為違反了烘焙師傅的法定自由，而後者則被認為是無端侵犯了各州的自主權，因為美國最高法院認為童工不同於已經納管的烈酒與賭博，並沒有本質上的不道德性。如工會領袖約翰・米歇爾（John L. Mitchell）所說，法院的這些裁決讓勞工感覺到「他們被保障了一些他們並不想要的自由，卻剝奪了對他們真正有價值的自由。」[5]

　　寡頭所屬的利益也成功阻卻了早年的消費者安全規範。在一八七〇年代，芝加哥市通過了肉品檢查的規範，要求肉商內部必須抓出染病的肉品並加以銷毀，但肉商成功讓這條法律被修改成他們可以把染病的肉品在拍賣會上賣給不知情的買家。在一八八〇年代中期，公務員發現大量的豬油、人造奶油等產品的原料是病死或在火車車廂中被踐踏致死的動物屍骸，但這些官員無法在強大的業界反對聲浪中訂定聯邦檢查法來防止這種劣習。有意義的規範就此一直拖到一九〇六年才完成立法，而那還是因為辛克萊（Upton Sinclair）在他的小說《屠場》（*The Jungle*），揭發了芝加哥肉品包裝廠中的狀況：肉品的各種汙染源包括鋸木屑、老鼠糞便、口水、氣味嗆鼻的牛癩（牛肉上的膿腫）。聯邦調查員不僅發現小說中的描述非常準確，而且還透露說許多食品都摻有硼砂（硼砂可以掩蓋原料腐爛的臭味，但會引發頭痛與胃痛）、硫酸銅（硫酸銅可以保持豌豆的翠綠，但會導致人的肝臟與腎臟衰竭）、硫酸與甲醛（兩者都是具有高毒性的防腐劑）。為了賺錢不擇手段的藥商會在用來給嬰兒喝的舒緩糖漿中摻入鴉片類的藥物（鴉片類藥物會傷害嬰兒，致死的案例經常發生）。此外這些藥商還販賣會引發心臟病的頭痛藥粉，以及用古柯鹼打底做成

的咳嗽糖漿。在聯邦政府終於在一九〇六年介入並要求廠商如實標示後，最高法院又判決這項要求只適用於原料成分，意思是廠商對於產品的用途跟功效還是不用負責。6

　　寡頭與這種放任系統的其他受益者還擁抱了另外一種觀念，那就是社會達爾文主義。社會達爾文主義提供了哲學上的正當性給不斷擴大的結構性不平等，讓那個年代變成一個生為窮人便幾乎無望翻身的時代。美國這場實驗的目標不再是創造一個理想的社會，而是要讓天然的「生存鬥爭」不受阻礙地進行。「我們從來不覺得放任可以帶給我們完美的幸福，」放任主義最大的護航者，耶魯大學教授威廉‧薩姆納（William Graham Sumner）寫道，「那不過是自由的基本原則……只要社會專家們可以不要多管閒事，我們就可以省去自然範疇以外的麻煩。」他堅稱窮人「一天到晚在抵銷、破壞智者與勤勉者至善的努力，（這些人）對每一個為了有所建樹而在努力著的社會，都只是無用的累贅。」相比之下，薩姆納宣稱「百萬富翁是天擇的結果」，是天擇讓「財富（包括他們名下的跟被託付給他們的財富）聚集在他們的手中」。

　　薩姆納在智識發展上的恩師，英國文人赫伯特‧史賓塞（Herbert Spencer）進一步論述說國家不該以任何手段去干預這種「自然」的過程，特別是不該以任何方式去拉窮人一把。史賓塞認為：「如果他們本事不夠，就該自然死去，而他們死一死也好。自然的整副運作就是在消滅這些本事不夠的生物，就是在清

理這個世界,好為較優秀者騰出空間來。」史賓塞也反對公共教育,反對衛生檢查跟執法,反對住房的監理。「適者生存」一詞不是達爾文的發明,而是史賓塞的發明。[7]

　　史賓塞與薩姆納的觀點正中了社會最高層的下懷。「大企業的成長只是適者生存的結果,」約翰・洛克斐勒(John D. Rockefeller)在一次主日學的演講中公開說,「紅薔薇這種玫瑰之所以可以開得如此豔麗且芬芳,讓欣賞的人看得心花怒放,完全是靠著把附生在其上的初生花苞犧牲掉。」卡內基是如此心儀史賓塞的這類作品,以至於他特地去找到了這名英國紳士,與他結交為摯友。當史賓塞在一八八二年秋造訪美國時,他除了受到媒體追捧,還在紐約著名的戴爾莫尼科牛排餐廳(Delmonico's)接受了公開設宴款待,現場冠蓋雲集,席間除了薩姆納跟美國國家科學院代理院長亨利・畢徹(Henry W. Beecher)之外,還有逾一百四十名其他有頭有臉的人物(「願他長命百歲,好讓他能在他那已經是現代智識世界中一大奇觀的成就金字塔尖端,再安上一顆合頂石。」不克出席的詩人兼作家霍姆斯〔Oliver W. Holmes〕從波士頓獻上了這首詩)。史賓塞的作品獲得眾議員、參議員與大學校長的一致褒揚。薩姆納是能左右人心所向的公共知識分子,是美國社會學之父,他發表的演說影響了數以千計耶魯高材生的思想,當中包括新古典經濟學家歐文・費雪(Irving Fisher),耶魯還有以薩姆納命名的政治學講座教授席位。薩姆納發明了所謂「被遺忘的人」(The Forgotten Man),來說明那些沒沒無聞但具有生產力的公民,是如何用辛苦賺來的財富供給那些不值得幫助的窮人所需。「被遺忘的人」這種修辭手法後續

會以各種不同的名號，扮演著自由放任主義者所秉持的民粹主義思想核心。[8]

✳

　　社會達爾文主義者說對了一件事情：上漲的潮水不會浮起每一艘船。為菁英階層服務的自由放任主義哲學正在為他們的受薪員工創造一個「反烏托邦」。在公權力不曾介入、薪資下限處於放牛吃草的狀態下，大部分勞工都領不到可以養家餬口的錢。在一九〇〇年，當中產階級的鐵路公司員工可以年薪破千元的同時，煤礦礦工的平均年薪只有三百四十美元，幫傭年薪是二百四十美元，農場工人只有一百七十八美元，但同時這些低薪勞工的工時卻普遍可以長達每週七十到八十小時。十年後，典型的芝加哥肉品包裝工只能賺到一家四口基本生活所需的三分之一金額。而這造成的結果就是家庭主婦得出門工作，而且往往得帶上她們襁褓中的嬰兒，至於稍微懂事的兒童則往往無法去上學，而只能加入勞動力大軍來貼補家用。在職業安全規範少之又少的狀態下，職場常常不僅不健康，甚至還存在許多莫名的凶險。在礦坑中，兒童會坐在坑道出口旁的梯子，挑揀出礦石中的雜質，為此他們得一連數小時身處在從礦坑湧出的致命煤塵中。在紡織廠裡，婦孺得一天十到十二小時待在溼熱的房間裡工作，且室內還四處都是毛球雲（會造成肺部病變）跟欠缺防護的旋轉機具（會削掉手指、削掉四肢，甚至吞噬人命，其中最常遭殃的就是那些累到會掉到機器裡的孩童）。且由於工傷補償無法可管，任何人只要生病或傷殘就會直接失業。被解雇者沒有失業保險，無法工

作的老人沒有社會安全補助。各種歧視或性騷擾也得不到法律的保護。在大部分的州中，乃至於在聯邦政府的眼中，這個社會就是只有適者能生存。[9]

　　窮人還得承受的另外一項打擊是稅務負擔。此時的稅制經過刻意的設計，專門從商品的消費與財產的買賣上狠狠拔毛，至於所得、證券獲利或企業盈利則被輕輕放過（在內戰時期，洋基人主導的國會曾對富人實施稅率為百分之三的所得稅，但內戰後就被廢止）。稅務稽查員會前進到鄉間去把每位農人的牛、豬、羊數得一清二楚，但財閥持有價值數十億美元的股票與債券卻是一本迷糊帳。時間來到十九世紀末，工薪階級家庭得把每年七成到九成的積蓄貢獻給稅吏，而全國最有錢的二十五萬人則只需要付出百分之三到十之譜。「我們課稅的目標，盡是窮人用得上的咖啡、糖、香料，」參議員約翰・雪曼（John Sherman）這名來自俄亥俄州的前輝格黨人在一八七二年的院內發言說，「他（窮人）所消費的一切都被我們稱為奢侈品，但我們卻害怕阿斯特先生④，完全不敢染指他的所得。這有公義可言嗎？」國會好不容易在一八九四年通過了聊勝於無的百分之二所得稅來適用高收入者（包括賺取股利與租金之人），但最高法院隨即就宣告這項法令違憲。「（宣告違憲）這項決定無異於把課稅的權利拱手讓給有錢階級，」一名持異議的大法官亨利・布朗（Henry Brown）寫道，「就連社會主義的幽靈都被召喚出來恐嚇國會，來嚇唬國

---

④ 編按：威廉・阿斯特（William Astor, 1848-1919），飯店與報紙大亨，也當過紐約眾議員。

會不要按繳稅能力向人課稅。」[10]

　　事實證明不受管制的工業經濟體，具有高度的不穩定性。美國當時首屈一指的投資銀行傑伊・庫克公司（Jay Cooke & Co.）賣債券給小額投資人並放款數百萬美元給北太平洋鐵路公司，以供其著手興建大幅超前需求的第二條北美橫貫路線。該銀行向投資人保證這條鐵路會賺錢，因為他們可以轉賣他們在軌道兩側獲得的土地，但最終這些土地交易並不順利。等各鄉村銀行開始從傑伊・庫克公司抽銀根來放貸給一八七三年收穫前夕的農民時，傑伊・庫克公司就撐不住了，而這發展也震撼了全美。隨著存戶開始前往銀行擠兌，而這些銀行又沒有破產保險的狀況下，崩潰的連鎖反應就被觸發了。紐約證券交易所連續停止交易了十天。鐵路公司在短短不到兩個月的時間裡倒了五十五家，他們的股價也一洩千里。截至一八七六年，鐵路業者已經破產過半。在南方，棉花在田間腐爛，在北部平原，農家開始燒麥子來取暖。大約一萬八千家企業在接下來的兩年中倒下，失業率飆升，工資收入減半。美國經濟規模逐月縮水的時間長達五年半。在一九三〇年代之前，美國人說的經濟大恐慌不是指我們現在知道的經濟大恐慌，而是指這段時間。聯邦政府沒有拿出太多辦法來因應這場危機，他們僅有的回應就是削減開支，讓這個國家回歸金科玉律，讓債權人相對債務人享有優勢。[11]

　　這場風暴帶來了前所未見的社會動盪，主要是勞動大眾開始以行動反抗這個他們認為獨厚富人的體制。一八七七年，未經組織的勞工在西維吉尼亞向巴爾的摩與俄亥俄鐵路公司發動罷工，主要是公司宣布將第三次減薪，而這波罷工也很快擴散到馬里蘭

州與賓州。這些州的州長派出了州民兵與國民兵作為回應。在行軍到巴爾的摩的火車搭車處後，馬里蘭州的民兵部隊很快就發現他們與數千名工人打起了會戰。等到部隊撤退回康登車場（Camden Yards），傷者已經包括三名民兵與二十五名工人，死者則有十名工人。聯邦的正規軍不得不出動去救援該州的民兵。在匹茲堡，民兵被派去對付丟石頭的工人，而他們的刺刀與步槍火力造成了工人二十五死與二十九傷的慘劇；他們接著被逼進了一處火車的扇形車庫，眼睜睜看著工人在周遭的車場中縱火燒車。隔天民兵殺出重圍，離開了市區，過程中又殺死了二十位平民。賓州鐵路公司的一名副董跑去遊說政府當局，要他們對著示威的工人開砲。

在同仇敵愾之下，芝加哥等伊利諾州鐵路中心的數千名工人占領了火車機廠，癱瘓了鐵路交通。煤礦工人也從崗位上出走，數萬人走上芝加哥街頭抗議。伊利諾州長部署了國民兵，並在恢復秩序時殺死了二十名成人與少年。產業期刊《鐵路世界》（*Railway World*）在社論中表示罷工者該被趕盡殺絕，因為他們提倡恢復「奴隸制」，「每個人都有與生俱來的權利去用他能爭取到的最好價格出賣勞力」，而「公司也有權利用他們能獲得的最好條件來購置勞動力與原料。」不要讓資本家受到這種奴役，是「每個政府義不容辭的責任」，即便那代表他們得搬出「加特林機槍來掃倒這群奴隸制的新支持者，或是得出動加農砲來摧毀整座已經淪為愚蠢與犯罪要塞的城鎮。」這種形式的政府干預，倒也是寡頭們所滿心認可的。12

因為害怕反抗自由放任主義演變成一場革命，寡頭們紛紛拿

出錢來,在芝加哥、克里夫蘭、紐約等城市資助國民兵,讓他們
興建要塞化的軍械庫。其中芝加哥中部的軍械庫是蓋在百貨公司
大亨馬歇爾・菲爾德(Marshall Field)所捐贈的土地上,地點就
在「芝加哥南區最屬於貴族的精華區」,至於其土木工程與各種
裝修的費用則是由菲爾德跟他在百萬富翁一條街(Millionaire's
Row)上的鄰居共同支付。完工於一八九〇年的這座軍械庫宛若
一座監獄,又像一座花崗岩的要塞且附帶有「恢弘的堡壘,可供
人從上頭對圍牆的任何一個方向包抄掃射。」菲爾德與他的兄弟
們還替芝加哥警方購置了四座十二磅的加農砲、一挺加特林機
槍,外加二百九十六把步槍。威廉・阿斯特主導了募款來興建曼
哈頓一座城堡般的軍械庫,當中完備地設有「滑膛槍的槍孔」,
「古紅木」蓋成的圖書館,還有由蒂法尼(Louis C. Tiffany)設
計的多間接待室。一八八〇年由戴爾莫尼科餐廳負責外燴的開幕
舞會上可見到的貴客包括鐵路開發商古爾德(Jay Gould)、金融
家摩根(J. P. Morgan)與橫跨鐵道與航運事業的范德堡家族
(Vanderbilts),而他們也都盡興地跳舞跳到深夜。這所謂的軍械
庫運動帶起了風潮,讓類似的設施以鎮壓暴亂的名義在各城市中
建起。[13]

　　諷刺的是,放任政策最終摧毀而非強化了自由市場。鐵路公
司使用他們對於原物料、穀物、牲畜與製造業成品近乎獨占的運
輸控制力,在其他產業中也孕育出了大型寡頭,為的是扼殺他們
的競爭對手。能達到這目的,通常靠的是優惠的定價。洛克斐勒
得以組建標準石油公司(Standard Oil)所享有的獨占,靠的是
他以遠低於對手的收費把石油產品運進跟運出他旗下的煉油廠,

而他能這麼做，其中一大原因就是范德堡等鐵路豪門是他公司的股東。一八七九年，一場國會調查發現標準石油公司的出貨收受了大幅度的折扣（有時候付出的運費僅是對手的十六分之一），外加可以獨家使用所有主要鐵路線的油罐車（讓其對手無車可用），跟獨家租下各條鐵路的石油運輸端點。許多調查員表示，「鐵路幹線拖運（標準石油的）油品遠達三百英里，運費卻分文未取，而這也讓標準石油得以把東西賣得比他們尚未納入麾下的沿海煉油廠便宜很多。」該公司「凍結了全國各地的煉油廠，並將其統統變成自己的」，標準石油的對手最後都不得不把經營不下去的煉油廠脫手。等洛克斐勒的托拉斯（trust，壟斷集團）夠大了，他便開始「規定」鐵路的運費，而且不光是規定他要付的運費，而是連他的對手要被收什麼樣的運費，都是他說了算。在標準石油把眼光轉向東俄亥俄後，喬治‧萊斯（George Rice）這位在瑪麗埃塔（Marietta）的獨立煉油業者，就發現他的單桶石油運費從十七分錢跳到了三十五分錢，其中二十五分錢都變成回扣，進到標準石油的口袋。萊斯成功在法庭上告贏了這種做法，但其他業者就沒這麼幸運了，他們都沒能在這場不公平的競爭中存活下來。「四大」肉品包裝廠——阿穆爾（Armour）、漢默德（Hammond）、莫里斯（Morris）與史威夫特（Swift）公司，也靠著與四條鐵路線業者的類似關係而得以成長，但最終這四大公司也合體組成了單一的「牛肉托拉斯」（Beef Trust）。牛肉托拉斯只要一威脅要把生意搬到別處，就同樣也可以決定他們的對手跟畜牧業農家被收的運費，畢竟這些農家也沒有其他辦法把他們的牲畜送抵市場。「這種對鐵路線的控制讓（牛肉）托拉

斯有能力把競爭者趕出美國。」波士頓大學的法學教授法蘭克‧
帕森斯（Frank Parsons）解釋說：

> 牛肉托拉斯在加工肉品、肥料、牛皮、鬃毛、牛角、牛
> 骨等產品的貿易上都獲致了實質上的獨占。他們幾乎摧毀了
> 每一家對手屠宰場，吸收了每一家願意出售的業者。透過其
> 私人的路線，加上與鐵路公司簽訂的獨家合約，牛肉托拉斯
> 把魔掌伸向了加利福尼亞、密西根、喬治亞、佛羅里達的水
> 果業務。牛肉托拉斯規定了西部農家的牛隻與豬隻可以賣得
> 多少錢，還有東部的勞工要花多少錢買肉。尤有甚者，他們
> 可以規定小麥、玉米與燕麥的價格。他們一手欺壓鐵路業
> 者，另一手逼商人聽他們的話。[14]

　　美國動輒一整個區域的命運就這樣操縱在以上這類托拉斯的
手裡，他們在鐵路公司的會議室裡就可以決定他人的生計。西部
內陸因此失去了工業化的條件，因為將成品送出區域或將原料送
抵區域都得付出懲罰性的高運費，例如說同一輛火車把貨品從芝
加哥送到大老遠的西雅圖，卻比把貨品放在路途中的斯波坎
（Spokane）要便宜得多，大部分的商品甚至會相差一半的金額。
同樣地，鐵路公司也決定東內布拉斯加的農民只要支付愛荷華農
民大約一半的每噸運費，就可以把玉米送到紐約，但其實愛荷華
距離紐約往往近上百英里。本身也養了很多牛跟豬的愛荷華人想
要自建包裝廠而不把原肉送到芝加哥加工，但這個想法卻遭到鐵
路公司與幕後藏鏡人牛肉托拉斯的否決。要知道針對加工肉品與

鞋子、鐵與鋼，牛肉托拉斯都祭出了懲罰性的出口運費。「鐵路公司等於下令愛荷華不得成為製造業州，」愛荷華州長艾伯特・康明斯（Albert B. Cummings）在一九〇五年對參議院的一個委員會表示，「我們所有的製造業者哪怕想走出本州一步，都會面臨極度具有歧視性的運費，以至於他們無法與其他地方的同業競爭。」[15]

　　換句話說，不受監理的市場會扼殺創新、摧毀有意義的競爭的可能性，人為地壓抑國家整片區域的經濟發展與市場定價，會導致消費者購物的成本大增。毫無節制、為所欲為的經濟自由，成了自由市場本身的催命符。

　　放任政策並沒有創造出一個更自由的社會，反倒是創造出了一個自由本身岌岌可危的社會。在其權力欠缺有效政府制衡的狀況下，企業寡頭不僅建立起獨占地位去毀滅市場自由，而且還實質控制住了大部分的政府，使政府對企業寡頭言聽計從。鐵路大亨古爾德的手下幾乎等於操控了政府的行政分支，例如說從一八六八到一八九〇年間的共計七十三名內閣成員中，兼為鐵路公司遊說者、董事會成員、老闆親戚的就有四十八名。克里夫蘭（Grover Cleveland）總統的檢察總長理查・歐利（Richard Orley）就在兩家大型鐵路公司的董事會上有一席之地，而鐵路公司付給他的錢也多過他當公務員的薪水。要是看加菲爾（James Garfield）與亞瑟（Chester Arthur）總統的政府，那他們內閣裡的六大政務官中有五個人與鐵路公司過從甚密。

　　許多州政府都變成不過是獨占企業的附屬品。在世紀之交，帕森斯調查了州立法機構，結果他判定其成員中有百分之三十五到七十五都與鐵路公司的利益關係匪淺，且在正常狀況下會毫不猶豫地在投票行為上支持企業。鐵路公司的人滲透了州級的政黨高層，立法機關、州長的用人，甚至是各級法院。約翰・布魯克斯（John G. Brooks）以美國社會學協會（American Social Science Association）會長的身分在一九〇三年寫道：「用走狗聽主人的話，都不足以形容賓州政府多聽鐵路公司的話，或是加州政府聽南太平洋運輸公司的話。這些公司已經將各州納為他們的禁臠，一如英格蘭的地主在改革前坐擁腐敗的市鎮。這些個大企業不僅在政壇留下烙印，而且還在很大程度上就是政壇的創造者與控制者。」康乃爾大學的經濟學者精琪（Jeremiah Jenks）所見略同，他在一九〇〇年指稱：「坊間傳得沸沸揚揚，幾乎已是常識的是鐵路公司與大型工業集團可以具體影響我們立法機構的行事，甚至可以左右我們法院的判決。很多人都認為這種不當影響對我們的體制與對我們國家的福祉，構成了重大的威脅。」[16]

　　這類情勢最為嚴峻的，或許是在遠西地方的內地。當地要到鍍金年代的高峰才開始墾殖，因此不似美國其他地區有固有的社會、政治與經濟體系去緩解企業的控制力。當內華達州人在一八六四年聚集起來起草其初始州憲法時，礦業勢力就引進了一款有效讓他們的生意豁免於繳稅的措施，但其實對這個剛誕生的新州來說，礦業幾乎就代表了其整體的經濟活動規模。而州代表之所通過這條規定，是因為他們面對著礦業公司威脅除非內華達州照辦，否則他們就要全體出走的要脅。到了一八七〇年，兩大卡特

爾：加州銀行與中央太平洋鐵路公司，共同控制了內華達州的礦坑與鐵路，買通了內華達州的州議會代表與國會代表。在一八六五與一九○○年間，內華達州的每一名參議員都與上述其中一個卡特爾關係密切，而這兩個獨占聯盟也攜手掌控了該州的政局。[17]

　　同樣地在十九世紀末與二十世紀初，安納康達銅礦公司幾乎架空了蒙大拿州，他們買通了法官、地方官與政治人物，透過「墓園選票」控制了選舉結果，其詐騙方式是讓已死之人投下大量的選票，而如此當選的州議員又會投桃報李地用各種規定、條例與稅制來圖利安納康達的高層，因為要是他們不這麼做，就會被安納康達支持的州長送走。安納康達的創辦人是馬可斯·達利（Marcus Daly），他是內華達州銀礦熱的老將，背後有加州礦業巨擘喬治·赫斯特（George Hearst）的支持，而這樣的安納康達旗下有礦坑，有處理銅礦石的冶煉廠，有提供冶煉廠燃料的煤礦，有供應礦坑所需木頭的林場，還有推動機械運作所需的電廠，有連結這種種廠房與資源的鐵道網，甚至還有讓以上投資統統不缺錢的銀行。到了一九○○年，安納康達雇用了蒙大拿州四分之三的工薪族，且最晚到一九五九年，他們擁有該州六家日報中的五家，而這也確保了其運作不會受到太多監督，反對他們的候選人就拿不到任何廣告版面。[18]

　　在這個時期，對州議會的控制權也會延伸成對聯邦參議院的控制權，因為參議員是從州議員中選出，而不是由普選選出。許多州議員都是鐵路公司或某托拉斯的法務代表出身，完全是老闆叫他們做什麼他們就做什麼。還有些參議員會把選票賣給托拉

斯，而且這不是臆測，而是一而再、再而三被吹哨者或議會調查者爆出來的醜聞。在這時期的紐約，一名州議員只要投票支持鐵路公司推出的參議員候選人，就可以領到二千美元，這比州議員的年薪還要高。而在俄亥俄州，鐵路公司是以每票五千美元的價格讓該州選出了亨利・佩恩（Henry B. Payne）當他們的參議員（俄亥俄議會隨即判定佩恩的當選因賄選而無效，但參議院拒絕撤銷他的席位）。在蒙大拿，州議員在一八九九年把美國參議院的席位賣給了銅礦大亨威廉・克拉克（William Clark），但他也因此惹毛了標準石油公司而不得不辭職，但這並不影響克拉克在下一輪的選舉週期中捲土重來且順利當選。「他是美國之恥，」馬克・吐溫在克拉克的任期尾聲這麼評論他，「且每個送他進參議院的人都知道他真正該待的地方是獄所，該戴上的是腳鐐。」一九○五年，帕森斯教授發現三分之二的參議院成員都受鐵路公司的控管，眾議院則淪陷過半。他給出了這樣的結論：「曾經參議員代表的是各州，但如今他們動輒代表的是大企業。賓州鐵路公司在參議院中有代表，鋼鐵托拉斯、石油托拉斯等亦然，就是賓州在參議院中沒人代表……紐澤西、紐約、康乃狄克與羅德島……鐵路公司、標準石油和其他結盟的利益集團利用這些州代表，在參議院中有一席之地，但各州的民意卻徹底在參議院中缺席。」[19]

到了世紀之交，親產業的法官們開始發布禁制令，不准罷工者從事受憲法保護的活動，如遊行、在工廠外圍設置罷工糾察隊宣傳理念、號召更多勞工加入罷工陣線。西維吉尼亞曾有法院強迫工運領袖，綽號「老媽」的瑪莉・瓊斯（Mary Harris "Mother"

Jones）離開該州，只因為她拒絕遵守不讓她在公司地界附近，向罷工群眾演說的禁制令。美國最高法院裁定一家女帽業工會抵制某製帽公司產品的行為構成了非法的陰謀活動，並查封了工會成員的住家，逼迫他們繳交二十五萬美元的損害賠償。密蘇里的法院發布了全面性的禁制令，不准任何人以演說或撰文的方式談論金屬拋光工人對某鍋爐業者發起的一場罷工，而最高法院則認定美國勞工聯盟（American Federation of Labor）主席龔伯斯（Samuel Gompers）因忽視此禁制令，而被判處一年有期徒刑成立。數十萬鐵道工人拒絕處理由喬治‧普爾曼（George Pullman）製造的臥鋪車廂時（這人在經濟再度蕭條時削減了工人百分之二十八的薪水，但公司鎮上的房租卻一毛也沒有少收），總統克里夫蘭卻對罷工者下達禁制令（主張他們妨礙了郵車的動線），並派出一萬二千名聯邦軍隊去強制執行。最終，有三十名工人死於鎮壓，工會領袖尤金‧德布斯（Eugene Debs）則在上訴最高法院敗訴後，被送去關了六個月。[20]

此時的美國處在一個全面自由放任的時代，唯在表現方式上仍有其相當顯著的區域差別。

在至為個人主義的區域——深南地方、潮水地方、大阿帕拉契，你看得到長期且成功的努力在抹除洋基之國與其盟友在南北戰爭過後施加的限制。依循貴族的自由傳統，潮水地方與深南地方的領袖非常拚命地擴大他們自身的自由，而因此受到嚴重限縮的就是窮人的自由，特別是非裔窮人的自由，而非裔又占到密西

西比、路易斯安那、南卡羅來納州的大宗。一八七二年，路易斯安那州柯費克斯（Colfax）一群白人殺害了七十到一百五十名黑人，並將不少受害者棄屍在亂葬崗，時值一場有爭議的選舉。眼見州政府當局拒絕採取行動去制裁凶手，當時仍由洋基人控制的聯邦政府便議要引用《強制執行法》（Force Acts）⑤來起訴這些人，話說這項法律要強制執行的，就是憲法修正案賦予全美國人的完整公民權，法律前的平等保障，還有不受種族影響的程序正義。最高法院於此時跳出來干預，並裁定這些憲法修正案僅適用於州政府的行為而非個人的行為，因此聯邦政府無權介入。這項判例的實質影響是在前南方邦聯的各州開放民眾結夥對非裔美國人施暴。此例一開，在一八七四到一八七五年，白人民兵大開殺戒，在密西西比州奪走了數百名黑人與其政治盟友的性命，成功地嚇阻該州的黑人多數，讓他們缺席投票，也讓他們所謂「盎格魯－撒克遜人的至高無上」得以復興；民主黨在當時作為一個代表白人至上的政黨，席捲了密西西比州的州長大位外加州議會中的參眾兩院。所有其他由深南地方與潮水地方控制的州也都循著類似的模式在發展，一如阿帕拉契地方的眾多州也是。到了一八七七年，黑人已經實質上被排除在這些地區的政治圈外，政壇控制力完全被回收到寡頭的手裡。

　　到了十九世紀末，潮水地方與深南地方已然建立起一個以種族為基準的種姓制度，一州中多數或接近多數的人口在寡頭的控

---

⑤ 譯者注：一八七〇至一八七一年間聯邦政府通過的三項法律的合稱，旨在保護非裔黑人的各種法定權利。

制下成了二等或三等公民。可視為分水嶺的瞬間發生在一八九二年，當時紐奧良有一群帶頭的黑人公民挑戰了一項規定火車座位要符合種族隔離政策的新法律。他們精心策劃了對惡法的測試，結果有八分之一黑人血統的亨利‧普萊西（Henry Plessy）被以拒絕離開白人專用車廂為由遭逮捕。普萊西在法庭上聲稱種族隔離違背了憲法第十四號修正案對「平等法律保護」的保障，但路易斯安那州與美國最高法院並不認同他的看法，其中最高法院的發言可以解讀為他們並不認為按種族區分的種姓制度，有暗示某個種族比另一個種族優越的意涵。

在路易斯安那州通過種族隔離法後的二十年間，所有由深南地方、潮水地方、大阿帕拉契的前邦聯地區所控制的州也都要麼設置了新憲，要麼推動了修憲，其目的都是要利用法律程序剝奪黑人與窮困白人選民的政治權力，至於其手段則包括人頭稅的課徵（不按所得區分，所有人都繳納固定稅率，且被作為取得投票權條件的稅制）、強制的種族登記，還有由白人地方官員實施與評分的識字能力測驗。這些地區的選民投票率一夕崩盤，其中路易斯安那的黑人投票率降到只剩百分之零點五。整體的選民參與率在密西西比從一八七七年的百分之七十，降到一九一〇年的百分之十。非裔美國人曾於一八七〇年代在聯邦參眾兩院中代表深南地方，如今卻在所有民選公職中徹底消失。歷史學者理查‧本塞爾（Richard F. Bensel）給出結論：「其結果在各個地方都是一樣的，幾乎所有的黑人與窮困白人都被褫奪公權，而農園主菁英則獲得控制整個區域的霸權。」綜觀這些區域，黑人也依法不得就讀白人的學校，不能去白人的電影院看戲，不能使用白人的飲

水機與火車車廂，也不能與白人論及婚嫁。餐廳、飯店與店鋪老闆都有權以種族為由拒絕提供服務。[21]

雖然打輸了內戰，但這些區域卻成功回復了他們傳統的自由體系，這個體系將少數特權分子的自由最大化，並讓數以百萬計被認為不適於享有同等自由的大眾受到壓迫。這將是一個在大半個世紀裡難以撼動的體系。

✳

在一八七〇年代、八〇年代與九〇年代，伴隨最高法院於參議院成功讓聯邦政府難有作為，較傾向社群主義的區域各州開始自行通過法律與規章來保護他們本身「符合道德標準的社區」，確保其不受到這個亂世的侵擾。

麻薩諸塞作為洋基色彩最濃厚的一州，其立法超前了各州數十年。他們率先各州通過美國第一部童工法（一八三六年），引入美國最早的工廠勞檢體系（一八六六年）、建立美國第一個常設且具調查職權的鐵路安全委員會（一八六九年）、設下美國最早的婦孺單日工時十小時上限（一八七四年），甚至最早在選舉中採用祕密投票（一八八八年）。麻州比任何一州都更早禁止雇主用公司自製的商品（取代現金）來支付工資，更早要求雇主支付週薪，更早要求遊說活動的資訊揭露，更早建立一個主動出擊的公用事業服務委員會，且該委員會還有一把尚方寶劍，那就是「針對收費費率與服務內容具有簡決權」，這代表必要時這兩件事是委員會說了算，不容業者置喙。在一八七〇年代，當放任主義在美國大部蒸蒸日上時，灣州（Bay State，即麻州）則如履薄

冰地在監看著、調節著鐵路公司股票、債券的發行，還有車費的變動。在二十世紀的第一個十年中，麻州議會實施了傲視全美，破紀錄多的進步立法：課徵州遺產稅、禁止企業對競選活動提供政治獻金、禁止婦孺夜間上工、實施銀行存款保險、成立電話與電報委員會、美國首見對兒童提供的義務健康檢查。[22]

　　「進步時代一揭開序幕，麻州便已經享有了進步派人士在美國其他地方剛開始著手揮汗推動的機制或先進立法，」加州大學柏克萊分校歷史學者理查・亞伯拉姆（Richard Abrams）作為該時代的專家，有過這樣的評論，「但麻州有這種種成就不是因為任何改革運動，而是因為那深植於清教徒殖民經驗的傳統地方性格……其他地方的改革人士覺得**新穎**的東西，麻州居民往往認為是**老派**的想法。」確實，上述幾乎所有的措施都不是由叛逆的改革者提出，而是出自該州的政商菁英，包括社會仕紳與企業高層之手。利用公共體制來強化並促進公共利益，是新英格蘭行之有年的習性，是保守派尋求保存的傳統。當地的「波士頓婆羅門」⑥繼承了其清教徒先祖對人性本能的不信任與附帶對社會秩序的追求，尋求社群基本的生活水準，限縮個人最低劣的衝動。這些婆羅門也可能排外，他們擔心外來移民會危及社群生活水準與共和主義美德的程度，其實不下於他們猜忌鐵道大亨和南方奴隸主。他們全心相信資本主義、個人努力，還有喀爾文派教徒的工作倫理，但他們不相信不受限制的資本主義可以飛天遁地無所

---

⑥ 譯者注：波士頓婆羅門（Boston Brahmins），指英格蘭上流社會菁英，常與哈佛大學、英國國教有所淵源。

不能，也不相信「開明的自私自利」（enlightened self-interest）可以帶來豐碩的收穫。[23]

　　嚴重的經濟衰退在一八九三年捲土重來後，改革運動在美國的北方四起。就像麻州的婆羅門，這些世紀之交的進步主義者並不反對自由市場式的資本主義，也不反對約翰‧洛克式的個人主義，但他們相信放任主義正在同時毀滅這兩種主義。他們的哲學導師是社會學家萊斯特‧沃德（Lester Ward），其祖上是落腳在伊利諾州北部洋基區域的老新英格蘭人，而這群人也是史賓塞跟社會達爾文主義者的死對頭。「真正的個人主義……怎麼可能達成？徹底的個人行動自由又怎麼可能獲得恩賜呢？」沃德在一八九三年有此一問，「這當中存在著一種社會性的矛盾……個人自由只能透過社會的節制來達成。」關於集體行動如何能維繫讓個體自由的各種條件，他所闡述的理論是：

　　　　理性這種強大的武器落在某個個人的手裡去對著另外一個人揮動，是不安全的。更加危險的是讓這種理性落在企業的手裡，須知企業眾所周知是沒有靈魂的。但比起這些，禍害更大的是讓理性落到想控制舉世財富的財團手中。關於理性唯一的安全之道，就是將其交由社會的集體大腦所散發出的社會自我（social ego），讓理性在社會自我的導引下，朝著能裨益社會有機體的公共利益前進。[24]

　　這段話所描述的，本質上就是麻州人幾十年來的作風，現在只是被其他地區的非傳統派反骨人士採用，這在洋基之國中有北

伊利諾的珍・亞當斯（Jane Addams）、紐約上州的查爾斯・休斯（Charles E. Hughes）、威斯康辛的羅伯特・拉福萊特（Robert LaFollette），在中部地方有東內布拉斯加的威廉・布萊恩（William J. Bryan），在新尼德蘭有赫伯特・克羅利（Herbert Croly）於一九一四年協助創立了《新共和》（*New Republic*）週刊，而那當中也出現了對進步主義運動支持最力的艾爾・史密斯（Al Smith）與老羅斯福（Theodore Roosevelt）。

從一九〇一到一九〇九年任美國總統的老羅斯福拆解了標準石油公司、北方證券（Northern Securities，大北方與北太平洋兩家鐵路公司的控制者）、美國菸草公司等大型商業托拉斯，介入了一場大型礦坑罷工來確保解決之道不讓工人吃虧，還創辦了美國國家公園局、國家野生動物保護區、美國森林局等公署。他主導通過了一九〇六年的《純淨食品和藥品法》與《聯邦肉類檢驗法》，還有納管鐵路票價的《赫本法案》（*Hepburn Act*）。一九〇七年老羅斯福利用在麻州普羅威斯頓為天路客紀念碑奠基的場合，對全神貫注的群眾表示他各種施政的目標，是要恢復清教徒先人的精神，效法他們操使個人主義的新教工作倫理，達成社群主義的目標，建立屬於社群的體制。老羅斯福說：「清教徒能如此成功地馴服這片大陸，使這片大陸成為有序自由社會生活的基礎，主要得歸功於一項事實，那就是他們把個人幹勁與自立自強的力量，還有與同伴攜手合作的力量，高度結合成了一種力量。這樣的清教徒可以在有必要時與他人一起為了共同的目標奮鬥，達成個人無法達致的成果……清教徒的這種精神……從來不會因為受制於公益所需的規範而有所縮減。吾輩如今在緊要關頭必須

展現出來的，正是這種精神。」[25]

＊

　　不滿於他卸任後的改革速度緩慢，老羅斯福創立了進步黨（Progressive Party），並在一九一二年以第三勢力候選人的身分參選總統。他的政見包括女性的參政權、終結童工、勞工失業保險、強化對托拉斯的管制，並提出要用一種「新民族主義」來優先保護身為人的福祉，至於私有財產權則要排在第二位。「如果是真正的財產之友，真正的保守派，就應該堅持財產是僕，公益是主，僕人應該為主人服務，」他說，「政府該追求的，是全民的福祉。」[26]

　　只不過老羅斯福雖立意良善，但他的脫黨參選卻造成那一年的分裂投票，結果導致威爾遜（Woodrow Wilson）漁翁得利，當選了總統，而威爾遜也成了從一八九七到一九三二年，唯一一個當選美國總統的南方人。在這段期間一共有五個人擔任過總統，其中三個是洋基人（麥金利、塔夫脫、柯立芝），兩個來自中部地方（哈定、胡佛）。雖然都被跟放任資本主義畫上等號，但其實這些總統幾乎都支持非裔美國人的民權（胡佛例外），也擴大了聯邦的權利與對企業跟寡頭力量的節制（柯立芝例外）。塔夫脫（William Taft）曾在耶魯受過教育，他的爸媽是麻州清教徒，後來移居到俄亥俄州。他延續了老羅斯福的路線，這包括他繼續推動反托拉斯調查，支持實施聯邦所得稅的憲法修正案（轉移稅務負擔到較負擔得起的人身上），並將聯邦參議員改為直接民選（以打破企業透過聽話的州參議院遂行對聯邦參議院的控

制）。哈定（Warren Harding）替富人減稅，但也尋求透過設立管理與預算辦公室、審計總署與退伍軍人管理局等新部門，來提升政府效率。柯立芝（Calvin Coolidge）是放任型的總統，但在麻州州長任內他支持著眼勞工、薪資與職場安全的相關政策。胡佛（Herbert Hoover）是來自愛荷華州的中部地方人，而他除了在任內讓退伍軍人管理局與法務部的反托拉斯部門順利成立，同時還擴大了美國的國家公園系統，爭取成立聯邦教育部與普及於老齡人口的退休金制度（但未果）。[27]

許多進步派也認為酒精是一股潛在的危害力量，不利於美國在家庭與社群兩個層面上的經濟穩定與社會安寧。推動戒酒與禁酒運動的幾乎完全是洋基人與中部地方人士的力量。成功以憲法修正案將酒精入罪的遊說團體反沙龍聯盟（Anti-Saloon League），是一八九三年由一名公理會牧師創建於洋基人墾殖的俄亥俄州西保留地，而其領導者是威廉‧惠勒（William Wheeler）這位在俄亥俄州歐柏林學院受教育的麻州清教徒後裔。女子基督徒戒酒聯盟（The Woman's Christian Temperance Union）成立於由洋基人墾殖的俄亥俄大城克里夫蘭，並長年由女性主義者法蘭西絲‧維拉德（Frances Willard）這名紐約上州公理會學校教師的女兒帶領。同樣地，洋基人、中部地方人士、新尼德蘭人也主導了爭取女性的參政權，他們舉辦了所有的大型集會，並從洋基之國、中部地方與新尼德蘭拔擢諸如蘇珊‧安東尼（Susan B. Anthony）、露西‧史東（Lucy Stone）、伊莉莎白‧史丹頓（Elizabeth Cady Stanton）與凱莉‧凱特（Carrie Chapman Catt）等主要幹部。[28]

深南地方與潮水地方幾乎完全缺席整場進步主義運動，大阿

帕拉契的參與則只是聊備一格。這些區域普遍抗拒他們的自由放任社經秩序出現任何改變，並且也不太樂見有人想設法強化聯邦政府扮演道德代理人的能力。南方低地地區被拒於白宮門外直到二十世紀尾聲。大阿帕拉契則出過威爾遜總統。

　　威爾遜生於維吉尼亞州的阿帕拉契區域，有對蓄奴的蘇格蘭－愛爾蘭裔雙親，而這樣的他，同時展現出其誕生地區的優點與缺點。作為一名白人至上主義者，他曾在聯邦機構中掌管過黑人主管的剔除，還在政府建築與美軍軍官訓練營中督導過種族隔離洗手間跟辦公室的建立。威爾遜對社會改革無感，對女性參政更是抱持反對的立場。在這以外的議題中他算是相對進步，這包括他對企業在個人自由問題上的改變是關心的，只不過他是以自由放任主義者的心態去接觸這個問題。「威爾遜派的進步主義者是在放任主義的立場上反對托拉斯，因為托拉斯會讓個人競爭者被擋在市場大門之外。」歷史學者蓋瑞・威爾斯（Garry Wills）如此觀察，而老羅斯福的「新民族主義」則是希望「用政府的力量去節制大公司，但不尋求拆解它們」。威爾遜成立了聯邦準備系統（藉此讓金融體系成為公眾關心的事情）與聯邦貿易委員會。他支持通過《克雷頓反托拉斯法》（Clayton Antitrust Act），將一眾會導致獨占的企業積習入罪，並針對性地用一條偶爾被稱為「勞工大憲章」（Magna Carta of labor）的條款使工會豁免於反托拉斯行為。然而在理念的層次上，威爾遜的種種進步作為是因為他想拆解銀行與獨占企業對於個人自我治理的支配力量，想藉此讓傑佛遜式與傑克遜式的自由放任願景捲土重來，而不是因為他想強化國家的行政力量。事實上他曾提出過警告：「若大公

司做個生意都得樣樣聽政府的，那不就變成富商巨賈必須跟政府走得比現在還近？」乍看之下，威爾遜與老羅斯福或許主張類似的經濟改革，但他們行為背後所追求的是扎根於不同地域文化的迥異傳統。29

　　然而在一戰期間，威爾遜的路線說變就變。為了動員國家去打一場不受歡迎的海外戰爭，當總統的他以美國歷史上空前的規模實施了集體主義式的政策。美國經濟透過各種機構被置於聯邦的強力監管下，這包括戰爭工業委員會統籌關鍵戰爭物資的生產，食品管理局嘗試設定物價並減少消費，燃料管理局監督並維繫能源的供應，戰爭金融公司挹注資金到與戰爭相關的產業中，美國船運委員會可以徵用並指揮船隻，還有美國鐵路局推動鐵道的國有化。稅被課在了有錢人身上，而且在集體利益凌駕個人利益之上的一次極具代表性的舉措中，內戰後的美國第一次恢復了徵兵。「時節來到這個緊要關頭，我們必須讓舊有的個人主義原則放在一旁，」父親是前總統的燃料管理局長哈利‧加菲爾（Harry Garfield）在一九一七年說，「而我們必須勇敢地走向合作與團結的新原則。」

　　唯戰時的努力可不只是單單指揮經濟而已，那還涉及爭議更大的一項挑戰，那就是怎麼讓國民出落成「更好」的個人。威爾遜政府一心想逼迫、教化出忠心耿耿的美國人去支持政府與一場很多人認為不必要的戰爭。一票極權的法案接連過關：《叛亂法》、《間諜法》、《客籍法》、《客籍敵人法》、《與敵通商法》。這些法案的通過代表批評或不同意政府的戰時努力都成了犯罪行為。《叛亂法》明令禁止「聲言、印製、撰寫或出版任何不忠、

褻瀆、不入流或侮辱的語言涉及美國政府與美軍。」立場不同的人，包括社會黨總統候選人德布斯，都只因為發言反戰就被關了很久，而郵政官員則多了一項工作是淘洗郵件中的反戰報刊與甚至私人信件（這類逮捕事件在一九一七年觸發了美國自由公民聯盟的前身出現）。德裔美國人在壓力下放棄了德語的使用或教學，還將所屬的鄉鎮與文化團體換上了英式的名稱。聯邦贊助的政治宣傳活動被開發出來，用在了公立中小學、公私立大學，還有軍事訓練營中，社工人員會在這些地方用特別設計過的課程來壓抑有違良俗的「敗德」行徑，包括上妓院、聽爵士音樂，還有小酌兩杯。「歐洲的這場大戰正在重創個人主義，拉抬集體主義。」進步黨共同創辦人喬治・柏金斯（George Perkins）這名 J・P・摩根公司的合夥人宣稱。社會哲學家菲利克斯・阿德勒（Felix Adler）與他所見略同，兩人都認為美國的參戰是一個機會，一個供人創造出「更公平、更美好，更公義，史上僅見……之完人」的機會。30

　　隨著一戰畫下句點，這些極端集體主義政策面對的反撲也來得風強雨驟。威爾遜被斥為個人與國家權利之敵。「在這一仗對美國產生的效應裡，最根本的一點莫過於我們對政府獨裁統治的臣服。」保守派記者馬克・蘇利文（Mark Sullivan）寫道，「在任何時期的任何國家身上，我都不曾見到過個人在國家面前扮演順民到這種程度……幾百年來的演進在此出現了大逆轉。」政府推動民眾忠於國家的運動在布爾什維克革命後偏離了正軌，主要是相信陰謀論的美國人開始瘋狂地在地方上搜索赤色俄國的特務，史稱第一次「紅色恐慌」。暴民與士兵亂入社會黨的集會，

聯邦政府將他們認定的極端分子驅逐回俄羅斯，紐約州議會拒絕讓合法當選的社會黨議員入席——上述沒一樣稱得上依法行事。放任主義的企業領袖開始把進步主義者稱為是「房門裡的布爾什維克黨人」。威爾遜的民主黨同志在一九一八年的改選中失去了參眾兩院的多數，幾個月後進步主義的雄獅老羅斯福以六十歲的壯年辭世。

想利用國家的力量去嘗試重塑個體，進步主義者算是做過頭了。美國人不分區域傳統背景都反對有人這麼硬幹。就連那些戰前中央改革派的支持者都受夠有人不停要他們讓國家更好。強大的鐘擺效應啟動了為期十年、美國朝放任個人主義的回歸，真要說就是這回的放任主義要比一八八〇年代的那次來得溫和些。

✳

「團體不得危害到個體。」共和黨總統提名人哈定以一名放任派保守黨的身分承諾要讓生活「回歸正常」（return to normalcy），而這個口號也為他在一九二〇年的大選中贏得了壓倒性的勝利。「從剛過一九〇〇年延續到一戰期間，在各層面上沾染了美國人政治與經濟生活的極端主義，已然畫下了句點，」哈定的競選夥伴柯立芝後來回憶說，「那股力量已經不再。」[31]

保守運動的新領導層哈定、柯立芝、胡佛認知到個人主義有其極限。在一九二〇年接受黨內提名時，哈定願意為放任主義背書，但也同時對私刑與童工說不，至於他其他的政見則包括動用聯邦補助去解決全國性的住房短缺問題，還有支持勞工的集體談判權。一九二三年，柯立芝在哈定中風早逝之後繼任總統，而他

主張美國是個「個人主義中帶有社群屬性」的國家，所以政府應該透過「公費教育；誠實工作就能足以生活的公平薪資；健康的生活條件；讓兒童與母親從各種自私力量中獲得拯救，並讓他們感受到被珍惜與尊重的人生」來賦予個人力量。曾在哈定與柯立芝內閣中任食物管理局長的胡佛主張他口中的「美式個人主義」，其內涵是人類的進步只有一個源頭，那就是「人類個體必須獲得機會與刺激去發展他與生俱來，心靈中最好的一面」。在哈定的任期中，胡佛曾撰文如下：

> 個人主義要是繼續只根據契約、財產權與政治平權去尋求法律意義上的正義，那它就不能繼續被當成是社會的基礎。這種純粹法律上的保障，是不夠的。在美式的個人主義裡，我們早已告別了十八世紀的放任主義——那是一種「日頭赤炎炎，隨人顧性命」的概念。我們早已在採行機會平等觀念，也就是林肯口中的公平機會的瞬間，告別了自私自利的放任主義……我們還早已懂得了一個道理，那就是要達成公平的分配只有一條途徑，那就是對強者跟占優勢者施以特定的限制。

對胡佛這名在貴格會家庭中長大的中部人來講，個人主義是一種社群的事業。[32]

二十年的進步主義統治，其留下的印記甚至在放任主義健將的身上也看得見。他們開始能夠認同赤裸而毫無節制的個人主義會導致不公不義且在結構性上違反公平性的經濟與社會。個人主

義者（哈定與柯立芝在這方面的堅定不輸跟他們同世代的任何政治人物）不再反對聯邦政府去設定與執行經濟與社會行為的最低標準，也不再反對聯邦政府鼓勵以溫和的手段去協助個人達成他／她的完整潛能，而這些手段可能包括興學、蓋圖書館、設立公園，或是確保不會有人遭到極端的剝削。

在此同時，這些「新個人主義者」也被發現擁有一種強烈的信念。他們堅信日益現代化與快步調的經濟有能力自我調節並滿足社會幾乎所有的需求。「我們需要的是商業裡少一點政府，以及政府裡多一點商業。」哈定說，結果他後來目睹了好幾名資深內閣成員與官署首長被關進了牢裡，原因是他們在商業計畫中扮演了某種角色，進而將納稅人的錢中飽私囊。哈定任命的財政部長是美國一名有頭有臉的實業家，安德魯·梅隆（Andrew Mellon）。梅隆後續在柯立芝與胡佛政府裡屹立不搖，影響力大到他後來被說成「有三名總統在他麾下服務」。梅隆在財政部長任內持續經營梅隆銀行、美國鋁業、灣區石油等梅隆家族事業，並以大手筆的減稅圖利了企業與富人，但他強調這些減稅是划算的，因為這麼做能帶動經濟活動與稅基的同步成長。作為有可能是史上第一個「赤字鷹派」（deficit hawk），他幫忙擋下了有人想提早把特定福利付給一戰老兵，以及有人想替百廢待舉的美國盟國減免部分戰爭債務。柯立芝與梅隆都認為經略經濟應該要盡量以不變應萬變——十之八九的問題若按照柯立芝所說，都會「先掉進溝裡而碰不到你」，他們都認同商人治國。「美國人的本業就是商業，」柯立芝有過這樣的名言，「蓋了工廠就是蓋了座廟，誰在那兒工作就是在那兒朝拜。」[33]

在一九二〇年代，美國經濟蒸蒸日上的動能來自種種科技創新：廣播、電話、汽車、飛機，還有或許最重要的，電力。股票市場穩定上漲，然後突然直衝天際主要是數十萬投機股民開始借錢炒股。失業率降到百分之二不到。預算赤字縮減。人民生活水準攀高。

然後平地一聲雷，崩塌就啟動在一夕之間。

剛開始你會感覺那只是例行的經濟衰退，只是一八七三年、一八九三年、一九〇七年都來過的成長拉回。一九二九年十月的股市崩盤觸動了嚴重但顯然還不至於失控的銀行業危機跟工業產出的放緩。年底的失業率從百分之三成長兩倍，變成了百分之九。這痛歸痛，卻是按照梅隆所說，是一次必要、自然，且必須讓其好好走完的調整。「就讓勞工破產、讓股市破產、讓農家破產，讓不動產破產，」梅隆如此建議在一九二八年繼任柯立芝當總統的胡佛，「這將為系統清除掉其腐敗之處……人會因此更努力工作，過起更道德的生活。」[34]

然而讓梅隆受不了的是胡佛並沒有乖乖地在一旁靜觀其變。股市崩盤後沒幾週，胡佛就讓興建聯邦設施的預算將近翻倍，另外他還通知了全美各地的市長與州長，鼓勵他們不要刪減基礎建設支出，並與銀行、鐵路公司、製造業的企業領袖開會，請他們盡可能不要裁員或減薪——這種種努力都是希望延續經濟動能。胡佛主動與州政府和私部門的主事者聯繫，是因為這麼做符合他的哲學——用勸說代替強迫，也因為他有不得不如此的實務面理

由。此時的聯邦政府已經小到無力扮演反景氣循環的有效力量。一九二九年，聯邦建設支出總共不過二億美元，相較之下州政府是近二十億，私部門是九十億。胡佛還配合了國會吃錯藥的決定要大幅調升眾多外國製品的關稅稅率，這便是一九三○年的《斯姆特－霍利關稅法案》（*Smoot-Hawley Tariff Act*），不管有逾千名經濟學者上書要他否決此案，更不管美國在當時享有二百五十億美元的對外貿易順差。果不其然，其他國家紛紛對美國祭出報復手段，美國的外銷金額在接下來的兩年中衰退了百分之四十。胡佛種種想撐住經濟的作為，都遭到關稅調升與聯邦政府各政策的抵銷，而這又造成了貨幣供給緊縮，銀行的流動性出現問題。[35]

時間來到一九三一跨到一九三二年的冬天，局面已經從普通糟糕變成災難一場。銀行破產家數原本已經在躁動的二○年代達到令人咋舌的每年五百家，一九三一年更暴衝到一千三百五十二家，其中約六百例集中在這一年的最後兩個月。數以千計的企業難以為繼，造成全美失業率在一九三二年初暴衝到百分之二十，其中在芝加哥與底特律逼近百分之五十。大型雇主開始違背早先對總統的承諾，向員工薪水開刀。在一個欠缺失業保險、全國性健康保險，窮人也沒有現金補助的國家裡，人命的損失在這次經濟危機中相當可觀，須知就連慈善機關、教會與地方政府都在哀鴻遍野的當時耗盡了資源。你會看見「身為一家之主的男人默默出現在美國各城市的街道上，在垃圾桶裡找吃的。流離失所的男人一週又一週地睡在公園的長椅上、公園的地板上、橋下的泥巴地上。」作家薛伍德・安德森（Sherwood Anderson）報導說，「我們的路街上滿是乞丐，他們很多都是乞討活兒的新手。」在

芝加哥，一千四百個家庭在一九三一年被掃地出門，社工路易絲・阿姆斯壯（Louise Armstrong）眼睜睜看著「一群大約五十個男人在爭搶一桶餐廳留下的垃圾。美國的公民們像動物一樣爭搶人吃剩的廚餘。」數千人爭搶著有遮風避雨的地點，如公共廁所、巴士站，還有所謂的「胡佛村」（Hoovervilles），也就是在全美各地冒出，一望無際的貧民窟，那裡有一家人住在用廢棄包裝箱、焦油紙（屋頂的防水用紙）與就地取材的各種雜物拼湊成的小屋中。在西雅圖港邊的這樣一棟小屋終年住著逾六百人，奧克蘭也有一間這樣的棲身之所是完全用廢棄的混擬土汙水管做成的。數萬人開始在全美各地漫無目的地遊蕩，時而搭便車，時而搭乘鐵路的篷車。同一時間，一九三一年的聯邦預算赤字超越了原本預估的一億八千萬美元，來到了九億零三十萬美元，一九三二年的聯邦預算缺口更超越二十七億美元，嚇壞了胡佛總統與他的財政部長梅隆。[36]

　　就在小政府思維奄奄一息時，胡佛與梅隆想靠著找回預算平衡來重建美國經濟的穩定性。就連梅隆都私下坦承這等於是要「對完全沒有條件增加更多負擔的產業與商界課徵額外的稅款」。新增或調高的稅賦被實施在了「廣獲使用但不是第一優先」的產品或服務上，這包括收音機、黑膠唱盤、電報、電話、菸草、汽車、汽油。胡佛否決了一宗二十億美元的紓困法案，而那筆錢原本是要拿去挹注公共建設計畫、農民貸款、州級失業補助計畫的。美國經濟對這樣為大局著想的撙節手段幾無反應，還是持續一蹶不振。梅隆被迫辭職，以避免為在任時公私不分的自肥交易案出席彈劾聽證會。[37]

　　就連柯立芝都表達出絕望之情。「在以往的經濟衰退期裡，你總還是能看到一些屹立不搖，可以扎扎實實讓人在上頭建立希望的東西，」他對記者表示，「但這次我環顧四下，看不到一點東西可以供人懷抱希望，也看不到一點人該有的表現。」他幾天後便離開了人世。[38]

　　一九三三年三月，胡佛在一片罵聲中卸任，他所屬的政黨也自此一個世代未曾在國會中占多數。一個新人進駐了白宮。這個人將永遠改變美國人面對個人主義與公共利益的想法，也將為美國設定新的航向，帶領美國走向人類歷史上最偉大、也最廣為傳頌的經濟擴張。

第六章

# 民族自由主義的興衰

The Rise and Fall of National Liberalism, 1933-1967

　　當小羅斯福（Franklin D. Roosevelt）在一九三三年三月四日宣誓就職時，放任式的個人主義已經在美國信用破產。剩下的問題只是什麼東西要取而代之。

　　這個決定代表一個很大的賭注。在胡佛政權最後數月的落日餘暉中，銀行體系已經徹底凍結，三十四個州的州長無限期關閉了州內的銀行。美國的國民生產毛額降到剩一九二九年的一半，其中營建產出減少了五分之四，鋼鐵產量減少了六成，農場收入縮水了三分之二。官方失業率站上百分之二十五。小羅斯福就職前的星期五，芝加哥期貨交易所破天荒地創下史上第一次開不了門的紀錄，紐約證券交易所也無限期暫停交易。[1]

　　接濟窮人的機構也逃不過破產的命運。救世軍（The Salvation Army）公告他們無法再發出善款，因為他們存款的銀行接連倒閉。已經好幾年沒錢付薪水給教師的芝加哥來到關閉所有救濟站的邊緣，而那可是六十萬走投無路之人的生存依靠。暴動爆發在

肯塔基州的煤礦區，那兒的群眾以人數優勢衝破了警方在紅十字倉庫前的防線，「像拿自助餐似地把食品一掃而光」。數千人怒闖內布拉斯加的州議會大廈跟西雅圖的市政廳。食物暴動在全美成了慈善廚房與救濟站難以為繼下的一大威脅，萎縮的美軍能否派出足夠的兵力來維持秩序也在未定之天。「資本主義本身來到了消解的邊緣……錢已經失去了用途，」身兼小羅斯福總統摯友的作家爾勒·盧克（Earle Looker）在好朋友就任當天寫道，「會不會不用再過多久，我們就得把家庭組織起來對抗這個世界，以肉身相搏去爭奪食物，保住棲身之所，保住自己的所有？」[2]

此時的經濟危機，不是美國的專利。而在世界的其他角落，極端的解決之道也所在多有。在德國，希特勒剛在一場極端集體主義運動的開端中成為總理，而該運動的訴求不僅是要將產業國有化，要保證就業，要擴大福利方案，而且還嘗試要透過驅逐（與後來的工業化殺人）來純化「種族」不受到猶太人、羅姆人（吉普賽人）等族群的汙染。這樣的希特勒風靡了美國當時的當權派，崇拜他的政商與社會名流中不乏汽車巨擘亨利·福特（Henry Ford）、喬瑟夫·甘迺迪（Joseph Kennedy）[①]、報業大王威廉·赫斯特（William Hearst），還有查爾斯·林白（Charles Lindbergh）。[②] 在蘇聯，史達林一手主持了大饑荒的人禍，害死了五百到一千萬條生命，還額外送了二十萬人去西伯利亞勞改，讓這些人在新建立於北大荒的古拉格集中營替國家要麼擷取資源，要麼造屋鋪

① 譯者注：第三十五任美國總統約翰·甘迺迪的父親。
② 譯者注：單人不著陸飛越大西洋的史上第一人。

路，生存環境惡劣至極。但至少蘇聯的工作機會非常多，事實上在一九三三年，大約十萬美國勞工曾申請要到當地工作。

　　許多人憂心忡忡的，是美國會爆發血腥的動盪。眾人擔心政府要是不趕緊介入力挽狂瀾，那美國這場民主實驗將就此完蛋。也有些人呼籲小羅斯福逕行將美國的民主按下暫停鍵，以避免法西斯或共產革命勢力藉機生事。「現在情勢危急，富蘭克林，」專欄作家沃爾特・李普曼（Walter Lippmann）在二月對還是總統當選人小羅斯福說，「你恐怕沒有選擇，你必須要當一名獨裁者。」赫斯特十分肯定李普曼的提議，以至於他製作了一部屬於政治宣傳的長片叫《獨裁大統領》（*Gabriel over the White House*），片中一名放任派的總統一拍腦門開除了他的內閣，解散國會，宣布全國進入戒嚴，與一支失業者大軍結盟，把抓來的幫派分子在牆前排成一排槍斃，然後一躍成為萬民的英雄。小羅斯福在宣誓就職前看了這部片的試映，而他看完也說這電影利國利民。小羅斯福不是沒考慮過獨裁統治，他在就職演說中宣稱若國會不採取行動，則他將尋求「廣大的行政力量去對當前的危局宣戰，而那將是一股我們若真遭外敵入侵時，國家將賦予我的強大力量。」隔天在他對全美廣播的演講文稿中，小羅斯福原本有段話是想通告美國退伍軍人協會的百萬成員，說他「有權在當前局面下隨時號令你們」，而這形同凌駕憲法動員他個人的民兵。小羅斯福最終在廣播前懸崖勒馬，刪去了這段話，並悄悄派人傳話給國會，表示他反對憲政獨裁。[3]

　　急轉彎之後，小羅斯福當機立斷地執行了一項鋪天蓋地的方案，而且這方案還順利贏得了國會壓倒性的背書與絕大多數美國

人的支持。這方案沒有要尋求產業與銀行的國有化，沒有要成立國營企業，也沒有要把據稱的國家之敵關進牢裡，就像極端的集體主義者在歐洲與大日本帝國所示範的那樣。此外除了一些情節輕微的例外，小羅斯福總統的這個方案也沒有尋求直接重分配國民的所得。它所做的只是在美國歷史前所未見的程度上，極力展現政府在保護公共利益不受個人貪婪傷害上所應扮演的角色。早在華爾街崩盤前的一九二九年，小羅斯福就在紐約州長的就職演說中形容過自身的哲學：

> （我的哲學）就是承認我們的文明不可能延續下去，除非我們可以以個人的身分承認我們對周遭的世界有份責任，也有份依賴。因為真的不能再真的事實是所謂「自給自足」的人類，不分男女，已經在石器時代就滅絕了。沒有眾多他人的扶助，我們每一個人都不會有生路可走，都會赤身裸體、飢腸轆轆地死去。想想我們餐桌上的麵包，我們身上的衣物，還有為我們生活增色的奢侈品；多少人在日正當中的田野上、在不見天日的礦坑裡，在金屬熔液的猛烈高溫旁，在無數工廠的織機間工作，才讓我們有得用、有得享受。我很自豪於我們作為本州的一分子，已經領悟了這種人與人的相互依賴……也已經知悉了我們作為個體，必須在輪到我們的時候付出我們的時間與智力去幫助那些幫助我們的人。[4]

後續的經濟災難可說讓人一目瞭然地看清了人與人是如何相互依賴，放任主義又是如何已經信用破產。「人可以對於政府活

動跟工商業之間的關係形式有不同的見解，」他在一九三四年的廣播演講中曉諭全美，「但幾乎沒有人不同意私人的事業應該在眼下的這種時節上獲得協助與合理的保障，免得這些私人事業不僅本身會自取滅亡，而且還會拉著我們的文明進程一起陪葬。」他尋求讓「普通人能在這一段美國歷史中享受到他前所未見，更大的自由（與）安全」，並拒絕讓美國「退回到曾經存在過的那種自由定義，須知在那種自由的定義下，一個自由的民族曾長年被一步步管控，只能為了服務少數特權者而活。」[5]

　　為了達到這個目標，小羅斯福的做法是讓聯邦政府採取主動，用政府的力量去強化對個人、市場、銀行與企業的保障。從一九三三年的三月到一九三五年的八月，他頒布了美國歷史上僅見的立法議程，那是甚為全面的一組實驗性改革，目的是要讓美國人的生活煥然一新。那當中有些方案的設計是作為暫時性的措施，希望能一方面減緩美國人所受的苦難，一方面重新啟動美國經濟並擴大公共資產。數十億的聯邦補助活水被挹注到各州，好讓州政府可以繼續撐住失業者。三百萬年輕人被安排進入新成立的「平民保育團」（Civilian Conservation Corps）工作，工作內容是在國家公園與林地中鋪設山徑、橋梁、營地。另外八百萬人則被分派到「公共事業振興署」（Works Progress Administration）負責公園、學校、圖書館、主水管、公路、體育場館的建設。私人企業成了公共事業振興署的包商，簽約規模達到六十億美元，各種建設計畫包括華盛頓州的大古力水壩（Grand Coulee Dam）、三區大橋（Triborough Bridge）、林肯隧道（Lincoln Tunnel）、紐約拉瓜迪亞機場（LaGuardia Airport）、佛羅里達礁

島群的跨海公路、舊金山－奧克蘭灣大橋，另外就是約克鎮號（Yorktown）與奮進號（Enterprise）這兩艘後來替美國在二戰中擊潰日本的航空母艦。

　　此外還有其他企畫的宗旨在於作為永久性的社會結構，為的是讓資本主義變得更加「文明」。聯邦存款保險公司的成立是為了在銀行破產時保護存戶的積蓄，也減少銀行遭到擠兌的機率。證券交易委員會為了讓股票市場更加穩定，規定上市公司要定期公布詳細的業績、資產、風險，以便壓縮不確定性。《格拉斯－斯蒂格爾法案》（Glass-Steagall Act）將商業銀行與投資銀行區分開來，有助於金融業的穩定發展。《聯邦住房法》完成了不動產估價法的標準化，並將長天數的房屋抵押貸款納保，這點有利於放款機構調低利率跟頭期款的成數。在《農業調整法》之下，農家可以減產來換取補助，藉此扭轉供過於求造成價格崩跌的毀滅性市況，須知作物價崩只會逼著農家增產換錢來避免被查封財產，形成惡性循環。《社會安全法》提供了失業保險與老年退休金給廣大的勞工族群，並利用薪資稅來作為自償的財源。雇用童工與對工會成員的歧視待遇被明令禁止，基本工資與工時上限進入體制。預算赤字獲得緩解，靠的是與放任主義時期大異其趣的做法，主要是稅賦重擔不再落在窮人頭上，而是改由寡頭挑起。高額的遺產稅獲得了採行，理由是按照小羅斯福所說：「巨額財富的代代相傳……不符合美國民眾的理想與觀感。」一款五百萬美元以上級距稅率達百分之七十九的全新所得稅只影響到一個人：洛克斐勒；百分之四的基準利率只影響到金字塔前百分之五的人口。6

　　以上各種改革獲致了毫無懸念的選票支持。雖然美國經濟深陷於蕭條的事實沒有改變，但小羅斯福的民主黨仍在一九三四年的期中選舉中大有斬獲，在國會兩院都確立了三分之二多數的席次優勢。在一九三六年的大選中，小羅斯福順利連任的選舉人團票數是五百三十二票，進步派的共和黨人堪薩斯州州長阿爾夫・蘭登（Alf Landon）只拿到八票，且民主黨在參眾兩院更加摧枯拉朽，眾議院四百三十五席只讓共和黨拿到八十八席，參議院九十六席只讓共和黨拿到十六席。小羅斯福命名為「新政」（The New Deal）的這場改革並沒有為大蕭條畫上句點（那是二次大戰的功勞），但美國人支持新政仍有著義無反顧的力道。

　　這種事，小羅斯福是怎麼做到的？他能成就新政，是對深南地方、潮水地方與大阿帕拉契那些自由放任的保守主義者做出了重大的妥協，要知道沒有這些地區的支持，民主黨的總統絕對當不了家。

＊

　　在與狄克西（南方）的民意代表交涉時，小羅斯福可以利用的優勢有兩點：經濟的慘況，以及小羅斯福與他們畢竟同屬一個政黨。民主黨已經鎖定了國會，而國會中所有大權在握的委員會主席席位與幹部地位都是看年資來分配。由於深南地方與潮水地方的議員都存在一脈相承的專制傳統，因此他們的國會代表鮮少面對選舉的競爭，要比年資絕對不會輸。當羅斯福在一九三三年就任時，南方人在眾議院最重要的十七個委員會中擔任十二位主席，在參議院的十四個重要委員會中則擔任九位主席，此外南方

議員還包辦了國會裡兩個最重要的幹部職務：參議院多數黨領袖
與眾議院議長。只要他們想，民主黨完全可以擋下他們洋基出身
的總統的社群主義政見。事實上他們也的確展開過以撙節、預算
平衡跟聯邦不作為為方向的遊說。為了讓新政走得下去，小羅斯
福最起碼得避免得罪南方的文化習俗，而這就代表新政不能有任
何內涵對南方人習以為常的種族種姓制，以及農園和商業寡頭的
利益，構成明顯的威脅。[7]

　　三個狄克西地區都已經靠窮困、順從、按種族分層的勞動力
供應，建立起他們自身的經濟發展策略。棉紡廠之所以來到阿帕
拉契的皮埃蒙特地區，主因不是鄰近棉花原料，而是為了當地有
充足的低薪勞工願意在惡劣的環境下長時間操勞。該區域至關重
要的農業部門仍是由奴工撐起，只不過執行這些工作的主力從上
一代的奴隸，變成這一代的貧困黑人佃農。想延續這種經濟模
式，重中之重就是要讓這些奴工（特別是黑人奴工）保持既廉價
又無力反抗的狀態。而如果南方人歷史上的宿敵，這些由北方人
控制的銀行、鐵路、製造業可以被打得一敗塗地，那再好不過。[8]

　　在一九三三到一九三五年間，小羅斯福把所有能做的讓步都
做了，就為了守住南方三大區的支持。在國會中南方議員的堅持
下，《社會安全法》將自家、農場與農產加工廠的勞工排除在養
老金與失業保險的給付範圍之外，當場讓三分之二的黑人受雇者
失去這兩種福利的資格。同樣地，南方國會議員還堅持要把「撫
養未成年兒童家庭援助」計畫（這是提供補助給單親家庭和老人
家的一個方案），交由州級而非聯邦官僚來施行。這麼做給了地
方官僚操作的空間，也使得相關補助在南方州被不成比例地發到

了白人手中，例如喬治亞州的白人與黑人若同樣符合補助資格，前者領到該補助的機率就是後者的十倍。美國有色人種協進會（NAACP）在體認到這當中的歧視後，便作證抵制這項法案，並將之比喻成「一個篩孔剛好大到讓大部分黑人會漏過去的篩子」。同一群勞工還被排除在同屬新政的基本工資、工時上限、工會組成保障措施的保護傘之外。在深南地方，許多新政出資的公共建設計畫都拒絕雇用黑人勞工，地主獲准可以收下減作的聯邦給付，但不照規定把錢分給生計被奪走的各個佃農。[9]

　　在連番的殘酷私刑爆發之後，其中包括有一名黑人被從阿拉巴馬的監獄劫走並拖到四千名歡呼的群眾前，然後在那兒被刀捅、被火燒、被閹割、被強餵自己的生殖器，最終在車後被拖行致死，兩名非南方出身的參議員才提案要讓州級官員勾串私刑暴民成為聯邦的犯罪。為此南方的參議員發起了為期六週的議事干擾，而且效果很好，期間有個議員提議要把所有黑人送回非洲，另一個則宣稱他決心要「為了白人至上奮戰」。小羅斯福總統對此束手無策。「南方人靠議員年資統治了國會，」他對有色人種協進會的祕書長沃爾特‧懷特（Walter White）說明了他的苦衷，「要是我為了反私刑法案站出來，他們就會抵制我為了保住美國不崩而敦請國會通過的每一個法案。我承擔不起這個風險。」即便在其如日中天之際，新政也深深表現出自由放任之區域文化的印記。[10]

　　雖然小羅斯福已經低調再三，但到了一九三六年，深南地方與潮水地方的各個當家還是慢慢開始意識到新政對其寡頭體系所構成的挑戰。紓困方案、公共建設創造的就業機會、聯邦資助的

各項工程、社會安全保險涵蓋的養老金、重新被賦予生氣的工會運動、由低慢慢升高的勞動條件標準，一樣樣都發揮了效果，降低了低層窮人對於包括富裕地主、商人、控制地方政治銀行家在內，所謂郡治菁英的依賴。這種依賴在深南與潮水地方格外明顯，大阿帕拉契則稍微好一點。更讓南方菁英覺得恐慌的是小羅斯福公開爭取一九三六年大選中來自北方黑人的選票，甚至民主黨全國大會都向黑人代表與記者張開歡迎的懷抱。「這種狗雜種的會議不是白人該去的地方。」南卡羅來納州參議員艾利森・史密斯（Ellison Smith）撂下這話後就氣呼呼地奪門而出，離開了大會現場。「任何人只要稍有鑑別力，就可以一眼看出北方這所謂的民主黨，如今已變成了黑鬼黨，整天在那兒宣揚種族間的社會平等。」維吉尼亞州參議員卡特・格拉斯（Carter Glass）怨氣沖天地明言民主黨已經顯然成為一種「讓南方惶惶不安的社會主義威脅」跟「獨裁專制」。小羅斯福很快就發現他的新政死敵不是北方的共和黨人，而是他在南方的保守派民主黨同志。在十一月一場國會臨時會上，南方議員排斥了他計畫中要發布的新農場法案，以及他打算設立的「七個小 TVA」（TVA 是田納西流域管理局的縮寫，是個以水力發電作為核心的區域發展計畫），反之他們公告了一份《保守派宣言》來重申一九二〇年代的小政府正統性。[11]

　　被嗆之後，小羅斯福開始努力推動民主黨與南方政局的重建，希望為可長可久的社群主義聯盟打下一個基礎。他宣稱南方是「全美國第一大的經濟問題」，並讓聯邦政府派人去進行研究。這份發表於一九三八年春的研究報告詳述了南方各州的慘

況：平均所得只有其餘美國的一半；棉花園裡的佃農只賺得到一年三十八美元，對比當時美國人的平均年所得是六百零四美元；阿肯色州的教師薪水只有紐約老師的五分之一，而密西西比州有一千五百間「學校」沒有任何校舍，所以學童只能在廢棄的建物、教堂、棉花庫房上課；很多地方一整個郡都沒有任何醫療設施；有時全州都在營養不良、都在用汙染的水，都以汙穢的住房為家。但在這份五十九頁報告中所沒有提到的是南方經濟與社會最核心、也最具特色的風景——種族種姓制，因為那會冒犯到小羅斯福總統想要賦權的南方自由派。小羅斯福在南方各地的普選進行造勢，並藉此提倡進步改革的必要性（南方版的新政），還主張要讓艾利森‧史密斯與馬里蘭州的米拉德‧泰丁斯（Millard Tydings）等反新政的參議員下台。但結果他敗得一塌糊塗。[12]

　　一九三八年的投票日，小羅斯福在民主黨內的南方政敵都成功上演了鳳還巢，反倒是他的重要盟友紛紛在股市崩盤後的第一波共和黨回歸中被掃到颱風尾。共和黨在眾議院的力量翻倍，在參議院也增加了七席，且大都來自洋基人控制的區域。由此小羅斯福不僅沒有能讓社群主義的聯盟更加茁壯，反而面臨更加強大的保守勢力集結。[13]

　　小羅斯福於此時發現了美國人對集體主義改革的容忍極限。時間來到一九三八年尾聲，他已經在全美範圍內失去了對其施政的廣泛支持。首先是他那場不光是想節制自由市場，甚至是想為其設定路線的實驗，以失敗作收。國家復興總署成立在最黑暗的一九三三年，其宗旨是想透過政府扶植的卡特爾去控管各行各業的生產，而這個機構與其做法有個很具爭議的理論基礎是經濟蕭

條起因於過度競爭。在這種想法下，一支四萬五千人的官僚大軍抱著不下七百條法規到處監管（光是五金行這個業種就有十九條），當中許多都是吸收小企業，圖利大公司。「過度的集權與獨裁的想法，」平日與小羅斯福站在同一陣線的李普曼都跳出來說，「只是招致民眾的反感，讓民眾更不樂見官僚對美國經濟生活的掌控。」

最終仍是正統放任思想的堡壘的最高法院撤銷了《農業調整法》，也就是全國復興總署跟好幾部州級基本工資法的母法，逼得小羅斯福鋌而走險，用極具破壞性的手段試圖擋住新政遭遇的反抗。他提議在九人編制的最高法院中增加數名大法官，藉此人為創造出自由派的多數優勢。這個想法始終沒有落實，但經此震撼後的最高法院開始改弦易轍，被迫承認自由可以簡單被定義成「契約自由」的時代已經過去。然而小羅斯福的此舉還是受到輿論的廣泛撻伐，外界批評他不民主，批評他想獨攬大權，而他的聲望也再也回不到高峰。一九三七年，美國經濟進入了一輪新的下彎，而社會上也才恍然大悟總統還沒有把美國拉出蕭條的泥淖。等一九三八年的期中選舉讓他在國會的影響力被削弱後，小羅斯福在立法部門已無政策施力點，他提出的全國性醫療體系雛型也只能不了了之。[14]

事情來到這個份上，學者偶爾稱之為「民族自由主義」的這個由尋求平等的有為政府來進行監督的自由市場社會，理應已經無以為繼。放任派資本主義者跟南方保守派組成的自由放任聯盟理應可以剷平一九三三到三七年的改革成果，讓美國重回哈定－柯立芝－胡佛時代之前的原貌。日益沉淪的經濟蕭條理應讓民粹

動亂愈燒愈旺，讓勞工運動趨於極端化，或是讓仍未擺脫邊緣化狀態的社會主義運動獲得較高的支持，其中社會主義運動要的就是各個產業的徹底國有化。

但就在這個時候，就在一九四一年的一個十二月早上，一枚枚炸彈在珍珠港落下，美國就此爆發出其國家歷史上最大量級的集體主義能量。

第二次世界大戰幾乎在一夜之間就終結了大蕭條，主要是小羅斯福政府將美國改造成一台巨大的國營戰爭機器。這台戰爭機器順利在三條前線上同時開戰，武裝、補給、餵飽了我們的盟國，還協助擊垮三個堪稱工業大國的獨裁政權，解放了歐亞淪陷區的數億民眾。美國從二戰中一躍而成為全世界最富裕也最強大的國家，其關鍵的自由國家體制不僅毫髮無傷，而且還融入了美國，成為其政治文化中根深柢固的脈絡。

各項關乎戰爭的努力都是由中央統籌指導，其目標是要讓軸心國滅頂在潮水般的船艦、坦克、步槍、砲彈、子彈與物資之中。新成立的戰爭生產委員會把已有的產業轉換成軍事生產之用，並一手掌控任務的指派、優先順序的安排與關鍵資源的分配。此外該委員會也設定了工資與物價，並禁止非必要消費性產品如乘用車、冰箱與尼龍襪的製造。政府以貸款資助了新工廠的興造與固有設施的擴建，而各軍事採購辦公室則以成本加成法把合約發出去，以確保民間企業的獲利無虞，這代表包括研發在內的各種風險與費用都會由公眾吸收。兵役登記局會決定誰的長才

適合待在生產線，誰的能力又適合待在前線。政府對肉類、奶油、咖啡與汽油進行的配給會把貨品重分配給戰爭用途。美國科學研究與開發辦公室（The Office of Scientific Research and Development）把各大學拉進關鍵研究，而耗資二十億美元的曼哈頓計畫則集十五萬雇員的力量在巨大的新設施打造原子彈，而新設施的電力來源正是完工於新政時期的田納西流域管理局與大古力水壩。[15]

大企業一改之前與小羅斯福對抗的態度，開始積極配合政府。巨大的民間工廠和船塢幾乎一夜之間冒了出來，開始造出一台又一台的B-24轟炸機、吉普車、戰鬥機、貨船。紡織業者做出了降落傘，車廠做出了坦克與卡車，打字機的廠商做出了機關槍。亨利·福特在密西根州的柳樹大道（Willow Run）工廠，也就是建立於一九四一年的空軍第三十一號工廠，在三年的時間內造出了八千五百架中型轟炸機，而亨利，凱撒（Henry Kaiser，現代美國造船之父）在加州的廣大船塢造出了一艘長四百四十英尺、重三千五百噸的自由輪（Liberty Ship），前後僅僅花了四天又十五小時，結果整場二戰打下來，凱撒在東西兩岸的船塢造出了數千艘這種廉價而量產型的貨輪。到了一九四四年，盟軍六成與全球四成的彈藥都是美製產品。到了戰爭結束時，美國的坦克產量是德國的兩倍，飛機產量是日本的四倍多。

失業率瞬間消失無蹤，成本加成的合約與二十四小時不停的作業所創造出的，是數以百萬計待遇優渥的工作，加班的機會也所在多有。勞動力變得非常搶手，而且為了繞過法規對於薪資天花板的限制，不少公司都提供健保、退休金等一干福利，順便建

立起了屬於美國模式，由雇主出資贊助的社福制度（亨利‧凱撒首創的健康管理組織直到今天都還在，名叫凱撒醫療機構〔Kaiser Permanente〕）。大企業在此期間的種種表現看在社會大眾的眼裡，那叫一個洗心革面，企業主不僅被外界視為是共赴國難的夥伴，而是連他們本身也有這樣的自我認知。民眾普遍認為企業主是全民一種集體主義大業的參與者，而不再是自私自利、只求獨善其身的特權分子（事實上，戰爭生產委員會也是由某企業高層擔任主席，那就是西爾斯‧羅巴克公司〔Sears & Roebuck〕，通稱西爾斯百貨的唐諾‧尼爾森〔Donald Nelson〕）。在指揮全美經濟並最終贏得二戰勝利的過程裡，聯邦政府也證明了其執政能力。屬於正統保守派的美國商會會長艾瑞克‧強森（Eric Johnson）在一九四三年有感而發：「只有裝瞎的人才看不出屬於那個原始時代，可以恣意蠻幹的老派資本主義，已經回不來了。靠著低薪與低營收達成利潤最大化的資本主義，那個抗拒集體性協商，抗拒由競爭體系進行合理公共監理的資本主義，已經是過去式了。」[16]

　　戰爭財帶來的繁榮或許終結了經濟上的放任主義，但這一仗也扯了羅斯福的後腳，讓他無法將民族自由主義推向社會民主主義。在工業化世界的其他角落，各國政府都在挑起的責任不僅是維護普通百姓的個人自由（例如說提供均等的機會），而是更要用「從搖籃到墳墓」的社福方案，旨在財富重分配的富人稅，強大的國營健康、住房與教育體系，共同來促進民眾的福祉。在他人生的晚年，小羅斯福也嘗試在美國推動類似的國家發展進程，由此他在一九四四年的國情咨文中丟出了所謂的「第二權利法

案」，其內涵包括薪資要足以度日的權利、住房要符合尊嚴的權利、「衰老、患病、意外與失業可獲經濟無虞之保障的權利」、獲得「良好教育」的權利、獲得醫療照顧的權利。「一路走來，我們已經清清楚楚了解到真正的個人自由，不可能自外於經濟安全與經濟獨立而存在，」他解釋說，「**貧困匱乏的人談不上什麼自由。沒飯吃也沒工作的人所堆疊出來的，只能是獨裁。**」[17]

但這麼一個充滿雄心壯志的計畫，卻是時運不濟。小羅斯福在一九四二年的期中選舉裡失去了國會的支持，主要是大眾開始萌生對政府官僚與控制力增長的恨意。南方民主黨與老資格共和黨人合組的保守聯盟已經一一廢掉了平民保育團、公共事業振興署與其他政府直接把手伸進勞動市場的計畫。而當基於社會民主主義的新條款打出第一砲——《充分就業法案》將確保民眾「就業之權利」，並要求政府嘗試透過長期的預測與投資來維持充分就業時，國會的反應是將該法案開腸剖肚。歸國的士兵經由俗稱美國大兵法的《美國軍人權利法案》，獲得了醫療、教育與低利房貸等福利，但這只是要幫助數百萬軍人重新融入美國經濟的過渡性措施，且無法惠及軍人以外的族群。一九四六年，保守聯盟把原本可以建立起加拿大式體系的國家健保法案送進了墳墓；美國醫學協會指示醫師建議他們的病人對這種「社會主義式的醫療」說不，而南方人則擔心這種體系會迫使他們終結他們醫院裡的種族隔離。一九四七年，保守聯盟繼續用《塔夫脫－哈特利法》（*Taft-Hartley Act*）收回了勞工的工會權，主要是該法案禁止了次級抵制（對企業的下游廠商進行抵制）與同情性罷工，剝奪了主管職的工會會員資格，並讓各州可以採行所謂的「工作權

法」（right-to-work laws），也就是禁止雇主簽署規定員工必須成為工會會員的勞動契約，而這一點後來也被南方用來阻攔工會化的發展。[18]

　　但話又說回來，美國國會並沒有想要拆毀民族自由主義的一根根支柱：社會安全保險、金融監理、農場價格補貼、童工與基本工資標準的規定，一樣樣都屹立不搖。不過在一九四四跟一九四八年大選，選民也並沒有要把小羅斯福跟他的繼承人杜魯門（Harry Truman）弄下台的意思。等到一九五二年，終於有個共和黨人勝選後，這名白宮新主人也挑明了說他無意毀棄新政的秩序。「要是有任何政黨嘗試要廢止社會安全保險、消滅勞動法規與農業補貼，他們就等著在我們的政治歷史上被除名吧，」美國總統艾森豪（Dwight D. Eisenhower）在一九五四年給一名親兄弟的信中說，「當然有某個微不足道的（共和黨）外圍組織認為可以這麼幹……（但）他們人數少到可以忽略不計，而且他們就是些蠢蛋。」[19]

　　艾森豪很清楚美國與世界一同面對著致命的危險。他就任美國總統時，蘇聯是史達林的蘇聯，美蘇這兩個超級強權都在準備進行一場當時仍有人認為「會有人是贏家」的原子彈之戰。曾擔任二戰盟軍歐洲戰區指揮官的艾森豪自認他是船長，而他的船正要駛入暴風圈。按照他的思維，想確保這艘船上的船員能開開心心，而這艘船又能航行順利、供給無虞的最好辦法，就是把美國的民族自由主義延續下去。[20]

　　身為一名中部地方出身的中間路線者，艾森豪篤信財政上的責任感，但他並不認為健全的財政會不相容於基於集體主義的教

育、科研、交通基建等高報酬投資。他透過簽署法令，注資建設了州際公路系統（正式名稱為「艾森豪全國州際及國防公路系統」）。同樣獲得他簽署的《一九五八年國防教育法》則提供低利就學貸款，補助州政府為各級學校與大學購置實驗室和教學設備，並出錢成立外語跟地域研究中心。他主導了社會安全保險的擴張，基本工資的調高、衛生暨教育及福利部的成立（一九七九年更名為衛生及公共服務部，並另立教育部），以及與加拿大合建聖羅倫斯海道。對於平衡預算有所執著，且三次完成過此壯舉的艾森豪針對最有錢的美國人把稅率調高到百分之九十一，並把收來的稅款用在冷戰的建軍上。艾森豪與共和黨內的放任主義衛隊們針鋒相對，要知道那些人都很氣他不碰新政一根寒毛。「右翼想開幹，我奉陪，」他在一九五四年立誓，「在我玩完之前，要麼這個共和黨能夠反映出進步主義，要麼我將與他們割席斷義。」[21]

　　黨內右翼不滿他，社會大眾倒是頗為認同他。艾森豪在一九五六年以極大的差距連任，幾乎橫掃了各個區域，唯二的例外是深南地方與潮水地方，畢竟他的各項社會方案與對民權的支持是在這兩個地方的票房毒藥。共和黨內的放任主義右翼堅持採行反勞方的「工作權」政見，結果在一九五八年的期中選舉裡踢到鐵板，吃下了自一九三〇年代初期以來的最大敗仗，也讓民主黨在參眾兩院都拿下了近三分之二的多數；共和黨的敗選高度集中在洋基之國與中部地方。兩名屬於民族自由主義的溫和派，尼克森（Richard Nixon）與甘迺迪（John F. Kennedy）在一九六〇年的總統大選中正面對決，結果在非常緊繃的選情中，美國選民挑中

了兩者中比較傾向集體主義的那位。針對那年年初的蓋洛普民調結果，《展望》（*Look*）雜誌總結了美國當時的氣氛：「今日的美國人不逼自己、不想冒險、很滿意於讓自己感覺舒適的生活方式，沒來由地對未來感到樂觀。」[22]

自由放任主義的經濟學家常主張政府監理、高稅賦、社會性支出會拖緩成長並破壞繁榮，但在美國的民族自由主義的共識下卻獲得了正好相反的體驗，因為這些監理、稅賦與支出造就了美國建國以來把餅做得最大、也分給最多人的經濟發展，須知就在這個時期，美國見證了自身的中產階級社會誕生在洋基人與中部人的模子裡，也見證了寡頭體制的相對權力與絕對權力開始衰退。諾貝爾經濟學獎得主保羅・克魯曼（Paul Krugman）計算過在一九四七與一九七三年間，美國典型家庭的實質所得翻倍到二〇〇七年幣值的四萬四千美元，換算成每年的增長率是驚人的百分之二點七。克魯曼的估計顯示靠著稅率政策創造的重分配效果，前百分之一的美國有錢人發現他們的稅後所得以絕對值而言減少了二到三成。有錢人中的有錢人（前百分之一的前百分之十）更是發現他們的名目所得減少了五成多，只不過經通膨調整後的稅前所得基本上沒變就是了。他們占美國財富的整體比重從一九二九年的百分之二十以上，降到了艾森豪任期中的大約百分之十。藍領勞工受益於小羅斯福時代的工會化發展、美國製造業的外國對手的崩潰，還有一九二四年對於外來移民的嚴格限縮，發現自己的所得大幅提升。身為藍領的他們發現自己原來也買得起車子，買得起重劃區的房子，也能按中產階級的標準養育孩子。在一九四九與一九七九年間，後百分之六十的美國家戶實現

了稅前所得超過百分之百的成長。基於民族自由主義的政策構建出了一個更平等的所得分配,其結果就是一個繁榮自信的社會,一個讓世界各國欣羨的社會。[23]

✳

在民族自由主義的力量如日中天之際,自由放任主義的反動力量也開始秣馬厲兵,重新集結。

他們的起點是一個沒有勝算的提案:重返柯立芝政府時代的光榮歲月,或心更大一點的話,重返到一八八〇年代,那個政府不過是天選之人的守夜人,替他們盯著國內外的威脅的時代。在一九四五年,他們的領袖已經不再是政治人物,而變成了企業的代理人。萊納・里德(Leonard Read)曾是美國商會的幹部,安蘭德的鐵粉,經濟教育基金會(Foundation for Economic Education)的創辦人,其中經濟教育基金會是由企業出資成立,旨在倡議回歸放任主義的智庫。一九四八年,基金會的大金主包括美國鋼鐵、通用汽車、克萊斯勒、聯合愛迪生,而這同一批金主也大手筆挹注了另外一個反新政的智庫,成立於一九四三年的美國企業研究院(American Enterprise Institute)。前身是美國企業協會(American Enterprise Association)的美國企業研究院是由石綿大亨路易斯・布朗(Lewis H. Brown)所創立,而這人曾瞞著他的員工,不讓他們知道自己得了石綿肺(asbestosis,又稱石綿沉滯症),好讓他們繼續工作。(「我們靠這樣省下了很多錢。」他這麼跟他公司的律師說。)雖說基金會用一篇篇報告與一場場會議拉著新政,讓新政無法在一九四〇年代有任何擴張,但該智庫其

實找不到一位有頭有臉的政治人物願意站出來，替他們宣揚回歸自由放任的理念。就連俄亥俄州參議員羅伯特・塔夫脫（Robert Taft）身為當時政壇的保守派第一人，都支持基本工資、失業保險、老年退休金、社會公共住宅，還有作為財源的增稅政策。「（自由放任的）哲學推到極致……就是**讓惡魔把吊車尾的人抓走**，就是讓那些跟不上隊伍的人去苦去窮，而這種哲學的理論基礎，在於到了最後，社會整體的進步會因此加速，」塔夫脫在一九四九年初對一群房貸銀行家聽眾這麼說，「那當中的經濟學理論姑且不談，這種哲學首先就過不了人的惻隱之心這關，而美國老百姓都是有惻隱之心的。」[24]

此時能有人跳出來替自由放任主義「仗義執言」，是靠著美國出現了兩位來自前奧匈帝國的難民，一位是經濟學家米塞斯，另一位則是米塞斯一度在奧地利政府裡的上司海耶克（Friedrich Hayek），兩人分別在一九四〇與五〇年赴美。他們經歷過帝國的傾頹，以及後續奧地利自由民主制度的崩塌，乃至於國家落入到另一位奧地利人的極端集體主義政權手裡，而正是為了逃脫這位奧地利人希特勒的獨裁魔掌，兩人才在一九三〇年代西逃。他們一邊流亡，一邊思考著是什麼讓奧地利共和國失敗，而他們得出了一個大同小異的結論：一切都是社會民主制的錯。奧地利共和國的國祚僅從一九一八延續到一九二〇年，頭一年半的執政黨正是社會民主黨，而他們也於此期間引入了一組全面性的社會改革，其內涵堪稱是新政的前輩：其中有失業保險，有薪休假，一天八小時的工時，兒童、女性、礦工的勞動條件規範，勞工集體協商的法律保障，政府給予的身障扶助。社會民主黨後續失勢給

一個屬於傳統天主教保守派的政黨，而他們後來又全面失勢給法西斯主義者。海耶克和米塞斯的結論是社會民主制掏空了自由的社會，淪為了某頭集體主義駱駝的鼻子，而這頭駱駝的法西斯身體也慢慢跟了上來，最終拉倒了整頂帳篷。海耶克預測如果英國工黨可以掌權並成功制定社會民主的政策，那聯合王國就會進入「一種納粹思想也可以出頭的心境」。但實際上工黨掌權的結果是穩定了國家，而社會民主主義者在瑞典、挪威、冰島、丹麥，都建立起富裕、幸福、經濟自由程度都甚為傲人的國度。到了一九五〇年代初期，隨著社會民主政體在西方世界欣欣向榮，西歐少有人把海耶克或米塞斯當一回事。[25]

　　然而在美國，這兩個奧地利人的理論卻被四面楚歌的自由放任運動熱情擁抱。米塞斯受聘於經濟教育基金會，該基金會也大肆宣揚起他的理念，海耶克在芝加哥大學的薪水則是居家裝潢巨賈哈洛德・盧諾（Harold Luhnow）透過家族基金會來支付。盧諾其實同時也在資助經濟教育基金會，並負責米塞斯在紐約大學的薪水，而這樣的他除了將這兩位奧地利學者的著作推廣出去，也把他們介紹給其他老闆。雖然海耶克接受消費產品安全，接受工時限制，接受「廣泛社會服務體系」可能性的態度，也讓某些人聽著覺得刺耳，但他們當即就意識到這兩位奧地利人在論述上達成的突破。自由市場應該有人支持，不是因為所謂的效率，或是因為市場可以讓值得的人獲得獎勵，而是因為自由市場（也只有自由市場）可以讓人自由。「我們這個世代忘了一件事情，那就是私有財產系統是自由最重要的保障，這一點不光對有財產的人成立，也幾乎對無產階級同等成立，」海耶克在他的代表作

《通往奴役之路》（*The Road to Serfdom*）中寫道，「就是因為生產資料的控制力被拆開在許多獨立運行的個人之間，才導致沒有人有完全的權力能夠控制我們，才導致我們作為個體可以決定自己要怎麼活。」通往自由之路不存在於政治領域，而在於經濟領域。自由放任主義者發現這當中有可以為他們所用，可以讓他們拿去爭取民意的訊息。[26]

然後在一九五○年代初期，自由放任的理念又受到了一個額外的刺激：與蘇聯共產主義的鬥爭。隨著美蘇關係持續惡化成冷戰，加上連帶的軍事競賽與代理人戰爭，美國人發現他們被鎖死在一場生命意義為何的存在主義戰鬥中，而他們的對手是有史以來最極端、最強大的集體主義政權。這是一場宛若摩尼教二元論中的善惡之爭，自由對抗極權，虔信者對抗非信者，公義對抗非道德。就此，任何東西只要稍微能跟蘇聯共產主義沾上邊，就會遭到質疑，就會被認為違反美國價值，甚至會是潛在的「美奸」。自由放任的右派長年指控民族自由主義是「社會主義」，但如今這個指控終於不僅有了可信度，而且還可以順便把人抹成叛國賊。總有幾個右派會願意採取法律途徑去追溯他們認為罪證確鑿的個人。

其中跑第一個的就是參議員喬瑟夫・麥卡錫（Joseph McCarthy），他在一九五○年初宣稱他手握「敵人清單」，上頭都是據稱滲透了民族自由主義菁英的共謀，而滲透民族自由主義菁英就是滲透政府與外交圈的高層。就此美國進入了三年並無實質根據的指控、調查、肅清，期間國會追殺著政壇、軍隊、產業界、好萊塢裡的共產黨嫌犯，直到緬因州參議員瑪格麗特・史密

斯（Margaret Chase Smith）等共和黨溫和派出言譴責了不負責任亂開砲的麥卡錫。「這個國家急需一場共和黨的勝利，」史密斯對她的參議院同僚說，「但我並不想看到共和黨為了這場勝利而騎上血口噴人的四騎士──恐懼、無知、偏見與抹黑。」保守派的塔夫脫信徒、俄亥俄州眾議員喬治・班德（George Bender）是這麼說的：「麥卡錫主義已經成了獵巫的代名詞，已經等同於了星室法庭③與對民權……的否定。」

　　但還有其他人繼續高舉麥卡錫的大旗，當中包括曾任美國製造業協會副主席的羅伯特・威爾許（Robert Welch），他在一九五八年創立的約翰・伯奇協會（John Birch Society），旨在阻止民族自由主義者為了祕密打造蘇聯式大一統政府而據稱在推動的集體主義陰謀。威爾許堅稱「福利主義、社會主義與泛稱的集體主義分成許多階段」，同時他曾驚世駭俗地暗示艾森豪就是共產黨的代理人，但「共產主義才是這些階段的終極形式，這些階段都不可避免地會走向共產主義。」雖然有具影響力的放任主義保守派如威廉・巴克利（William F. Buckley）與安蘭德都跳出來譴責，但到了一九六一年，約翰・伯奇協會還是累積了十萬名成員。27

　　不過，冷戰反共產浪潮中最長遠也最顯著的思想與論述遺產，並不是將對大一統政府或對共諜的恐懼體制化，而是凝聚出

③ 譯者注：星室法庭（Star Chamber），一四八七年由英王亨利七世成立的法庭，地點在西敏寺一處屋頂有星狀裝飾的大廳中，故名。創立之始得以以較大授權制衡權貴，一度以效率跟彈性而廣獲好評，但後期因其權力不受制衡且常被用於政治目的而遭到詬病。

一種美國的自由與生命力正在被專家與官員的暴政給弱化的觀念。自由放任主義者主張的不再是民族自由主義是共產黨的陰謀，而變成民族自由主義是蘇聯式極權統治的近親，而這一點將動搖美國國本。充實了這種主張的其中一方活水，是米洛萬・吉拉斯的文字，其中如《新階級》（*The New Class*，副書名是「對共產主義的分析」）一書出版於一九五七年，當時吉拉斯這名異議分子正在前南斯拉夫首都貝爾格勒服十年徒刑，罪名是他大逆不道地認為共產主義帶來的不是平等與自由，而是階級與壓迫。吉拉斯認為共產主義已經變質為專制獨裁，因為在一個經濟與公民體制都屬於國有的社會裡，國家有必要把所有的計畫與資源分配都交由專家階級為之，而這個專家階級又終究且必然會變質成剝削人的行政階級。

　　雖然吉拉斯強調這個共產主義的「新階級」，不同於社會民主主義與民族自由主義等在西方被拿來類比的東西，但美國的自由放任主義圈子還是不為所動，繼續把共產主義新階級的概念拿來套在戰後美國社會的頭上。[28]

　　自從老羅斯福的時代以來，進步主義者就尋求建立一個由專家組成的政府。他們認為這些專家會在理性探索、健全科學、統計分析的指引下行事，因此不會受到特定利益團體的政治目標影響。身為公正不阿，公共利益的守護者，他們進駐了證券交易委員會、食品藥物管理局、農業部、森林局、聯準會、洛斯阿拉莫斯國家實驗室，以及從英國倫敦到智利利馬的美國大使館。時間來到一九六〇年代初期，秉持個人主義的右派開始把這些公部門的專家抹黑成自由之敵，外加是庶民大眾與商界領袖的共同壓迫

者。專業人士被一竿子打翻一船人地推到了爭議的最前線,包括大學教授、科學家、律師、新聞記者、公衛工作者、都市設計人員、社工人員、在好萊塢拍片的導演。這群人控制了哈佛與耶魯大學的教職圈、《紐約時報》與《華盛頓郵報》的新聞編輯室、美國東北部大城市的「絲襪區」(有權有勢的貴族區)。他們不像就業的工人或創業的雇主有真正生產出有用的東西,他們只是宣稱知道怎樣是為你好,為你的城市好,為你的國家好,為這個世界好。他們是傲慢、不食人間煙火的一群菁英。最重要的是,他們不具有美國價值,他們有的是新保守主義知識分子歐文‧克里斯托(Irving Kristol)後來所稱的:「居心叵測的圖謀,他們要推著這個國家……去往一個被管制到巨細靡遺的經濟體系,以便讓許多一心反對資本主義的傳統左派感到滿意。」[29]

以上的論述甚具說服力,因為它解決了放任主義長久以來的一個困擾:如何說服屬於勞方的中低階層選民與富裕的資本家結盟,並成為資方理念的生力軍。這論述用文化上的憎恨代換掉了經濟上的爭端,終至讓民族自由主義者與傳統上屬於他們陣營的藍領選民之間產生嫌隙。這種論述的支持者在後台等待,時機一到便將之部署出來搶占美國政治論述的中央舞台,而且在那兒一待就是半世紀。

在一開始,一九六〇年代給予人的承諾是要見證民族自由主義的勝利。經濟愈發熱絡,數以百萬計的勞動家庭加入了中產階級的行列,他們的工時變短了,收入卻不減反增。大企業與政府

攜手合作讓蘇聯不敢輕舉妄動。公部門的經濟學者顯然掌握了景氣循環。在十九世紀末與二十世紀初困擾美國的問題已然獲得化解，最大的內部威脅似乎是美國人在實際需求獲得滿足後，會沉溺在無腦的消費與單一性中無法自拔。一本名為《富裕的社會》（*The Affluent Society*）的著作出現在暢銷榜上，而其作者約翰‧加爾布雷斯（John Kenneth Galbraith）作為新總統麾下的準新政府成員，認為應該讓民眾多繳些稅，藉此將資源從索然且無謂的消費購物中引入學校、醫院、公園、科研與都市更新的計畫中。簡單講，此時的政府已經準備好了要更新並擴大其對公共利益的承諾，剿滅貧窮，終結歧視黑人的吉姆‧克勞法，廣設基礎建設與醫療服務，把人送上月球。[30]

　　名字常被縮寫為JFK的甘迺迪承諾要做到這一切。他呼籲美國人重新拿出他們對國家的使命感，「不要問國家能為你做什麼，而要問你能為國家做什麼。」在其短暫的總統任期中，甘迺迪推動通過了廣泛的社會與經濟改革：食物券方案、和平工作團、《潔淨空氣法》的從無到有；校園營養午餐計畫、給窮人的食物補助、失業暨社會安全保險退休金等福利與適用範圍、國家公園體系、州際公路建設預算等的擴大辦理。他還提出了針對年長者的聯邦醫療保險芻議，也就是後來的Medicare，只是沒有獲得國會通過。

　　他也是第一個在民權問題上表態支持非裔美國人的民主黨人，畢竟我們知道非裔美國人是刻意被排除在了新政的許多福利之外。艾森豪曾朝支持非裔民權的方向跨出了幾步，這包括他在司法部底下設置了民權部門，將阿肯色州的國民兵部隊收歸聯

邦，以迫使身為種族主義者的該州州長放黑人孩童進入小岩城高中就讀。雖然甘迺迪所屬的民主黨持續有賴深南地方與潮水地方的白人支持，但他仍延續了艾森豪的努力，繼續以行政命令禁止聯邦包商的歧視行為，並派出聯邦士兵與法警去保護民權工作者和黑人學生，讓學生得以主張自己要進入密西西比和阿拉巴馬州立大學就讀的權利。「我們難道要對世界說，更重要的是我們難道要對彼此說，這是一片自由的土地但黑人例外嗎？我們難道要說美國沒有階級或種姓，沒有貧民窟，也沒有哪個當家做主的優越民族，但遇到黑人就例外嗎？」甘迺迪在他死前不久的一場演講中如此問道，事實上他在那場演講裡提出了一份全面性的民權法案。「這個國家，不論她承載多少的希望、誇口多大的理想，只要她的公民沒能自由一天，她就永遠不會是個完全自由的國家。」這項法案在北部地方與遠西地方獲得了跨黨派的支持，但在來自潮水地方的種族隔離主義者，維吉尼亞豪強眾議員霍華・史密斯（Howard W. Smith）的阻擋下，止步在委員會這一關。

　　甘迺迪遇刺後數日，繼任的副總統詹森（Lyndon Johnson）要求國會通過此法，也就是今天我們所知的《一九六四年民權法案》，以完成甘迺迪的遺願，告慰他在天之靈。深南地方與潮水地方的參眾議院使出渾身解數想挫敗這項立法，包括他們在參議院干預了將近兩個月之久的議事。「我們會不惜玉石俱焚的抵抗到底，絕不接受任何可能在我們（南方）各州造成社會平等，讓不同種族混淆與融合在一起的措施或運動。」喬治亞州民主黨參議員理查・羅素（Richard Russell）表示。這項禁止在公共場域暨市立跟州立設施中存在種族歧視的法案，最終在近八成共和黨

參眾議員的支持下順利過關，至於來自吉姆・克勞法地區的民主黨代表則幾乎全數反對。不過詹森知道，強渡關山的代價不會小。就在該案簽署成為法律的幾小時後，詹森就對幕僚比爾・莫耶斯（Bill Moyers）說：「我覺得我們剛把整個南方拱手讓給了共和黨，不知道何年何月才能拿得回來。」[31]

確實民權法案動搖了美國的各個政治聯盟。深南與潮水地方長期不滿於民主黨朝民族自由主義轉向的白人，開始徹底跟擁抱非裔立場的民主黨決裂，因為民主黨此舉無異於直接違反了三〇年代小羅斯福為了交換新政推行所給予南方的承諾。而在一九六四年，不同於三十年前，共和黨中的放任主義派系非常願意拋棄他們傳統上對民權的支持來換取執政的機會。共和黨的傳聲筒《國家評論》提倡白人至上，其總編輯威廉・巴克利曾言：「若問南方的白人社群有沒有資格採取必要的措施，來在他們人數不占多數的區域延續其政治與文化上的生命？答案清清楚楚是肯定的 YES——白人社群之所以有此資格，是因為至少到目前為止，他們都在種族上更為先進。」他們理念的掌旗者是貝利・高華德（Barry Goldwater），而高華德將讓共和黨與其多年來的新政聯盟夥伴分道揚鑣。[32]

身為鳳凰城頂級百貨公司的繼承人，又是亞利桑那州的聯邦參議員，高華德的言行嚇壞了共和黨內支持新政與民族自由主義的進步主義者，但讓深南地方自由放任主義者無比驚豔。他對民權法案投下了反對票，因為他堅持認為該法案形同以違憲的方式侵犯了私有財產權，且一旦執行下去將造成「巨大聯邦警察國度的誕生」。「種族關係」在高華德的看法中，「應該由當事者自己

解決就好」，而這些當事人在實施吉姆‧克勞法的南方已經講好了用恐怖的私刑來確保種族隔離。他在參議院內發言痛斥艾森豪是在主持「十分錢商店式的新政」（什麼都有，什麼都很便宜），且寫道：「我的政治思想基礎根植於我對新政的深惡痛絕。」他參與了一九六四年總統大選的共和黨黨內初選，期間他主張聯邦政府應該「從一系列超乎其憲法授權的計畫中抽手，這包括社福方案、教育、公共供電、農業、社會住宅、都市更新等一干活動。」他認為這些事項由州、個人或私部門來處理就好。他警告說：「集體主義者仍念念不忘他們的終極目標——讓個人歸於國家控管，但他們更改了策略。他們學聰明了，他們現在知道社會主義可以透過福利主義達成，而且效果不比靠國有化手段來得差。」他聲稱「用來捍衛自由的極端主義，稱不上是罪惡」，並承諾會廢止社會安全保險，賣掉以水電為主體的田納西流域管理局。讓黨內當權派嚇得不輕的是他擊敗了共和黨內隸屬進步派的大將尼爾森‧洛克斐勒（Nelson Rockefeller），也就是當時的紐約州長兼老洛克斐勒的孫子與繼承人，成為了一九六四年美國總統大選的共和黨提名人。[33]

然而事實證明高華德的參選是共和黨的一場災難。保守派陣營自一八九二年以來就一直支持共和黨的《堪薩斯市星報》（*Kansas City Star*），竟然倒戈聲援詹森，變得跟為共和黨當權派與進步派發聲的《紐約先驅論壇報》（*New York Herald Tribune*）口徑一致。從來沒有支持過民主黨候選人的《紐約先驅論壇報》斥責高華德不應利用「醜惡的種族主義激情」。共和黨內其他參選人都切割起高華德，避免與他同台。在投票日當天，高華德可

以說兵敗如山倒。他獲勝的地方除了故鄉亞利桑那，就是深南地方控制的五州：路易斯安那、密西西比、阿拉巴馬、喬治亞、南卡羅來納。共和黨被他搞到參議院少了兩席，眾議院崩了三十八席，把共和黨在國會的版圖弄到一九三六年以來的最小。《華盛頓郵報》說選民用這場選舉回答的問題是：「你希望政府繼續介入那些在一九三二年之前，主要交由民間私相授受的事務嗎？」而多數美國人的回答是：「希望」。34

　　確實，一九六四年的選舉讓民族自由主義的各種計畫在國會拿下了自小羅斯福的第一任期以來，就沒有再見到過的超級多數。共和黨中的溫和派，那些支持艾森豪共識的人，認為他們又重新成為了共和黨之主，而民主黨中的放任派則在他們黨內銷聲匿跡。詹森意識到他有了一個機會可以讓民族自由主義不僅大功告成，而且還更上層樓。他打算制定「二次新政」來讓美國社會不單單是在富裕的基礎上變得偉大。唯事實證明他的這項努力弄巧成拙，讓社群主義的理念在美國開了將近半世紀的倒車。

　　在勝選兩個月後的國情咨文中，詹森提出了一項計畫要全面改善美國人的生活。「我們努力了二百年，爬到了繁榮的頂峰。但在通往偉大社會（Great Society）的路上，我們只來到半途。」他對國會與美國人說，「如今在我們前方，是一座高峰，高峰上各種肉體需求的不虞匱乏，將有助於我們的精神需求獲得實現。」他接著詳述了在通往烏托邦的螺旋梯上，有著哪些步驟與階段：

我提議我們要開始推動一項教育方案，藉此確保美國孩子都能獲得身心的完整發展……這是向致殘與致死疾病的全面宣戰……是要以舉國之力讓美國城市出落成更理想與更饒富興味的生活環境……為美國的瑰麗增色，讓我們的河川與我們呼吸的空氣，不再有汙染……這個新計畫將讓美國目前苦於各種慘況與衰退的區域獲得開發……這代表我們要重新開始控制與預防犯罪與脫序行為……我們要剷除剩餘的所有障礙，讓人人都有投票的權利與機會……我們會尊重並支持思想的成就與藝術的創造（並）……不遺餘力地去對抗浪費與效率不彰。

然後很神奇地，詹森跟國會就三兩下制定了以上述成果為低標的諸多法案。[35]

就其涉及範圍的廣度與對社會的長期效應而言，一九六五到六六年的這波立法潮幾乎沒有前例，唯一的例外就是小羅斯福在一九三二到三三年的努力。為了提供健保保障，國會設計出了給年長者的聯邦醫療保險（老年健保）與給貧困者的聯邦醫療補助（窮人健保）；交通部將改善基礎建設，住房及城市發展部將處理環境中的汙穢；國家藝術基金會與國家人文學術基金會將連袂擔任文化發展的後盾。國會通過了《選舉權法》以排除基於種族的各種投票障礙、《水汙染防治法》與《機動車輛汙染防治法》來減少環境汙染、《公平包裝與標籤法》來確保消費安全、《公路美化法》來清除有礙觀瞻的廣告看板、《高等教育法》來協助學子進入大專院校。國會援引《阿帕拉契區域發展法》並透過阿帕

拉契區域委員會的牽線，送出了逾十億美元的經費給久經荒廢的大阿帕拉契高地。

　　不過，說起「偉大社會」願景中最具代表性的計畫，還得算是一九六四年由詹森在看守政府期間推出的——「無條件向貧窮宣戰」。這個計畫的實質內涵，是尋求徹底終結貧窮的《經濟機會法》，唯挾著空前的雄心壯志，這個計畫在做法上卻怎麼看怎麼保守。詹森是出身大阿帕拉契的進步主義者，也是一名政治上的現實主義者，而秉持這兩種思想，他把與貧窮的抗戰建立在傳統自由放任理論對貧窮原因的解釋：貧窮不是一種社會問題，而是個人缺陷導致的結果。因此他採取的策略是提供窮人技術與機會去「打破貧窮的循環」，具體而言就是給予他們：職業訓練、技職教育、以工代賑、透過「贏在起跑點」（Head Start）方案讓兒童提早進入教育體系、透過由窮人本身構成的「社區行動組織」來達成政治上的賦權。這總體的目標，用詹森的話來說，就是要透過給予「機會而非救濟」，「把吃稅者變成納稅人」。在政治上，這麼做讓總統得以將他的政策塑造成一種反社福的計畫來推銷，這樣在心裡想著自由放任主義的國會成員眼中，賣相就會比較好一點。當勞工部長威拉德・沃茲（Willard Wirtz）在一場內閣會議中建議某種近似新政時代公共事業振興署的超大型就業計畫，可能會比較管用時，詹森只是瞪了她一眼然後繼續往下講。這場仗要麼就靠單兵一個個去打，否則就甭打了。[36]

　　甘迺迪與詹森政府都從科技官僚的能力出發，秉持民族自由主義對「專家政府」的信念。比起傑克遜時代與鍍金年代，「我們身處時代的核心內政議題比較微妙，比較不那麼一目瞭然，」

甘迺迪在一九六二年公開表示,「我們的內政問題無關乎基本的政治哲學或意識形態衝突,而在於達成共同目標該採用的方法與途徑,例如怎麼為複雜而難纏的議題研究出巧妙的解決之道……六〇年代的(問)題對比我們在三〇年代面對的問題,代表的是更需要抽絲剝繭的挑戰,由此我們需要拿出來的是技術性,而非政治性的答案。」這兩位總統都徵集了各界的專家,包括社會學家、經濟學家、科學規劃者、心理學家、政治學家、管理大師,來開發並執行他們認為可以終結貧窮、種族主義、疾病、無知、汙染,甚至是共產蘇聯對全球之威脅的方案與政策。有短短的幾年,這些技術官僚在公共領域顯得相當活躍。一九六七年的某期《生活》雜誌以令人屏息的側寫,致敬了詹森內閣中那些「神職般的行動派知識分子——那些相信他們……可以擘劃出未來的人」:

　　在過去十年間,由這類行動派知識分子所孕育出的各種理論,已然重塑了戰略空軍司令部(SAC)在全球部署轟炸機時參考的駐地與攻擊模式;促成了一九六三年的偉大核試禁令;削減了我們的稅負,重塑了我們的經濟,在過去七年提升了我們國民所得達百分之五十,讓我們變得富有。放眼未來十年,他們的理論還將進一步改變我們:我們如何旅行、如何生活、如何取得藥品、如何發動戰爭、如何尋求和平,乃至於我們將呼吸什麼樣的空氣,有什麼樣的水可飲。[37]

當然,這些「行動派知識分子」並不如他們自以為的那麼上

知天文下知地理，不然他們打貧窮跟打越共也不會都那麼失敗。其中打貧的戰爭在一路資金不足的狀況下改善了窮人的處境，但整體而言並沒能樹立起可以有效讓人晉身中產階級的梯子。至於打越共則因為對越戰本質的誤判，而最終害死了五萬八千名美國人外加二百萬名越南軍民，卻沒有換得開戰所圖的地緣政治結果。「我們沒有認清在國際事務上，一如在人生的各層面上，很多問題都沒有一蹴可幾的特效藥。」國防部長羅伯特・麥納瑪拉（Robert McNamara）回憶說，須知這名哈佛畢業的系統分析師不只先指揮了一場失敗的越戰，後來又跑到世界銀行簽署了各種開路墾殖的方案，造成亞馬遜與印尼雨林受到毀滅性的破壞。「對一個畢生把解決問題當成信仰並身體力行的個人來說，這一點格外難以承認，但確實有些時候，我們可能必須與一個不完美也不整齊的世界共存。」[38]

　　對於「偉大社會」計畫而言，世界的不完美在一九六五年八月展現了出來，主要是一場駭人的暴動爆發在洛杉磯的瓦茨區（Watts）。洛杉磯共六十五萬的非裔居民有三分之二以瓦茨區為家，當中許多人都是移居自深南地方與潮水地方。該區有上萬居民連日走上街頭，一下子打劫並燒毀商家，一下子把路過的白人從車內拉出來毒打，還有人對警消人員開槍。等軍方被派來恢復秩序時，這場事件已經累積三十四死，逾千人傷，外加超過六百棟建築物被毀。這樣的暴力讓白人最不能理解的部分，在於撇除貧窮與種族隔離，非裔美國人在洛杉磯的生活狀況明顯在全美名列前茅，須知僅僅一年前，洛杉磯才在紐約民權組織「全國都市聯盟」（Urban League）評分的六十八個城市中脫穎而出，成為

就所得、就業等機會而言，對黑人第一友善的美國城市。一個委員會銜州長之命對騷亂的原因進行判定，而最終他們強調聯邦的扶貧計畫固然不是空包彈，但「那些計畫的成效」對比「媒體宣傳上講得……那樣天花亂墜」，確實讓人大失所望。接續的動盪在一九六六年夏天擴散到東西兩岸。在一九六七年，激烈的事態追加襲擊了底特律與紐華克，導致數十死、財產大規模遭到破壞，最終逼出了軍隊來維持治安。[39]

雖然是警方對黑人平民下的重手激發了三次最大的暴動，但在公眾眼中，形象受到傷害的仍是「向貧窮宣戰」的計畫，眾多白人開始質疑他們的納稅錢為什麼要被拿去幫助「這些人」，只換得「這些人」一把火燒了他們的社區。白人「為了維持國家的一體性，就只能接受這些速度慢得磨人、效率難以預料、支持度只低不高的經濟與社會程序——就像『向貧窮宣戰』這種不論怎麼說都拿人性的猥瑣與盲目沒轍的程序。」《紐約時報》專欄評論家湯姆‧維克（Tom Wicker）在瓦茨區的事件後嘆道，「把這些黑人當成無法無天的野蠻人趕作一堆，不是快多了嗎？畢竟毫無貢獻的他們也沒有資格在富裕的美國享受美好的生活。」眾議院少數黨領袖密西根的傑拉德‧福特（Gerald Ford）點名「偉大社會」計畫不該把話說得那麼滿，讓人充滿了錯誤的期待，結果那些根本是做不到的目標。共和黨的官方組織很快全面採用了這種說法，統一了一九六八年總統大選的宣傳口徑。[40]

對詹森理論的政治殺傷力起碼不輸給「偉大社會」計畫的，還有一九六六年民權法案這部在該年一月問世，旨在禁止各類住房租售上一切歧視行為的法案。不同於之前的民權相關立法把矛

頭對準深南地方、潮水地方與部分大阿帕拉契地方的吉姆‧克勞
法陋習，這部新法禁止的是全美民眾都習以為常的歧視性做法。
該法緊跟著洛杉磯瓦茨區暴動，以及其他非南方城市一連串小規
模動亂的背後，結果導致一九六六年民權法案在洋基之國、中部
地方與新尼德蘭地區招致眾多都會區白人的反感，而他們許多人
的父母或祖父母都曾是三〇與四〇年代新政的鐵桿支持者。該法
案的強度在眾議院被稀釋了很多，但依舊無法撐過南方各州在九
月份的參議院進行的議事干預。對於「偉大社會」計畫而言，失
敗的命運已經注定了。[41]

　　在一九六六年秋的期中選舉裡，詹森的盟友們遭到沉重的打
擊。民主黨在參議院失去了三席，在眾議院失去了四十六席，當
中大部分都是出身洋基之國、中部地方與大阿帕拉契地方，在一
九六四年選舉搭上反高華德熱潮的便車，一舉進入國會的政壇新
鮮人。雖然他還是設法通過了幾部零星的重要立法，例如公共電
視系統的法源就通過於一九六八年，但詹森作為總統已經沒有足
夠的票數可以繼續帶著民族自由主義的施政前進。

　　然後民族自由主義的事業又遭逢另外一波攻擊，來自一條讓
人意想不到的戰線：左派。

　　一九六〇年代中期的大學年輕人是民族自由主義的主要受益
者。他們許多人都生於衣食無虞的新興中產家庭，成長在美國歷
史上首見的富足與安逸中。他們沒有機會體驗什麼叫作物質匱
乏，接受高等教育的人數也創下新高。他們這一代的父母，也就

是在經濟大恐慌結束時出生的孩子，在五〇年代中期共送了二百七十萬人上大學。一九六八年，靠著嬰兒潮與政府推動高等教育普及化，大學人口突破七百萬人，當中許多學子都是聯邦就學補助與補貼學貸的受惠者。

六〇年代的孩子成長在郊區長得一致的世界裡，成年時處在民權運動、市區暴動、日益嚴峻之越戰的交替起伏中。[42] 他們發起的青年運動，起始在對馬丁・路德・金恩在南方推行民權運動的支持中，但到了一九六七年，青年運動開始朝內轉向，他們強調的不再是對公益的追求，不再是要集眾人之力打造一個更好的社會，而是自我滿足，是每個個體都能去做他或她「自己的事」，是不受限的自由。這種新左派排斥他們父母或祖父母那輩追求的物質生活，經濟性與社會性的安全感不再是他們奮鬥的目標，他們要的是把怒火宣洩在沒了靈魂而變得虛偽的美國社會上。他們的敵人不是自由放任的右派力量，而是整個「體制」，是在民族自由主義中扮演中央處理機制，那種去人性化的官僚－企業政體。他們所抗議的政府不是麥金利或柯立芝的自由放任政權，而是在詹森手中捲土重來的新政主義，包括那當中有一場迷航的戰爭，有剛愎自用的社會工程，還有社會住宅的高塔與都市更新的方案。這些年輕人的運動，包括廣為人知的遊行示威、校園中聲勢浩大的靜坐抗議、「反文化運動」的一次次事件，其密集出現的地方不是那些以自由放任思想為主流的區域，反而幾乎都是那些社群主義的重鎮：洋基之國、左岸、新尼德蘭。雖然他們最廣為人知的宣言《休倫港聲明》（*Port Huron Statement*）呼籲政府促進經濟平等，還因此希望政府能投資在教育上與全民醫

療上，但其更高層次的訴求其實是拆毀由上而下的自由主義事業，並換上一種以個人為比例尺的參與式民主，讓私人、個人的利益能在當中獲得賦權。出自官僚之手的規劃、科學的客觀性，公部門被賦予的信心，都在「反文化」中被賦予了非常負面的意涵，就像它們也不受右派待見一般。[43]

民族自由主義的各種努力在一夕之間，困在了享樂主義式的左派個人主義與階級分明、追求自由放任的右派個人主義之間，兩邊不是人。民族自由主義的傳統聯盟變得支離破碎，主要是洋基之國、中部地方與新尼德蘭的藍領階級白人與詹森在民權擴張問題上決裂，他們不樂見民權運動拚命想矯正住房與都會學校分布上的實質歧視。民族自由主義在共和黨中的盟友——洋基之國、中部地方與新尼德蘭的溫和派，還有密西根州州長喬治・羅姆尼（George Romney）或紐約州州長尼爾森・洛克斐勒等進步主義者，似乎已經戰勝了他們黨內的自由放任主義者，但這部分遠遠不足以補上由深南地方、潮水地方、大阿帕拉契從新政聯盟中出走所留下的真空。

隨著這個國家在欲罷不能的暴動、災難一場的越戰處境、一系列國內政治暗殺中搖搖晃晃地走進一九六八年的選舉，很清楚的一點是民族自由主義成了自由落體。至於是什麼東西將成為其替代品，我們需要超過十年才能看個分明。

第七章

# 狄克西接管共和黨

Dixie Takes Over, 1968-2008

　　從民族自由主義的時代過渡到雷根革命的供給面共識，是一個漫長、雜亂而耗弱的過程。從一九六六年尾聲，也就是詹森的「偉大社會」計畫在城市動盪與越戰亂象中崩盤的時期，到至晚一九七九年，美國都苦於各式各樣的不確定性，不論在政治、意識形態、經濟與文化層面上都是如此。放任主義的右派在一九六四年的高華德慘案後已經徹底信用破產，再起的民族自由主義者則在一九六六年期中選舉的民主黨大敗後一蹶不振。美國人在一次次災難性的打擊下，要麼緊抱著艾森豪時代傳承下來的民族自由主義的中間路線，要麼成為未歇文化戰爭中據路障而守的一員，就希望能徹底推翻這條中間路線並取而代之。隨著這個國家跌跌撞撞地接近一九六八年的選舉，少有人會預期到十二年之後，他們將迎來一個新的時代。這個時代裡的政府會一面擴張、一面舉債、一面削減社福計畫來服務財閥，一面還從最窮也最倚靠政府過活的區域收穫最熱情的支持。

✳

　　若說一九六五與一九六六年的事件讓美國人受到震撼，那一
九六七與一九六八年帶給美國人的就是創傷。就在年輕人（驚人
的長髮就跟他們的性生活一樣不羈）嚮往著宛若烏托邦且有迷幻
藥推動的「愛之夏」，大批湧向舊金山的同時，紐華克與底特律
的黑人區在熊熊火焰中爆炸，一時間只見數千名暴動分子砸窗的
砸窗，搶劫商店的搶劫商店，此外還有人對消防隊員開槍，對建
築物大肆破壞。死亡人數達到數十人，大部分都死於朝群眾、車
輛與公寓射擊的警方之手，聯邦軍隊不得不出動來維持秩序，而
這兩座城市都始終無法真正從當時的有形無形傷害中復原。同一
時間，抗議者走上了洋基之國、左岸與新尼德蘭的街頭與校園，
並朝著五角大廈行進來抗議越戰的愈演愈烈。越共在一九六八年
一月發動的「春節攻勢」（Tet Offensive），期間甚至連在西貢的
美國大使館都遭受攻擊，顯示美國官員始終就實際的戰況在欺瞞
社會大眾。三月份，詹森宣布他將不再尋求連任。四月份，馬
丁‧路德‧金恩遇刺身亡，一百一十個城市爆發動亂；在華府，
暴民進逼到離白宮僅剩兩個街區處，機關槍已經架在了國會大廈
的階梯上，近一萬四千名聯邦軍力進駐拱衛中央政府。六月份，
總統候選人羅伯特‧甘迺迪（Robert F. Kennedy，遇刺的甘迺迪
總統的弟弟）在加州被槍殺身亡。八月份，芝加哥見證了長達一
週的民主黨內戰，地點就在鐵絲網圍起的黨代表大會會場外，警
方在民主黨籍市長理查‧達利（Richard J. Daley）的指揮下騷擾
場內的反戰代表，並一邊喊著「殺，殺，殺」的口號，一邊用催

淚瓦斯與棍棒伺候場外的左翼抗議者、記者、旁觀者。整個國家這麼看起來，正在撕裂自我。[1]

　　這些亂象進一步削弱了民族自由主義的力量。原本有望代表共和黨參加一九六八年總統大選的進步派兼共和黨籍密西根州州長羅姆尼，在經過底特律的暴動後，元氣大傷，而他認為這些暴動的發生是因為「惡劣的生活條件醞釀出挫折感、仇恨與叛心」。（他在暴動告一段落後表示：「我們絕不能容許反動力量弱化寶貴的計畫與政策，因為這些計畫與政策都是設計來造福民眾，讓他們能享有一等公民的地位。」）羅姆尼的白宮之路因為在越戰問題上的失言而走到了終點，主要是他曾說過他在一九六五年訪問越南時，在當地被好戰的美軍將領與外交官「洗腦」，所以才會覺得越戰大有可為，也說在那之後他就慢慢正常了。「隨著羅姆尼的總統夢落幕，」政治史家傑佛瑞・卡巴塞維斯（Geoffrey Kabaservice）曾寫道，「溫和派能在共和黨身上烙下悠長印痕的勝算也一洩千里。對溫和派而言，前路將是一整條的下坡。」刺客的子彈不僅讓民主黨失去了羅伯特・甘迺迪，也讓民主黨失去了能在深南地方、潮水地方與阿拉巴馬州獨裁州長喬治・華萊士（George Wallace）一戰的機會，須知身為白人至上主義者的華萊士以獨立候選人之姿，打著的是反民權運動的旗幟。在加州，民主黨籍州長埃德蒙・布朗（Edmund Brown，他曾打造出令全世界稱羨的公立學校、公立大學、高速公路系統），在一九六六年的第三十三任州長選舉中敗給了前好萊塢演員隆納・雷根（Ronald Reagan），也敗給了雷根反對「在瓦茨區殺人放火」、反對在加州大學柏克萊分校的「性狂歡」、反對新

法打著反住房的名號來妨礙「我們的基本自由」，也反對各種社福方案吸引懶鬼來加州「鬼混」的種種政見。[2]

在一九六八年十一月，承諾過「我們不會讓美國亂下去」的共和黨人尼克森（Richard Nixon）在總統大選中險勝了詹森的副手韓福瑞（Hubert Humphrey）。尼克森巧妙地鎖定了對手的罩門。他把自身的選戰定位為是為了「沉默的中間選民」而戰，他代表的是「數以百萬計，在政治光譜上位於中間的美國人，他們不示威，不當抗議的糾察隊，也不嘶吼吶喊。」他反對「硬開巴士」（來打破學校裡的種族隔離），反對「違法者」（暴動的黑人與示威的反戰者），也反對「國內的暴力」（各種社會動亂）。他在前南方邦聯地區到處奔走演說，試圖從華萊士手中拿到票。這種策略按照尼克森的機要顧問約翰·埃利希曼（John Ehrlichman）所說，是要「追求種族主義者的支持。這種對於反黑人選民的潛在訴求，在尼克森的聲明與演講中隨處可見。」這種策略，一種訴諸南方與都會區白人對黑人與「新階級」①菁英的恐懼和憎恨，很快就會被尼克森的選戰幕僚凱文·菲利普（Kevin Phillips）取了個名字叫作「南方戰略」（Southern Strategy），而這個戰略也在接下來的四十年被用到淋漓盡致。但在一九六八年時，這個戰略還在襁褓階段，所以難以應對華萊士直白的種族主義選戰，事實也證明深南地方更歡迎的是大剌剌的種族歧視。尼克森最終

---

① 譯者注：除了前述在共產主義裡有新階級的用法以外，新階級也是二戰後新興社會階層的統稱，當中包含藍領與白領在內的各種中產階級，具體而言如科學家、工程師、技術人員和管理人員都屬於這個也被稱為「專業－管理階級」或「新中間階級」的族群。

贏下了大片的大阿帕拉契，但在深南地方與大部分的潮水地方不
敵華萊士。他同時也輸掉了大部分的洋基之國與近乎深南地方以
外的每一座城市。他真正勝出的地方在美國的郊區與鄉間；他幾
乎囊括了遠西地方、中部地方與西裔北部地方的每一個郡，包括
數百個不過四年前還支持詹森的郡（同時間共和黨在國會的斬獲
極其有限，參眾兩院都還牢牢地處於民主黨的掌控之內）。[3]

　　尼克森固然在選戰中猛打民族自由主義的弱點，但他治國的
時候也沒有跨出民族自由主義的傳統。在第一任的任期中，他針
對少數族裔推出了「積極補償行動」方案，透過發布行政命令要
求聯邦機構建立平等的就職機會、擴大向少數族裔供應商採購，
並堅持讓聯邦出資工程中的所有營建工會都要雇用少數族裔並給
予會員資格（在當時，許多工會都只有白人，同時也完全不打算
引進有色人種）。他提出了一種「負所得稅」的概念，名為「家
庭補助計畫」，以及一種嶄新的聯邦－地方稅收分配法來協助窮
忙的勞工。他以工資與物價為切入點，對經濟進行了干預。他簽
署了《潔淨空氣法》、《瀕危物種法》、《海洋哺乳類保護法》與
《河口保護法》，為此加州共和黨眾議員彼特·麥克洛斯基（Pete
McCloskey）十分肯定尼克森，並表示他在這些立法上的成就構
成了「環境保護上的黃金時代」。尼克森還提議並創立了美國的
環境保護署與職業安全與健康管理局，其中後者的成立除了在深
南地方與潮水地方遭到兩黨共同反對外，在全美的所有地方都獲
得了強勁的跨黨派支持。尼克森振興了舊有的民族自由主義的共
識，這包括對海外的共產主義採取圍堵而不是要「收拾掉」他們
的態度，要把美國從越戰的泥淖中抽出身來，要與蘇聯簽署核武

控制條約，要開啟與中國的外交關係。在政策上，尼克森總統的第一個任期並不是在否定民族自由主義，反而是在延伸民族自由主義。[4]

在一九七二年的大選中，尼克森徹底擊垮了民主黨的新左派候選人喬治‧麥高文（George McGovern），這包括他在普選中拿到了百分之六十一的選票，而選舉人團的投票結果更懸殊到五百二十票比十七票，在當時創下了共和黨總統候選人的勝選差距紀錄。少了華萊士的參戰（他在競選途中被一個渴望關注的狂徒開槍打成癱瘓），前邦聯的各州都成了尼克森的囊中物，由此他除了漏掉麻州以外，在全美可以說是所向披靡。他的順利連任，等於是一巴掌打在了新左派的臉上（麥高文曾推動過的政策方向包括特赦逃避兵役者、削減百分之三十七的國防支出、每個美國公民發一千美元），但也沒輕饒放任主義的右派，畢竟右派裡地位顯赫的領導人都曾拒絕為身為總統的尼克森背書。就像在傳遞一個很清楚的訊息，選民交給了民主黨一個明顯的眾議院多數與在參議院的額外三席，並讓進步派的共和黨人回任，把二十五名保守派議員趕出了國會。《紐約時報》在社論中說總統尼克森「帶著共和黨朝執政黨的角色定位又推進了一點，使其不再是一個只能偶爾撿到執政權的萬年反對黨。」[5]

但在一九七二年成功找到美國民意的中間地帶後，尼克森開始朝懸崖踩下油門。

尼克森多疑又偏執的長篇大論在白宮錄製的錄音上有幾千個小時的長度，內容都是他在白宮內或電話上的私密對話。而這些對話都在流出後成了他的惡夢。「千萬別忘了，新聞界是敵人，

新聞界是敵人。」他在選後幾週對他的國家安全顧問這麼說。「當權派是敵人，當教授的是敵人，當教授的是敵人。把這個在黑板上抄一百遍。」他擬出了一張涵蓋美式足球明星喬·納瑪斯（Joe Namath）與大指揮家伯恩斯坦（Leonard Bernstein）的超大的「敵人清單」，並且問了句「我們能怎麼使用現有的聯邦機器去整一整（他們）？」他命令幕僚長潛入布魯金斯學會（Brookings Institution），還討論起該朝哪處丟燃燒彈，只為了取得可能有損甘迺迪與詹森顏面的任何文件，並下令白宮肅清所有前總統的照片。在選前，他的一名資深幕僚派出一隊白宮幹員去計畫刺殺報紙專欄作家傑克·安德森（Jack Anderson），但後來又重新指派他們私闖民主黨全國委員會設於水門飯店裡的總部，去竊取文件並更換故障（且當然是違法）的電話竊聽器。當這種不法行徑曝光後，尼克森下令中央情報局去干預聯邦調查局辦案，後來他還因為拒絕配合國會調查小組，又不馬上遵照最高法院的命令交出白宮錄音帶等後來會證明他涉嫌掩蓋真相的證據，激發出了憲政危機。在尼克森下台前的最後幾星期，國防部長詹姆斯·施萊辛格（James Schlesinger）指示軍事人員只能聽從透過軍方指揮鏈的命令，並表示他覺得國會與新聞界的擔心不無道理，他也怕一個日益不穩定的總統會背著他調兵或甚至發射核武。眾議院委員會在一九七四年七月二十七日表決通過彈劾總統，幾分鐘後委員會主席下令疏散國會所在的瑞本大樓（Rayburn Office Building），因為據報有「神風特攻隊」從華府的國家機場（National Airport）起飛，意圖要「撞進」該棟建築。這架傳言中的飛機並沒有真的出現，但真的有會出什麼亂子（包括會發生親尼克森的

軍事政變）的感覺，在美國空氣中揮之不去，直到十二天後尼克森終於在電視轉播上主動請辭。6

　　就在這段期間，美國一度看起來刀槍不入的經濟開始陷入麻煩。貿易赤字飆高，而新興的製造業對手——德國、日本、台灣正啃食著美國在海內外的汽車、鋼鐵、消費性產品市場。肉品價格莫名其妙在短短一年內翻倍，促使尼克森的消費者顧問敦促美國人多吃內臟。一九七三年秋，一個屬於發展中國家的產油國聯盟發起了對美國的石油禁運，為的是迫使美國放棄軍援以色列。油價在接下來的九個月中變成原本的四倍，加油站無油可賣，內政部長警告美國可能會沒有足夠的暖氣燃料過冬。各城市實施起店家戶外照明的禁令，市議會開會點起了蠟燭。洛杉磯宣布聖誕節不准擺出燈飾。等到尼克森辭職時，通膨已經達到百分之十二，失業率上升，經濟成長陷入遲滯，而這組合在長年作為民族自由主義經濟學根基的凱因斯理論中，照理講是不可能出現的。半數美國人覺得二十世紀的第二次經濟大恐慌，恐怕就要來了。7

　　到最後，尼克森留給後世美國人的是他摧毀了美國人對政府、國家、自己的信心。回到一九六四年，美國人會覺得他們的國家、軍隊、政府無所不能。而十年過去，隨著市中心的社區一片頹然、他們的總統黯然下台、美軍在三分之一個地球外被擊敗，美國經濟被另外好幾個經濟體脅持著，大部分人都覺得美國已經不行了，什麼都做不到了。美國人口中對政府行政部門「保持高度信心」的比例，在一九七三年只剩下百分之十九，遠低於一九六六年的百分之四十一，對國會的信心也好不到哪裡去。對於民族自由主義者而言，不論你是當中的共和黨溫和派，還是民

主黨的中間路線者，民眾對於公共發展所需體制的信心流失到這種程度，都是一場災難。

　　隨著尼克森乘著直升機離開白宮草坪，留下福特繼任總統，美國民眾並不熱中重返柯立芝的那套原則。福特曾在國會中代表過密西根州大急流城（Grand Rapids，由荷蘭分離主義者所創立）這個保守派飛地多年。這樣的他是個老派的經濟保守主義者。如同胡佛，福特信仰的是收支平衡的預算，是為了達到這個目標而不惜增稅，也是政府應該勇於任事地去管制商業並促進公益民生，但又要量入為出且在權力上有所限縮。面對這場經濟危機，福特首先打出撙節牌，向富人課徵消費稅，並且否決多筆由民主黨提出的撥款法案。在他繼任三個月後，選民就用選票撤換掉了共和黨將近五十名眾議員跟四名參議員，結果是民主黨在參眾兩院都獲得了超過三分之二的多數地位。[8]

　　歷經國會選舉的挫敗，加上美國經濟陷入大蕭條以來最嚴重的衰退，福特開始在施政上改弦易轍，這包括他首肯了退稅（和更嚴重的赤字）來刺激經濟。放任派支持者之間一片譁然，其中雷根更在私下不屑地說福特就是個「國會待太久，習慣改不過來」的「看守總統」。福特任命尼爾森·洛克斐勒這名共和黨溫和派的掌旗官擔任他的副總統，讓他與右派漸行漸遠，而他特赦尼克森，則是讓他惹毛了幾乎所有人。雷根從右派跳出來與福特爭搶一九七六年的總統大選提名，他主張政府本身就是問題所在，並認為「新政的基底其實就是法西斯主義」。雖然連高華德

都親自出馬與雷根叫陣，但雷根還是差一點就勝出了，共和黨的當權派為之震動。財力雄厚的極右派團體有著巨額的募款數字，動員的黨團參加人數也非常可觀，而關於這兩點，福特陣營內部在初選階段的競選備忘錄裡就提出了警告。「我們實實在在有著被一小撮志在必得的右翼瘋子在動員戰裡打敗的危險。」他們的備忘錄下了這樣的結論。他們說的「瘋子」控制住了黨代表大會，而他們主導通過的政綱支持擁槍權、支持在校禱告，反對美蘇關係的「低盪」（détente，指冷戰緩和）、反對墮胎、反對用校車接送打破種族藩籬。雷根本人搶走了全場的光彩，靠的是他在演說中痛斥「民主黨統治對美國自由的侵蝕」。[9]

　　十一月，福特大敗給民主黨爆冷提名的前喬治亞州州長吉米‧卡特（Jimmy Carter），而卡特也將主持一個在意識形態上模稜兩可的政府。身兼花生農夫與重生派浸信會信徒身分的卡特，是當年一個在熱門問題上不置可否有成的騎牆派。他反對種族歧視，但不反對社區想要維持他們的「種族純淨」。他既支持聖經對同性戀的禁制，也支持保護同性戀權利的法案。他從來不放棄美國對於巴拿馬運河區的控制力，但也願意就條約重新談判，即便巴拿馬方的談判前提就是要美國放棄對該區的控制。他反對特赦越戰中的逃避兵役者，但也支持赦免這些人，並堅稱這兩者間存在有意義的差別。民族自由主義陣營中的當權派中少有人把他當回事。「這種傢伙怎麼能獲得提名？」艾維瑞爾‧哈利曼（Averell Harriman）身為歷任小羅斯福、杜魯門、甘迺迪與詹森的資深幕僚，對卡特嗤之以鼻。「我不認識他，我的朋友也都不知道他是誰。」只不過在民族自由主義聯盟分崩離析的當

時,卡特擊敗了四名參議院的雄獅、一名資深的甘迺迪幕僚、民
粹型的華萊士,甚至是韓福瑞,成為了民主黨的提名人。在普選
中,卡特輸掉了洋基之國與中部地方,但橫掃了深南地方、潮水
地方與大阿帕拉契,進一步確認了南方狄克西勢力的崛起。10

　　兩大黨的當權派都被逼到了牆角,但只有在其中一黨,一股
新興的勢力正快速地把控制力集結起來。

　　自從高華德在一九六四年總統大選的慘敗以來,美國就少有
人太去留意放任派右翼的發展。但如果有人真的多看了兩眼,那
他們就會發現放任派的右翼正穩定地在累積其在政治上與智識上
的資源,並在民族自由主義的公信力下降與社會動盪升高的土壤
上收割政治利益。這樣的他們首先把手伸向了一些富商,他們是
在遠西與深南地方等自由放任主義區域經營家族企業的大老,而
這些人的特色是支持個人主義、厭惡政府在社會與經濟事務上的
干預,尋求讓美國重返最好是麥金利,或起碼要是柯立芝政府時
期的靜好歲月。

　　喬瑟夫・庫爾斯(Joseph Coors)這名科羅拉多州的啤酒大
王是放任右翼運動的一大受益者。庫爾斯的公司曾兩次被判歧視
黑人有罪,並面對來自民權運動分子的抵制,而他本人則是約
翰・伯奇協會的金主,是堅定的工會破壞者,更是科羅拉多大學
等各校方興未艾的學運的強力反對者。一九七三年,他掏出二十
五萬美元創立了一個嶄新、更為激進,且在意識形態提供人不同
選擇的智庫來取代他認為過於膽怯的美國企業研究院,也就是傳

統基金會（Heritage Foundation）。傳統基金會的自我定位不似美國企業研究院與布魯金斯學會是個嚴肅理性的科研機構，而就是個政治上的武器，其存在就是產出智識上的彈藥來供志同道合的立法者與意見領袖使用。「我們不強調可信度，」其長年的主席艾德溫‧佛納（Edwin Feulner）曾解釋說，「我們強調的是速度。」傳統基金會在八〇年代末期的研究事務副主席波頓‧潘斯（Burton Yale Pines）形容傳統基金會的特色是：「美國企業研究院就像離岸戰艦上的大砲，而我們就是搶灘登陸的隊伍。要不是他們先轟過一輪，我們也衝不上岸。」這樣的傳統基金會很快就吸引到當時一票企業巨人的挹注，諸如通用汽車、陶氏化學、輝瑞製藥、大通曼哈頓銀行、美孚石油、西爾斯百貨，其他金主還包括南卡紡織巨擘羅傑‧米爾肯（Roger Milliken）與理查‧梅隆‧斯凱夫（Richard Mellon Scaife），其中後者是安德魯‧梅隆的繼承人，也是尼克森行賄小金庫的重要捐贈人，須知尼克森有錢找人闖入水門飯店，靠的就是這個小金庫。十年內，傳統基金會將發展出逾百人的人事規模，同時也將為雷根政府扮演編制外的人才庫。11

　　傳統基金會並沒有孤軍奮戰太久。一九七四年，查爾斯‧科赫（Charles Koch）建立了同名的查爾斯‧科赫基金會來致力推動自由放任主義原則，並在成立兩年後改名為加圖研究院（Cato Institute）。一九七八年，尼克森時代的證券交易委員會主席威廉‧凱西（William Casey）、英國慈善家與海耶克學派信徒安東尼：費雪爵士（Sir Antony Fisher）聯手創立了曼哈頓研究院（Manhattan Institute），旨在「培育更大的經濟選擇性與個人責任

感」。史丹佛大學的胡佛研究院在一九一九年由胡佛創辦時，其性質是一座圖書館的館藏，但該機構在一九五九年轉型成為智庫，並在六〇與七〇年代飛速成長；在一九七六年的共和黨總統初選中，胡佛研究院確認了它的意識形態流派，主要是當時的基金會主席葛倫・坎貝爾（W. Glenn Campbell）譴責了福特這位自從胡佛以來最像胡佛的總統，是個「左派」（雷根當時還是個思想上無足輕重的前州長，而這樣的他已經在前一年被傳統基金會任命為榮譽會士）。到了一九八五年，傳統基金會的人事規模已經達到二百人，且在史丹佛大學引發了爭議，主要是基金會自行其是不受史丹佛的節制，但卻從史丹佛取得其四分之一的運作資金。靠著斯凱夫的大方捐輸，全美議會交流理事會（American Legislative Exchange Council，又譯作美國立法交流委員會）做為一個成立於一九七三年的高華德派州議員聯盟，被改造成了政治上的洗錢機器，亦即他們洗的不是錢，而是法律。透過這個委員會，企業可以擬訂法律然後交給州議員去推，而議員可以在州內聲稱那是他們自己的東西。[12]

　　靠著企業的支持，美國企業研究院也經歷了現象級的成長，原本在一九六九年才只有兩名駐院學者的他們，一九八五年竟變成有一百七十六名全職人員。歐文・克里斯托作為其中一名駐院學者，在一九七七年春天的《華爾街日報》發表了該院極其著名的一次募款宣傳。克里斯托警告企業領導人要注意「新階級」的危險，因為新階級稱霸了「我們社會中那些孳生觀念與將這些觀念合法化的體制」，並利用「我們的孩子在課本裡、老師身上、電視上接觸到的那些觀念」，去鞏固美國社會對發展民族自由主

義的支持。克里斯托說，重塑民意需要企業「決心不捐錢去支持新階級那些與企業生存為敵的活動」，而要支持那些少數學者與知識分子，因為他們才「有興趣於個人自由與受限的政府，才擔心我們社會裡的集體主義趨勢。你想打敗某個觀念只能靠另外一個觀念，觀念與意識形態之戰必須從新階級內部為之，從外部與之硬碰硬是沒有用的。」由於放任主義的觀念已經無法贏得獨立機構的支持，他們的支持者於是開始另立由企業出錢贊助的機構網，來傳播他們的理念，而且也只傳播他們的理念。13

　　趁著無人注意，這些智庫展開了動作。當肉價在一九七三年大漲的時候，美國企業研究院出具了一份由食品產業高層出資的「政府監理研究報告」。約翰‧歐林（John M. Olin）這名武器生產家族企業的年邁負責人，捐贈了數千美元給美國企業研究院來對抗遺產稅，因為他擔心他的財富「會在百年後實質遭到清算」。一九七四年夏天，數千名基督教基本教義派在西維吉尼亞杯葛學校，因為他們反對新版教科書中納入了黑人民權領袖、無神論者、因紐特原住民族的視角，而他們抗議的手段包括炸毀學校建築、用獵槍攻擊坐滿學生的校車，還有對不願意一起杯葛學校的學生丟擲石塊。傳統基金會派了兩名人員去幫忙這些被定罪的恐怖分子，替他們辯護、開脫，還與當中一些最不吝於動武的基本教義派領袖同台。「只要在正確的時機選對正確的戰鬥參加，你就會有無形的好處可拿，」一名基金會的人後來回憶說，「你可以藉此表態政治立場，你可以助參戰者一臂之力，你還可以在政治社群裡成為一股勢力。」14

　　基督教右翼本身於政治社群裡，也在崛起成一股強大的勢

力。扎根於深南地方、潮水地方與大阿帕拉契的南方福音派和基本教義派人士，因政府要求他們終結校園的種族隔離而得到強化。這些南方人借力使力，成立了數千間私立且種族隔離的基督教學院來提供「基於信仰」的教育，且特別強調保守的社會價值觀、創造論，還有對權威的服從。財務上支撐這些學校的重擔落到了家長的肩上，而這就促使福音派領袖要求納稅人用發行「就學券」來支持南方家長。聯邦政府基於民權理由質疑這些種族隔離學校的免稅地位，結果將許多人推進了政治圈。六〇年代年輕人與反文化運動中的道德相對主義，自然也讓基本教義派與福音派人士覺得是眼中釘、肉中刺，於是在七〇年代，這兩派人當中的一些領袖開始責怪民族自由主義。傑瑞・法威爾（Jerry Falwell）辦的報紙在一九七八年宣稱：福利國家的政策正在「掏空一整個世代的美國人」，因此必須用「個人自由與家庭責任」去取代。該報紙說，「普通美國人的自由所受到的最大威脅，並不來自於共產主義的侵略」，而是來自「政府官僚透過法律來限制我們的自由」。[15]

　　這樣的訊息如漣漪般觸及了廣大的受眾，主要是南方的牧師活躍於廣電的電波上，建立起一個個極大的媒體帝國，當中包括如派特・羅伯森（Pat Robertson）的「視博恩」（Christian Broadcasting Network，又名基督教廣播網）暨全國聯播的「七百俱樂部」、法威爾的「美國傳統」（Heritage USA），還有比利・葛理翰福音協會（Billy Graham Evangelistic Association）。很快地這些運動就不光是傳播理念而已了，他們還開始透過自身的高等教育機構培養信差，這包括南卡的鮑伯・瓊斯大學（Bob

Jones University，該校直到一九七一年都禁止黑人入學，二
○○○年後才開放學生之間的跨種族約會）、羅伯森的視博恩大
學（即現今的攝政大學〔Regent University〕，一九七八年以培訓
「上帝在地面的代表」為宗旨在維州成立），還有法威爾的自由
學院（Liberty College，一九七一年成立於維州，目前他們仍告
訴學生恐龍化石只有四千年的歷史）。法威爾跨出了進軍政治行
動主義的最後一步，是靠他在一九七九年創立了「道德多數」
（Moral Majority）這個團體，並藉此承諾要「積極遊說國會來擊
敗左翼的社會福利法案，因為那些法案將進一步侵蝕我們寶貴的
自由。」該團體在維州林奇堡（Lynchburg）的成立儀式上有名
座上賓，就是當時傳統基金會的大家長，保羅・韋里奇（Paul
Weyrich）。[16]

　　新興的南方宗教領袖一方面傳達了對家庭與傳統的關心（一
種埃德蒙・柏克式的社群價值），一方面也很矛盾地支持不受限
的資本主義，須知不受節制的資本主義往往會破壞家庭與傳統。
但至少在短期內，這種矛盾沒有獲得正視，因為放任主義聯盟的
當務之急是先進入政府，取得執政權，而他們正好有一名這樣的
候選人可以帶他們通往勝利。

✳

　　到了一九七○年代末，許多選民都既感覺他們的稅務負擔太
重了，也感覺政府把他們的納稅錢浪費在無效的社福方案上，去
幫助那些不好好過日子的窮人。工薪階級的白人選民開始覺得資
方其實是自己的盟友，他們真正的敵人是那些不值得幫助的窮

人，還有寵溺窮人的「新階級」。這些選民仍繼續支持新政時期的基本體制，諸如延續新政精神的聯邦醫療保險與聯邦醫療補助，但他們看不慣「偉大社會」計畫中的大部分主張，特別是不樂見愛管閒事的政府跑來濟貧，或是硬要融合學校、社區與工廠。在一個日益全球化的經濟中，環保法規與（甚至是）強勢的工會都會威脅到就業機會，讓這些工作二話不說就離開洋基之國，前往大阿帕拉契那些主張「工作權」的各郡，或是拋棄深南地方，前往墨西哥或更遠的地方。在高薪藍領工作日益凋零的同時，「積極補償行動」方案又使得少數族裔更容易包辦那些僅存的機會。勞工不再感覺積極有為的政府站在自己這邊，於是勞工也就不再死心塌地地支持這樣的政府。

　　卡特總統上任後所面對的，就是這樣的處境。而卡特一如許多深南地方的民主黨人，都從來沒有真心當過民族自由主義者。他溫和的管制措施提案，包括擴充聯邦貿易委員會的權力，迫使企業遵從國家勞動關係委員會的規範行事，被理論上控制國會的民主黨擋下。為了回應來自企業界的壓力，國會在一九七八年調低了資本利得稅和企業所得稅率，並同時調高了薪資稅，這導致投資人與大地主省下了數十億美元的稅金，而工薪與中產階級納稅人則負擔更重了。幻滅的民主黨黨內初選選民驅逐了許多自由派的參議員，而空出的席次就落到了不缺錢的共和黨挑戰者手中，而他們當中許多人都與放任運動立場一致。他們的加入造就了一個更加右傾的國會。卡特接著調高軍事支出，並同時對各州與各城市削減了社會安全保險的福利跟補助。一九七九年，石油輸出國組織（OPEC）讓油價加倍，加油站外大排長龍，但卡特

卻在此時搞失蹤，先是跑到馬里蘭州，在總統專屬的大衛營（Camp David）度了幾天假，然後才突然跑出來教訓美國人，要他們看看自己的內心，重新想想自己的價值。他們的總統告訴他們，政府沒辦法替他們解決所有的問題。[17]放眼全美，美國人已經全都準備好了要重選一個有辦法的人。

✳

一九八〇年十一月，就在「偉大社會」計畫臨時喊卡滿十四週年的那個禮拜，共和黨收復了他們自一九五四年以來就沒有再控制過的參議院，並在眾議院增加了三十三席。更要緊的是，他們見證雷根當選了美國總統。此前的過渡期就這樣戛然而止，並給出了一個兩黨裡都少有人能在六〇年代晚期就預料到的結局：柯立芝時代的放任個人主義重掌大權。

雷根發自內心地相信放任個人主義。作為一個家中有個潦倒酒鬼賣鞋老爸的伊利諾州鄉間子弟，白手起家的他滿心相信自立自強、努力工作、承擔風險、正面思考等都是美德，而且是有用的美德。雷根原本是個支持新政的民主黨員，但中年後的他愈來愈敵視有為的政府，也敵視為了這些作為而去向富人徵稅。他很知名地宣稱過政府本身就是問題所在。政府妨礙了那些有美德跟有生產力的人，「劫富濟貧」地去幫助那些得過且過的懶鬼，也就是史賓塞口中的「極度不適者」，或是雷根口中的「福利女王」（welfare queen）。[②]企業主與實業家的創業精神施展不開手

② 譯者注：對社會上濫用福利之婆媽的蔑稱，泛指所有的窮困的社福寄生蟲。

腳，他認為都是因為「官僚一拍腦袋，就對能源、環保與安全性規範所做出的改變」。底特律的問題不在於產品差或來自日本車的競爭，問題在聯邦政府。「美國汽車產業幾乎是活活被管制到死的。」他在一場競選演說中對著底特律經濟聯誼會（Detroit Economic Club）把卡特抹成一個「帶賽」的胡佛再世，只會緊巴著一個信用破產的秩序不放。雷根在演說中講得欲罷不能：「我們面對的不是信用危機……讓我們吃到苦頭的是方向錯誤且思慮不周的政府政策。我們要抉擇的是向上提升或向下沉淪。向上我們可以提升到個人自由的極致，但又能相容於一個有序的社會，或向下我們可以沉淪途經國家主義與政府干預，進而伊於中央集權、威權，甚至極權的社會之底。」[18]

　　陽光、樂觀、一個胸有成竹的男人。個人主義者終於找著了屬於他們的小羅斯福。

　　問題在於民調顯示多數美國人仍支持新政的核心主張，也支持聯邦醫療補助跟聯邦醫療保險，這些支持並不因他們動搖了對政府的信心而有所改變。民眾對企業的不信任感仍居高不下，且少有工薪或中產階級選民吵著要削減遺產稅或最高級距的所得稅。放任主義的菁英仍須設法把大眾恨意的焦點從財閥身上，轉移到對社會福利與國家管制的不滿上。他們的前途，按照共和黨謀士凱文·菲利普在一九六九年建議尼克森的話，在於消費種族議題。菲利普在《新興的共和黨多數派》（*The Emerging Republican Majority*）中寫道：「打破民主黨（新政）聯盟的主要力量，是黑人的社經革命。」須知正是該書為共和黨指出了「南方戰略」之路。「民主黨成了自由主義之意識形態衝動的受害者，因為這

種衝動將他們從對少數人課稅來讓多數人受惠的新政計畫,帶到以少數人名義對多數人課稅的偉大社會計畫中。」威廉・拉許爾(William Rusher)作為《國家評論》的發行人,又把事情說得更白了些,他在一九七五年主張說政治的戰場已經不再存在於「富者與窮者」之間,而在於「社會中不同經濟階層的」生產者與「新階級」跟他們廣大的社會福利選民之間。屬於勞方的工人與屬於資方的企業大亨,都顯然已經準備好要揭竿而起,對抗那些大學教授、政府官僚,還有受益「向貧窮宣戰」計畫最深的都會區黑人貧戶。[19]

雷根很巧妙地利用了種族仇恨,且不同於尼克森的是他不僅願意把公眾的怒火導向在政府操盤的「新階級」菁英身上,也願意將之導向政府本身。若說中層美國人被高通膨與高稅負弄得昏頭轉向,那問題也不是出在一九七八年那次開倒車的減稅,或是美國對日本高聳的貿易逆差。雷根聲稱高通膨與高稅負都肇因於美國的財政赤字,但他並不把這些赤字歸咎於減稅或越戰高達一千一百一十億美元的軍費,他認為真正的禍首是美國政府為了扶助少數族裔,而「浪費」在社會與福利方案上的支出。他針對一九八〇年大選的競選之路,是以密西西比州的費城為起點③,而這個費城在全美最有名的一點,就是它是一九六四年有三名年輕民權運動組織者被一眾白人至上主義者殘忍殺害的地方,而且當中許多行凶者在雷根於當地發表演講時,仍然得到包庇。「我相信州權。」雷根對歡呼的群眾說,而他們都知道這句話放在深南

---

③ 譯者注:這裡是指密西西比州的費城,而不是我們習見的賓州費城。

地方的種族秩序語境中，代表什麼意涵。「我相信在社群的層次上一如在私人的層次上，人都有權盡可能爭取自己的權益。」雖然競選對手是一名土生土長的深南地方子弟，但雷根仍靠來自低地白人的壓倒性支持，橫掃了所有由深南勢力控制的各州，唯獨漏掉了卡特的老家喬治亞。最終雷根在全美贏下四十四州，痛宰了現任的卡特。[20]

　　就任後，雷根在一個很重要的面向上偏離了柯立芝的傳統：共和黨傳統上很強調國家預算的收支平衡，他們認為這代表著道德上的堅毅，也是國家經濟穩定的基石，但雷根卻毫無顧忌地以承平時期僅見的速率積累起負債。相對於雷根批評民主黨只會「徵稅跟花錢」，他自己則是個只會「減稅跟花錢」的總統，你可以說他抵押了未來，只為了對富人大放送。雷根任由自己被說服了一件事：減稅可以自償，而此門一開，洶湧而出的便是聯邦政府真正可以藉此增加收入的新經濟活動。這個理論在其倡議者口中是「供給面經濟學」（supply-side economics），或是老布希總統口中著名的「巫毒經濟學」（voodoo economics），其實就是個一廂情願的烏龍。雷根麾下的自由放任主義者預算舵手大衛・史塔克曼（David Stockman）曾經在一九八〇年競選期間試算過他老闆的預算數字，按他後來的說法，他一算就發現「供給面的彩虹另一頭」不存在結餘。但雷根不管，他的打算就是要大幅減稅並同時增加預算（來擴軍抗衡蘇聯），而這麼做將讓年度赤字將近翻倍，政府其他領域的資源也將受到排擠。史塔克曼後來回憶說：「照理講這就該讓人有所顧慮，並重新評估整個提案了。但事情的走向並沒有這麼發展。」[21]

　　而事情之所以沒有這麼發展，是因為若按史塔克曼所透露，供給面經濟學其實會創造出巨大赤字的這點被雷根團隊視為是「機會而非障礙」。是什麼機會呢？就是將雷根口中的「美利堅第二共和」拉下馬的機會，而他所謂的「美利堅第二共和」，其實就是民族自由主義在美國的遺產。一旦他們的預算被制定出來，「我們就可以把第二共和的那些懦夫政客釘在牆上，」史塔克曼回憶說，「他們就得拆除他們膨風、浪費、不公正的撒幣事業，否則就得賭上美國的存滅。貨真價實的財政革命，對福利國家的正面迎擊，諸如此類的概念開始感覺愈來愈不是夢想。」即將進駐白宮的新總統意圖破壞他被選上去領導的政府，而赤字就是他的武器。[22]

　　雷根開始推動起一場為期四年且總值七千四百九十億元的減稅，其目的史塔克曼後來也坦承，是為了圖利富人。雷根政府聯手一個對其言聽計從的國會，將最高級距的所得稅率從百分之七十調降到五十，讓遺產稅與資本利得稅縮水，並為企業制定了前所未見的稅務減免。而同一時間，雷根政府也將刀砍向食物券，砍向「撫養未成年兒童家庭援助」計畫，也砍向從就業、教育與住房等面向去扶助窮人的措施，四年總共砍掉了一千億元。這用凱文・菲利普的話講，就是以少數人的名義去對多數人拿錢，只不過這個過程不是劫富濟貧（偉大社會計畫），而是反過來劫貧濟富。最後，雷根還力推大幅提升軍事支出，五年增加四千億美元。可以預見的結果是年度預算赤字在第二年就翻了一倍，第三年跟第四年變成原本的將近四倍。這之後也只有更壞而沒有變好。[23]

　　確實，赤字的上升速度快到連雷根的團隊也沒有料到。來到一九八四年，赤字每年的增幅眼看就要達到二千億美元，而不是他們設想中的一千億美元。在一九八二年初，史塔克曼與白宮幕僚長詹姆斯・貝克（James Baker）曾嘗試說服雷根加稅來節制國債的快速成長，但政府內的供給面派勸退了雷根，逼著史塔克頓沒有別的辦法，「我只能翻爛了帳冊，硬是編出每年一百五十億虛無飄渺的假減稅。」否則照雷根的意思，聯邦預算赤字絕對會變成三位數。到了這個份上，真正的財政保守派，那些觀念是你必須先平衡好預算才能推減稅的人，已經坐不住了。一頭冷汗的這些保守派派出參議院領袖鮑勃・杜爾（Bob Dole）去施壓總統，請他通情達理一點。結果是雷根採取了戰術性的撤退：他頒布以三年為期，規模九百八十三億美元的史上最大加稅計畫，外加將各種賦權的計畫預算削減三百億元。「但這麼做也只是杯水車薪，」史塔克頓回憶說，「時間來到一九八二年底，美國的財政處境已經是讓人暈頭轉向的災難現場。」[24]

　　在此同時，美國國會與總統仍聯手設法放鬆管制。這包括雷根政府鬆綁西部公有土地的開發，削弱聯邦貿易委員會的監管力量，喊停新的汽車安全規範，暫緩環保的立法，開放原本管制就嫌鬆散的存放款產業去從事商業銀行業務，且順便降低存放款機構的資本準備率，提高聯邦的存款保險保障。雷根稱涉及存放款機構的措施是「半世紀以來對金融機構最重要的立法」。但實際上此門一開，各種鋌而走險的投資紛紛出籠，倒閉的銀行數以百計，聯邦為此一紓困就是三十年，前後花了美國納稅人一千二百五十億。

　　唯在一九八四年，這些政策的種種後遺症還沒有浮出水面，民主黨也還卡在麥高文式的自由主義左派、民族自由主義者的殘部，還有一個新崛起的派系叫新民主黨（你可以想像他們很像原本的共和黨溫和派）之間沒能重整旗鼓。集魅力、討喜與樂觀等個人特質於一身的雷根就這樣順利連任，而且還拿出了與一九七二年的尼克森相互輝映的獲勝差距：普選得票率百分之五十九；五十州中拿下了四十九州；五百三十八張選舉人票中斬獲史上第二多的五百二十五張，只輸給一九三六年的小羅斯福。不過這並不表示社會大眾給了雷根革命無條件的背書，因為即便在雷根聲望的頂點，民主黨都維持著在眾議院達七十一席的多數，甚至在參議院也多贏了兩席。兩年後的參議院也將是民主黨的囊中物。

　　一九八六年，雷根又登高一呼，主導起新一輪的減稅方案。這次他打算把最高級距的稅率從百分之五十調降到二十八，並將最低級距的稅率從百分之十一調升到十五。聲援這項法案的新民主黨人，紐澤西州參議員比爾‧布萊德利（Bill Bradley）與眾議院多數黨領袖迪克‧蓋哈特（Dick Gephardt），都要求政府必須堵上三百億元的稅務缺口，以作為減稅的財源，這代表石油暨天然氣與不動產利益團體最樂此不疲的那些巧門必須關上，還有資本利得稅必須調升百分之八。「話說到底，」布萊德利提醒，「這項減稅法案能夠通過，是因為兩黨都能得到他們想要的某樣東西。」這法案對政府歲入的影響是中性的，但卻讓稅基進一步朝中下階層移動。經濟學家發現此法顯著擴大了所得上的貧富差距，其若是能被國會擋下，才會比較符合工薪階級的利益，有錢人才不會又撿到便宜。讓局面雪上加霜的是雷根版的減稅方案，

包括當中要求聯邦以六成幅度削減對地方的市政補助，這會迫使公立學校、圖書館、診所、醫院與社會住宅方案採行非常措施應對。[25]

　　確實，雷根的放任主義反革命不論用任何標準去看，都大幅度惡化了貧富差距。在他總統任內，活在貧窮線下的美國人從二千九百萬增加到三千二百萬。無家可歸之人在他的第一任裡多了不只一點，具體而言是從一九八四年估計的三十三萬人增加將近一倍到一九八七年的五十萬。光在一九八三與一九八九年間，前百分之一家戶占全美財富的比重就從百分之三十三點八上升至三十七點四，而後百分之六十的財富占比則不進反退。除了有錢人有過一些好時光，整體經濟並沒有表現得多突出，更別說通膨率翻倍、生產力增幅減半，失業率比戰前的民族自由主義時代還高。同一時間，美國的債務從雷根上任時的九千一百四十億美元增加到令人咋舌的二點六兆美元，由此愈來愈多納稅人的血汗錢只能拿去繳利息，而沒辦法拿去進行公共投資，發揮社會性或其他方面的效益。[26]

　　此時就跟一九二〇年代一樣，是非常適合當有錢人的年代。一九八七年，電影《華爾街》（*Wall Street*）裡有個名為戈登・蓋科（Gordon Gekko）的反英雄，而導演奧利佛・史東借自私的他之口以安蘭德的觀點，說明了當時的時代精神：「貪婪，就先用這個詞吧。貪婪是好的。貪婪是對的。貪婪是行得通的。」

＊

　　一九八七年，雷根的支持率大多徘徊在百分之五十以下。十

個美國人有七個說政府花在幫助窮人上的經費太少了，超過六個認為政府花在教育跟醫療上的錢也太少了。九成的人希望政府增強管制的力量。隔年民主黨在參眾兩院的席次都有成長，而雷根在橢圓辦公室裡的後繼者不是在替供給面經濟學傳福音的傑克‧坎普（Jack Kemp），也不是電視佈道家羅伯森，而是一名宛如埃德蒙‧柏克翻版的保守派洋基人，他的副總統老布希。放任革命止步於此。[27]雷根為後繼的總統們留下了一個棘手的爛攤子。

老布希自視為一個政治家而不是革命者，由此他覺得自己有必要一反自己在競選時的高調承諾，做件不討喜的事情，那就是增稅來回填存放機構的錢坑，還有正面處理美國高達數兆的國債。要是老布希不曾咬牙這麼做，那按照傳記作家暨尼克森總統圖書館前館長提摩西‧納伏塔利（Timothy Naftali）所說：「雷根就會是歷史上那個把美國搞到經濟崩潰的總統，但老布希對美國下的猛藥不只救了美國經濟，也救了雷根的政治遺產。」[28]

共和黨的老布希與民主黨的國會交涉出了一個削減赤字的協議。老布希將把富人的最高級距所得稅率從百分之二十八調高到三十一，藉此交換民主黨國會以支出天花板與隨收即付的規定來在五年內達到預算平衡。老布希支持並簽署了《潔淨空氣法》修正案，藉此禁止工業排放特定有毒化學物質，也對霧霾跟作為酸雨元凶的排放物收緊了管制。頂著企業領袖的反對，老布希站到了《美國身心障礙者法》的前頭，希望藉此確保身心障礙族群可以無障礙地進出商業與公共場所。他表示：「在這個屬於我們的美國，這個地表上最慷慨、樂觀的國家中，我們絕不能坐視也絕不會坐視有哪一個人，不分男女，心懷夢想卻無從實現。」這句

話讓社會達爾文主義揮別了白宮。[29]

　　但此舉的政治成本相當可觀。雖然在談判桌上和平終結了冷戰，也成功從伊拉克侵略者手中解放了科威特，但老布希的施政依舊在放任保守派的反動中阻力重重。新右派創始人理查・維格利（Richard Viguerie）曾這麼說過他：「我認為他在很多方面都背叛了雷根革命，包括他推動了新的政府方案，大大增加了政府支出……（跟）因為他加起稅來並沒有又跳又叫。他好像還挺樂在其中的，反對提名他我內心並不掙扎。」經濟的深度衰退（這本身就是雷根供給面經濟學造成的後果），讓老布希看起來十分狼狽。他在黨內初選的大混戰中得面對民粹型的前尼克森幕僚派特・布坎南（Pat Buchanan），還得被第三勢力候選人羅斯・裴洛（Ross Perot）這個主打草根性的德州富豪分去一大塊在普選中的支持。當一九九二年，又一場洛城瓦茨區暴動爆發於共和黨初選期間，造成五十四死的慘劇後，老布希試著將之連結到詹森「向貧窮宣戰」的失敗政策，但這一次進步主義者可以頗有說服力地將之歸咎給共和黨的輕忽。「我們給了雷根與老布希政府十二年，問題沒有解決，也沒有換得美國一個嶄新的明天，」曾任尼克森幕僚的凱文・菲利普說，「我們得到的只是從市中心升起的更多硝煙。」[30]

　　雷根革命已經結束。來自大阿帕拉契的新領袖即將登場，而他帶來的將是個人自由與公共利益如何取得平衡的另一番想法。

＊

　　連著第三回，民主黨的新總統誕生在南部。在出世前幾週就

失去了父親的柯林頓（Bill Clinton）誕生在阿肯色州一個阿帕拉契區的小村莊，念完了喬治城大學與耶魯法學院後就回到故鄉阿肯色，一九七八年以三十二歲的年紀當選州長。柯林頓導入了若干進步主義的政策，嘗試整頓該州落後的教育體系，提高教師待遇，改革鄉村醫療，喊停濫伐的陋習，大幅提高牌照費來解決路面欠缺養護的問題，還實施了積極的能源保育計畫，可以說在短短兩年任期中政績豐碩。他在競選連任時被一名重生派的基督徒對手狠狠擊敗，而這名新州長在上任後先是延攬了支持種族隔離的前州長奧瓦爾·福布斯（Orval Faubus）進小內閣，然後還想橫柴入灶地把創造論思想強加到公立學校的課綱內。

　　歷經敗選的震撼教育後，柯林頓開始改弦更張，在論述上採行社群主義哲學運動的說法，當中強調個人對社群應負的責任，而不單單是他們應該從社群中獲取的權利。他呼籲「企業與政府之間建立具有建設性的夥伴關係」，並加入了新民主黨的陣營。「他是個口吻常常很像共和黨的民主黨，」傳記作家史蒂芬·吉隆（Steven Gillon）寫道，「他固然擁護社福改革，但也主張政府應該在砍除福利前多投入資源去提供教育訓練……他因為實施教師測驗而惹毛了教師工會，但也增稅來幫老師加薪並縮小班級規模。」勵精圖治後他回鍋當選州長，並兩度以超過二十五個百分點的差距連任成功，這一次他團結了鄉間的阿帕拉契白人與深南地方的黑人，在全國性舞台上吸引了與商界交好的民主黨人注意。一九九二年，他在「三腳督」的選戰中擊敗了現任總統，橫掃了洋基之國、左岸、西裔北部與大阿帕拉契這四個自一九六五年的《選舉權法》以來，就不曾同步投票的區域，都被他給搞定

了。他的支持者相信他找到了新的美國中心。[31]

一如他所承諾,柯林頓採行的政策結合了社群主義的社會投資跟大企業與金融界所追求的去管制化。他嘗試推動全面性的醫療改革(但沒有成功);他擴大「薪資所得租稅抵免」(一定所得以下的家庭可以減免稅賦),好讓領取社福津貼的民眾可以從事基本工資的工作也不致陷入貧窮;他依「家庭與醫療假法案」授權(不給薪的)家庭因素假與病假,並調高了富人稅來控制預算赤字。凡此種種施政都很受自由派的歡迎。他還一馬當先,推動通過了「北美自由貿易協定」(此事受到勞團與環團的反彈是如此之大,最後能過關全靠國會共和黨幾乎一致性的全員支持),並擴大了死刑的執行到毒梟與特定未造成死亡的暴力犯罪。國家赤字快速下降,財政盈餘眼看著已經不是夢想。「有則傳遍華爾街的笑話,」倫敦《衛報》在一九九四年的美國期中選舉前報導,「柯林頓成了白宮第一名共和黨保守派的總統。」高華德也對他刮目相看。「他明明是民主黨,但我十分欽佩他,」他在給喬治亞州一名眾議員金瑞契的信中如是寫道,「我覺得他做得很棒。」[32]

然後在他就任總統的兩年後,柯林頓的民主黨盟友在期中選舉被一場羞辱的挫敗打臉。等國會新會期在一九九五年一月召開時,共和黨已經自一九五四年以來首次掌控了參眾兩院。共和黨沒有任何一名現任參議員、眾議員或州長在投票當晚落馬。金瑞契作為他們爆發性十足的新領袖已經蓄勢待發,不惜(全國)要付出何種代價,也要把總統拉下馬來。聯邦政壇一場全新的腥風血雨,眼看就要展開。

✳

　　金瑞契自稱是「破舊立新的人物」，並以眾議院議長的身分嘗試將自己定位成美國的首任「總理」，就像是「國會中的行政者」。他將以這種身分把柯林頓架空成象徵性的元首，由自己親手來治理這個國家。他改寫了眾議院的內規，讓自己得以指派所有的委員會主席，進而控制議題的擬定；他把國會從每週開會五天改成每週只開會三天，為的是讓國會成員可以在選區與國會之間通勤，進而減少他們私下建立關係的機會；他還砍除了國會監督機構審計總署的預算，讓政府所提方案少受很多雙冷峻的眼睛來分析。「出了委員會的法案會莫名其妙消失，然後又莫名其妙被改寫後出現，」資深共和黨委員會職員麥克·洛夫格倫（Mike Lofgren）回憶說，「金瑞契把國會攪了個天翻地覆。」共和黨奧克拉荷馬州眾議員米奇·愛德華茲（Mickey Edwards）後來說這位新議長創造了一個體系，並藉此在國會內「要求一致性」，不讓國會成員代表他們選區的利益。「這人只在乎一件事情，那就是往自己臉上貼金。」他後來發出過這樣的警語。[33]

　　除了參議院多數黨領袖鮑勃·杜爾以外，新的國會領導班子清一色都是美國自由放任主義重鎮的代表：眾議院黨鞭湯姆·德雷（Tom DeLay，德州的深南區）與眾議院多數黨領袖迪克·阿米（Dick Armey，德州的阿帕拉契區）、參議院黨鞭特倫特·洛特（Trent Lott，密西西比的深南區）與金瑞契本人（喬治亞的深南區）。確實，一九九四年選舉真正的意義不在於放任派的保守主義控制了美國，而在於深南地方與其盟友終於接管了他們的

前宿敵：共和黨。這個移動的過程可以上溯至詹森。當詹森簽署民權法案之時，動能就開始累積了。當時就有許多階級制與自由放任主義的支持者拋棄了民主黨，一整個青壯世代的政治人物也完全不加入他們，於是民主黨只好拉更多新人出來，他們用以參選聯邦官職的板凳被迫愈來愈深。「這造成的結果在一九九四年完全展現出來。」說這話的麥可‧林德（Michael Lind）是一名德州的民族自由主義者，他曾在新保守主義的圈子裡走動直到共和黨被深南地方勢力接管為止。「有件事情是可以確定的：共和黨從現在開始，到不知道會延續多久的未來中，都會在說話時拉著長長的南方口音。」他們的目標，按照林德的預測，也跟口音一般與深南地方一致：

> 當他們是某個區域的統治階級，受到來自聯邦政府的外部威脅時，菁英的南部白人是以「保守主義者」之姿捍衛著後重建期的現狀。而如今在綁架了共和黨之後，他們變成了「極端主義者」，並與跨國企業菁英結盟要拆解新政，改推他們特有版本的美國，一個叫作「新南方」的美國。這個美國將是一個有著低薪資、低稅率、低監理的經濟體，經濟上的隔離不僅將在他們的老家取代法律明定的種族隔離，而是整個美國都將如此。[34]

的確，他們對自己的目的也坦承不諱。湯姆‧德雷在選後不久就勾勒出了他的目標，那就是要讓戰後民族自由主義的各種進展退回原點：

　　我會想要剷除教育部、能源部、美國住房及城市發展
部，想大幅縮編環保署與職業安全與健康管理局……國家藝
術基金會——我們應該將之歸零。國家人文學術基金會——
我們應該將之歸零。我們會大舉這麼做。我真是迫不及待。
等我們打完這場撲克，聯邦政府就什麼都不剩了，而那樣我
舒坦的很。[35]

　如金瑞契之流的極端分子有一個宿敵：「新階級」。新階級
裡有大學教授、學校教師，還有電影製片。其中電影製片正是傳
言中六〇年代那些放蕩不道德之反文化的始作俑者，而那些反文
化裡也包括柯林頓夫婦。金瑞契這名眾議院議長在選後不久就宣
稱從詹姆士鎮的創立一直到一九六四年，我們都能看到「美國歷
史有一種核心的模式。在偉大社會計畫把一切搞砸前，我們一直
都是按照那種核心模式去做的：你不工作，就沒飯吃；你能獲得
的救贖只是在精神層面上的；政府究其定義就是救不了你；政府
能做的就是維持現狀，而所有好的改革都是一種本質的改變。」
然後，「從一九六五到一九九四年，我們整個國家幹起了奇怪
的、匪夷所思的事情……美國歷史上一種暫時性的異常，有朝一
日回過頭來，我們會看到國家菁英在這個怪誕的時期染上了波希
米亞主義。」此時他已經呼籲起要消滅那個時代的重要成就，包
括尼克森的公共廣播公司（這東西不過是被當成「少數有錢上流
人士的玩具」而存在）、詹森的國家藝術基金會（提供給一群菁
英的藝術贊助），還有國家人文學術基金會（其提倡的歷史標準
「對美國的文明具有毀滅性」）。在金瑞契的言談中，他結合起兩

股在六○年代水火不容的力量，分別是詹森的技術官僚與對「體系」恨之入骨的嬉皮，兩者組成了一個奇妙的結構：「偉大社會計畫的反文化模型」。利用這個模型，金瑞契重新將公眾對「毒品、濫交與搖滾樂」的怒火，導向由一板一眼的官僚所創造出來的公共計畫與機構。對一位頂著美國歷史博士學位④的人來說，敢這麼混淆視聽也算是很有膽識。36

確實，金瑞契是政壇中一等一的機會主義者：為了號召他在選舉時的聯盟，金瑞契會不遺餘力地把議題一個個重新塑造成善與惡的對抗，即便私底下他也承認很多手上的問題都不是非黑即白那麼單純，都需要經過協商才能得出解決方案。「很不幸地對他來講，」傳記作家吉隆提到，「一整個世代的共和黨將採用他的策略與訊息來掌握權力，但卻未能體認到手段與目的之間的差異。」金瑞契將成為作法自斃而嚐到苦果的第一人，但不會是最後一人。十年間，妥協這種概念將追隨他一同走入政壇的墳墓。37

✳

在一九九五年就任後，以金瑞契為首的革命者推行起一整批他們稱為「與美國有約」（Contract with America）的措施，這是一種雷根式的減少支出方案，理論上可以平衡預算，但實際上卻會增加軍費支出、蓋起更多監獄、減半富人的資本利得稅。批評者認為為了讓這一切成為可能，政府只能大刀砍向聯邦醫療保險、聯邦醫療補助、就學貸款、貧困補助在內的所有預算。金瑞

---

④ 譯者注：金瑞契拿的應該是歐洲史的博士才對。

契也尋求在法律訴訟中施行「輸家出錢」的政策，敗訴的一方必須支付自身與勝訴一方的訴訟費用，大幅提高了普通人在法庭上挑戰企業或富豪的風險。連以反稅為己任的共和黨人葛羅佛·諾奎斯特（Grover Norquist）都宣稱：「金瑞契是裝上了曲速引擎⑤的雷根主義。」[38]

　　因為相信美國選民與他有志一同，都有著對放任主義的堅持，所以金瑞契帶著他的預算計畫往前衝，當中包括要在七年內削減支出達八千九百四十億，要減稅二千八百七十億，要裁撤商務部、教育部、能源部、十四個聯邦機構，還有二百八十三個聯邦計畫。「那年夏天眼看就會是偉大社會被整個沖走的一季，」柯林頓的幕僚喬治·史蒂法諾普洛（George Stephanopoulos）回憶說，「聯邦醫療保險將被民營化，聯邦醫療補助將下放到各州。移民將受阻，聯邦政府將放棄向貧窮宣戰，因為貧窮贏了。」柯林頓帶著他的預算平衡計畫站了出來，並把一千零五十億的減稅額度撥給了中低收入的美國人，由此聯邦醫療保險的錢只會被砍掉一千二百八十億（而不是金瑞契版的二千七百億），軍事支出將小幅下降（而非增加），濟貧計畫經費則將減少三百八十億。柯林頓的民族自由主義盟友與幕僚都很沮喪，他們能爭取的已經不是要不要把已經千瘡百孔的社會安全網縮小，而是要縮小多少。[39]

　　被傲慢與自視甚高蒙蔽了雙眼的金瑞契，以一種非比尋常的方式輸掉了這場戰役。拒絕妥協的他帶著黨團，硬是不肯提高聯

---

⑤　譯者注：影集與電影《星際爭霸戰》裡的超光速飛行技術。

邦的舉債上限，也不肯通過預算。他們寧冒聯邦政府發不出錢來
的風險，結果是迫使非必要的聯邦功能關門了好幾個禮拜。他們
用撞得頭破血流的方式，學到了一個教訓，那就是廣大的美國人
是真心喜歡並珍惜聯邦的計畫與服務。對於護照辦公室、國家公
園系統、退伍軍人事務處等地方的無以為繼，老百姓不怪總統，
卻把帳算到了金瑞契頭上。短短一年間，民眾對共和黨眾議院的
支持度就從百分之五十二崩跌到三十以下，金瑞契本人的支持度
也只有百分之二十七，大約是跟水門案尾聲的尼克森差不多。
「我們把一九九四年的勝選視為一種授權，我們因此想要徹底改
造政府，但事實證明我們誤會了。」喬治亞州的鮑勃‧巴爾
（Bob Barr）回憶說，他當年還是個共和黨在眾議院的新鮮人。[40]

　　柯林頓打贏了這一仗，但他也至此放下了不惜一戰也要保護
民族自由主義的假象。「大政府的時代已經過去了。」是他在一
九九六年國情咨文中的名言，他用這句話帶著他的民主黨，正式
與新政說再見。對自由派的柯林頓幕僚史蒂法諾普洛來說，「這
宣言中那種好像自己戰勝了什麼的口氣，聽起來很像是某種違心
之論，又感覺隱隱約約有點卑鄙，就好像我們只為譁眾取寵，為
了創造某個金句，就把小羅斯福以降到詹森等民主黨前輩批得一
文不值，直接掃進歷史的垃圾堆。」文膽麥可‧瓦德曼（Michael
Waldman）更不留情面地說柯林頓這麼說是「自由主義死在自己
人手裡」。但柯林頓其實早在很久以前，就與民族自由主義陣營
分道揚鑣了，因為在一九八九年，他就同意接下「民主黨領袖理
事會」（Democratic Leadership Council）的理事長一職，而民主
黨領袖理事會作為一個新民主黨組織，其主張就是民主黨應該專

心爭取社會自由主義專業人士與他們所服務之企業的支持，而不要去理睬那些向來是新政聯盟主要支持者的藍領選民。這種轉變從一九九五年開始，就在柯林頓的白宮裡有目共睹了，而這也意味著美國兩大黨如今都在實質上代表美國企業界的經濟利益，但只有其中一黨在向社會保守主義的白人工薪階級喊話，那就是共和黨。這樣的新定位會為民主黨帶來新的競選經費來源，但也正中共和黨放任派的下懷。即便民主黨把政治對話的焦點從公共利益中帶開，但他們的新定位依舊掉進了共和黨眼中「新階級」教戰手冊中的設想。41

這所帶來的，就是在五年當中，我們看到了自威爾遜以來想法最自由放任的一個民主黨政府，令人眼花撩亂的各種放鬆管制與削減支出，為擴大貧富差距與幾近熔毀全球經濟架好了舞台。「他（柯林頓）最優先的立法目標，是削減美國極少數針對窮人中的窮人所設立的所得轉移計畫，名為『撫養未成年兒童家庭援助』計畫，或者用一個令人恨之入骨的字眼，要砍掉給這些家庭的『福利』，並尋求與共和黨協商出一個平衡預算方案，該方案有權砍掉其他的內政計畫。」麻州新政派民主黨眾議員巴尼·法蘭克（Barney Frank）這麼回想起一九九五年之後的柯林頓。

也的確，柯林頓開始與共和黨控制的國會聯手，要一起「終結我們所知的福利」。他們廢止了規模達一百六十億美元的「撫養未成年兒童家庭援助」計畫，收緊發放食物券的資格規定，要求好手好腳的成年人要在兩年內就業（這對單親媽媽談何容易），並建立起每人終生以五年為限的社福救濟額度。他已經連任成功，經濟也欣欣向榮，聯邦預算突然出現一九六九年以來的

第一次盈餘。柯林頓與金瑞契在一九九七年密會要打造一個中間偏右的新聯盟。按照兩人共用傳記作者吉隆的話，這個聯盟「將在立法的重要性上媲美新政與偉大社會計畫」。為了讓社會安全保險在戰後嬰兒潮世代大舉退休前不會破產，這兩人同意調高請領的年紀，降低對生活成本的調整幅度，並創造某種私人帳戶供這筆退休基金以一定比例投資到股票市場中。唯陸文斯基（Monica Lewinsky）的桃色醜聞讓這個計畫胎死腹中，金瑞契親自導演彈劾大戲要聲討對婚外情說謊的總統，柯林頓只能倚靠堅實的民主黨支持來免於下台。

柯林頓後來會廢止作為新政金融管制基石的《格拉斯－斯蒂格爾法案》，須知該法案曾禁止（參與聯邦存款保險）的商業銀行從事投機性的投資行為。他還簽署支持《商品期貨現代化法案》，讓信用違約交換（credit default swaps）這種「金融界的大規模毀滅性武器」不受管制，而這種衍生性金融商品也確實在後來的日子裡差點讓世界金融體系毀於一旦（一九九四年，他清出了道路讓「大到不能倒」的銀行得以出現，主要是他鬆開了金融業的監理，讓州際銀行可以擴張營運到全美各地）。他兩度重新提名安蘭德的門徒葛林斯潘擔任聯準會的主席。[42]

到了柯林頓的任期尾聲，選民已經搞不清楚兩黨在經濟政策上有什麼差別，而這也讓共和黨人得以利用「分裂性」的社會議題見縫插針，在關鍵搖擺州與整個大阿帕拉契區建立來自工薪與中產階級的白人支持。消費者權益的代言人拉爾夫・納德（Ralph Nader）宣布他也將參選二〇〇〇年總統，理由是「高爾（Al Gore）與小布希僅剩的差別，就是企業來敲門時，他們雙膝

跪地的速度快慢。」他的這番說法，爭取到了全美將近百分之三的選票，雖然這聽起來不多，卻已經足以改變歷史的走向。[43]

✳

　　二〇〇〇年十一月，在拉爾夫‧納德這名無趣的民主黨候選人跟五名最高法院大法官的助攻下，深南地方寡頭終於把自己人送進了橢圓辦公室，終止了自一八五〇年以來的乾旱期，只不過這名新總統不論在佛羅里達還是在整個美國，都沒有拿到普選票的多數。小布希是一名洋基總統的兒子，他童年早期成長在德州的遠西區，但他骨子裡就是個東德州的深南地方子弟。他在德州東部度過童年晚期，展開政治生涯，找到上帝，培養出從商的興趣，結交政治上的盟友，更釐清了政策上的優先順序。他身為總統在內政上最關心的事情，跟深南地方的寡頭們一致：幫有錢人和大企業減稅；社會安全保險的民營化；能源市場的自由化；特定保護區開放石油鑽探；派任企業高幹去出掌相關產業的監理機關；盡可能把聯邦公務員換成企業包商；透過不需要招標且執行面欠缺有效監督的合約，將納稅人不知道多少億美元的血汗錢輸出給企業。靠著南方盟友在國會護航，小布希政府制定了一套與其說是自由放任，不如說是自由搬錢的竊國方針，而其批評者中很快就加入了雷根政府時期最堅定的供給面經濟學鬥士。「布希更像是尼克森，他會使用（政治）權力來遂行自身的理念，但他自己從來不是該理念的一員。」雷根的幕僚布魯斯‧巴特列（Bruce Bartlett）著有《雷根經濟學》（*Reaganomics*）一書，堪稱是供給面運動的聖經，而他在二〇〇六年就發出了這樣的警

語。「簡單講，他是個假貨，一個裝出來的保守派……他根本分不清楚什麼叫站在商業發展的一邊，什麼又叫作站在自由市場的一邊。」[44]

小布希恐怕主導了美國歷史上最卑鄙的一次利益輸送，將公共資源送進了有權有勢的人手中，而這種行為你要說他是自由放任主義，恐怕只在一點上成立，那就是他的所作所為強化並保護了那些在日益符合達爾文主義經濟地景上朝著贏家匯集的利益。他上任後馬上採取一項舉動，就是破壞在美國領導下要關閉境外避稅天堂，不讓胡作非為的商業大亨有地方背著國稅局藏錢的計畫，然後使其難以為繼（眾議院多數黨領袖迪克·阿米曾疾呼這項計畫是在全球範圍內創造一張「查稅警網」）。被小布希這麼一弄，數十家全美最有錢的公司都把他們的「總部」搬到了百慕達群島上某個名號響亮的郵政信箱，以便他們又可以避稅，又可以在某些狀況下符合減稅的新資格。比方說在二〇〇九年，通用電氣賺了一百四十億美元，但卻申請了三十億美元的退稅，比美國國家公園管理局的全年預算都還多。小布希接著端出一點六兆美元的減稅案，其中大部分的好處都落入前百分之一的高所得者手中，並獲得葛林斯潘的支持，葛林斯潘甚至表示預算盈餘不利經濟。緬因州民主黨眾議員湯姆·艾倫（Tom Allen）後來成為預算委員會的一員，他稱這次減稅是「國會史上最欠缺財政責任感的行為」。[45]

即便遇到九一一這場美國立國以來最嚴重的恐怖攻擊，也沒有讓美國政府改變方向。隨著美國經濟陷入衰退，美軍前進阿富汗展開美國歷史上歷時最久的一場戰事，共和黨把持的眾議院通

過了又一筆讓人咋舌且圖利富人的利益輸送，主要是他們修掉一條迫使避稅企業要至少繳納一筆名義上的稅款的法律，甚至還溯及既往把之前企業已經繳的稅退回去。所幸這個法案在由民主黨控制的參議院被徹底否決，否則國際商用機器公司（IBM）將收到十四億的退稅支票，通用電氣會收到六點七一億，安隆（Enron）則會收到二點五四億，你沒聽錯，就是休士頓那間（八週後）會在重大假帳案中倒閉的安隆能源集團。小布希當局續推另一輪減稅，這回財政部長保羅・歐尼爾（Paul O'Neill）警告說此舉將導致的赤字會危及「我們的經濟與財政健全性」。副總統迪克・錢尼（Dick Cheney）不讓歐尼爾把話說完，並堅稱「雷根證明了赤字不重要，」然後還補了一句，「我們（二〇〇二年）期中選舉贏了，這是我們應得的。」（不久後錢尼致電歐尼爾，告訴他他被開除了。）兩名溫和派的共和黨參議員拒絕配合通過這筆規模達一兆美元，且比之前的案子都更集中在富人身上的減稅案；他們大膽地「只」同意減稅三千五百億美元的方案，且「只」有百分之五十三的好處流向前百分之一的富人，主要是這個法案專注在降低資本利得與股利的稅負，但實際在工作的家戶稅率則維持不變。最終國會通過了減稅案，並授權讓美國完全靠借貸來支應兩場戰爭（阿富汗與伊拉克）。一如如今已是眾議院多數黨領袖的湯姆・德雷所說：「即使面對戰爭，也沒有什麼比減稅更重要。」[46]

　　這些政策的支持者有時也會不小心講出真心話，表示他們的目標就是要讓美國回到鍍金年代。「沒錯，那個麥金利的時代，減去保護主義。」葛羅佛・諾奎斯特在二〇〇三年初認了，他此

時已一邊是小布希與德雷，另一邊是極右派分子，成了兩邊層級最高的聯絡官。「你看到的是這個國家頭一百二十年的歷史，直到老羅斯福上任，社會主義者接管美國為止。然後就是所得稅、遺產稅、各種監管。」在二〇〇一年，他誓言，「我的目標就是要在二十五年內讓政府規模打對折，讓政府小到我們可以把它淹死在浴缸裡。」諾奎斯特那些發誓一輩子不增稅也不把富人逃稅的漏洞堵死的追隨者，將主子這番「讓野獸挨餓」（透過減稅讓聯邦政府不得不減少開支）的論調銘記在心。在被追問起第一輪減稅的成本時，亞利桑那州共和黨參議員強‧凱爾（Jon Kyl）有過這樣的驚人之語：「你確實需要為了支出增加去籌措財源……但你永遠不需要為了替美國人減稅去籌措財源。」才隔一天，這種白日夢式的財政觀點就獲得來自肯塔基州的參議院共和黨領袖米契‧麥康諾（Mitch McConnell）背書，他否認減稅會減少政府歲入。「減稅增加了政府收入，」他發表了與自家財政部數據相左的言論，「因為減稅可以為經濟帶來活力。」這些減稅措施一發不可收拾，想停也停不下來。「我從來沒有聽到過哪個（後金瑞契時代的）保守派承認稅率不應該低過哪個門檻，否則就不太好了，一次都沒有。」布魯斯‧巴特列嘆道，「但當然減稅是有極限的，除非你覺得我們最好活在無政府狀態下。」[47]

然後還有戰爭的問題，且其中一場的出兵理由還是硬扯伊拉克的海珊（Saddam Hussein）握有大規模毀滅性武器。截至二〇一二年，伊拉克與阿富汗戰爭共花掉納稅人一點三八兆美元，外加三千億的利息，因為在小布希與其盟友大肆減稅的同時，這些軍費都是舉債來的。若再算進新成立的國土安全部的費用，以及

國務院、退伍軍人事務部與戰爭相關的支出增加，則總成本將突破四兆美元，比聯邦全年預算還多。在此同時，副總統錢尼的前東家哈利伯頓（Halliburton）獲得了價值數十億不用競標的合約可以擔任美軍的供應商，外加可以管理油田。監督少到可以忽略不計，例如說五角大廈的稽核發現哈利伯頓向美國政府請款二千萬到三千四百萬美元，名目是他們從來沒有提供過的美軍餐點，另外有六千一百萬美元的帳單是虛報的燃料費。眾議院共和黨擋下了民主黨想要召集監督聽證會的努力，就是不讓人去查包商所犯下的浪費、詐欺與弊端。同樣沒有受到監督的還有在二〇〇四年被空運到巴格達的一百二十億美元現金，這些錢是原本屬於海珊政府，後來理論上是要用作伊拉克重建之用的基金。但有八十八億用封膜包住的美元錢磚，就這樣不可思議地憑空消失。被追問起這個問題，小布希政府的官員只是聳聳肩說那是伊拉克的錢，不是他們的。「數十億美元他們的錢，」占領區政府的財政顧問大衛・奧利佛（David Oliver）告訴英國廣播公司的記者，「我的意思是，你們管那麼多幹麼？」[48]

　　因為擔心連任的問題，小布希不惜得罪僅剩的幾名赤字鷹派，也要通過一千二百一十億美元處方藥補貼來挹注聯邦醫療保險。又一次，他的政府把企業利益放在了社會大眾之前，主要是他禁止聯邦政府使用其巨大的採購議價能力來向藥廠爭取折扣。且事實上正好相反，該法案不讓年長者從加拿大購買便宜很多的同樣藥物。時任眾議院預算委員會資深共和黨分析師的麥克・洛夫格倫戳破了國王的新衣，說「這擺明就是在送錢給大藥廠花」。[49]

　　進一步把納稅人的財富轉移給私部門的做法，是以空前的規模把政府服務私有化，具體而言就是把各種工作外包給民間公司，然後用在伊拉克的標準去進行監督。小布希主張半數的聯邦職務都可以由民間公司進駐，並持此看法讓委外經費到二○○六底增加了一倍。《紐約時報》報導「包商儼然成了政府的第四部門」，連負責監督包商的聯邦總務署（General Services Administration）都把業務外包出去，形成由包商監督包商的荒謬場景（聯邦總務署的外包對象是CACI這間公司，其人員據說就在阿布格萊布監獄眼睜睜看著伊拉克戰俘受虐。就這樣一家公司，每年每名員工收聯邦總務署二十萬美元）。到了二○○五年，美國聯邦僅剩百分之四十八的外包合約有完整而開放的競標過程，遠低於小布希上任那年的百分之七十九，亦即市場競爭消失了大半。包商需要負的責任也愈來愈少，這包括這些公司不受公共紀錄法約束，甚至到了在伊拉克的包商還不受嚴重犯罪的追訴。等到二○○五年的卡翠娜颶風肆虐紐奧良大部，造成超過一千四百人死亡的時候，聯邦緊急事務管理署（Federal Emergency Management Agency）才發現自己整個被掏空了，因為長年外包讓他們派不出有經驗的人員。在麥可・布朗（Michael Brown）這名經營阿拉伯馬育種協會出身的政黨走狗主持下，聯邦緊急事務管理署在颶風侵襲前進駐紐奧良市的人員數是「一人」。事後包商還發了筆國難財，因為大部分都不用競標的重建合約價值超過一千億美元，且最後紐奧良市的公宅還是大都不能住人。聯邦總務署署長大衛・沃克（David M. Walker）告訴《紐約時報》說：「有樣東西是公僕有而私部門沒有的，那就是忠於公益的職

責，也就是忠於集體最佳利益而非少數人利益的職責。但企業要忠於的是股東，而不是國家。」[50]

　　時間來到二〇〇六年中，共和黨控制的眾議院拒絕支付六點四八億美元來增加美國港口的維安，以確保不會有恐怖分子或土製核武被用貨櫃走私進美國。同一時間，身為參議院多數黨領袖的共和黨籍田納西參議員比爾・弗里斯特（Bill Frist），正嘗試讓遺產稅的廢除法案過關（這只影響價值在二百萬美元以上的遺產），代價是未來十年會讓國家短收三千五百五十億的遺產稅。一如保羅・克魯曼在當時評論說：「即便面對戰爭，也沒有什麼比減稅對非常非常有錢的人更重要，那些能繼承巨額遺產的極少數美國人就是這樣。」[51]

　　到二〇〇八年，一百五十年來的第一個深南地方政府已經對這個國家造成了無法計算的傷害，但又同時讓其真正的選民，也就是那些寡頭荷包賺滿滿。接著，柯林頓－金瑞契、小布希－德雷時代的自由化狂潮終於迎來了審判日，而且還毛骨悚然地與一九三二年的黑暗日子有異曲同工之妙，當時也同樣沒有人能保證自由民主制的存續。

第八章

# 極端者的崛起

Rise of the Radicals, 2008-

　　一如在一九二九年，一開始大家也覺得美國面對的是一個嚴重歸嚴重但不致釀成災難的經濟衰退。二〇〇六年，房屋市場在過度自由的金融部門與他們幾乎是見人就發的房貸推動下，泡沫開始破滅，房價隨之崩跌。千百萬美國人發現他們所欠的房貸遠比他們手中的房屋價值還高出很多。財務狀況最差的人往往選擇直接讓房貸違約，包括很多人把房子擱著就不管了。在過往，胡亂放款的銀行才應該是受到懲罰的人，但在二〇〇〇年代那個欠缺管制的環境裡，房貸已經被包裝成證券，被沒有能力或沒有原則的稽核人員蓋上「沒問題」的印章，賣給其他銀行或投資人，然後更多的投資人則用諱莫如深的新金融商品，去賭一把這些房貸抵押證券會成功還是失敗。那些「創新」的新金融商品被行銷成某筆房貸可能崩潰的避險工具，但其實它們只是把風險集中起來，然後用致命的劑量將風險注入到世界各地的銀行。當第一批大型投資銀行在二〇〇八年初面臨到麻煩時，把它當回事的人還

少之又少。[1]

　　然後，在九月中的一個週末，世界末日差點來臨。雷曼兄弟作為全美第四大的投資銀行，在美國政府不肯搭救與英國巴克萊銀行（Barclays）也放棄收購，正式走到了破產這一步。在此同時，全美最大的證券零售經紀商美林證券（Merrill Lynch）在破產前夕被美國銀行（Bank of America）收購。九月十五日星期一，美國股票市場歷經了自九一一恐怖攻擊以來最大的跌幅。星期二，美國國際集團（AIG）作為全球最大的保險集團被政府接管，並獲得一筆八百五十億美元的緊急貸款才免於崩潰。活下來的美國六大銀行──摩根大通、美國銀行、花旗集團、富國銀行、高盛集團與摩根史坦利，全都搖搖欲墜到聯準會偷偷以低於市場的利率向它們緊急融資四千六百億美元，確保它們的流動性無虞，而這件事一直到二〇一一年一場涉及彭博社的訴訟案才不得不公諸於世，否則社會大眾和國會都一直被蒙在鼓裡。整體而言，聯準會在後續的幾個月中祕密擔下了七點七兆美元的責任，為的就是拯救金融系統。而且這七點七兆是大眾不知道的部分，至於大眾知道而且很火大地的紓困規模則有七千億美元，也就是所謂的「問題資產紓困方案」（TARP），而這筆錢也同時搭救了汽車產業。金融危機調查委員會（Financial Crisis Inquiry Commission）主席菲爾・安傑利德斯（Phil Angelides）後來在美國公共電視的《前線》（Frontline）節目上表示：「各種企業都眼看著來到了崩潰邊緣，而它們之所以能千鈞一髮地挺過去，靠的都是納稅人提供給它們的數兆美元。」摩根大通的高階經理人布萊瑟・梅斯特（Blythe Masters）則是這麼說的：「按我的預測，

要是金融危機不受干預地發展下去，那當年的經濟大恐慌就會是小巫見大巫了。」小布希政府的官員致電民主黨總統提名人歐巴馬（Barack Obama），為的是嚇唬他，「聽著，我們覺得這個世界快完蛋了，我們現在真的很需要你支持紓困案。」[2]

銀行之前獲准長成一頭「大到不能倒」的巨獸，而這五個字所代表的意義就是它們已經成功地將獲利私有化（它們賭贏的時候），風險社會化（它們賭輸的時候）。在從納稅人口袋裡獲得一千七百億美元紓困的六個月之後，美國國際集團的高層發出一點六五億美元的分紅給把自家公司逼到絕境的同個單位跟同批主管，而此舉後來也被歐巴馬的經濟顧問委員會（Council of Economic Advisers）主席嘲諷值得一座「諾貝爾邪惡獎」。華府沒有人敢於攔阻這筆分紅的發放，但明明此時的聯邦政府已經是持有該公司八成股份的大股東。[3]

這次市場崩盤的影響既深且遠，而且在經濟上如此，政治上亦然。這次的崩盤觸發了按「經濟大蕭條」命名的「經濟大衰退」（Great Recession），因為其確實是一九三二年以來最嚴重的經濟下行，一年不到就賠掉了美國五百五十萬個工作機會、七點四兆美元的股票價值、三點四兆的不動產價值，還有相當於六千四百八十億美元的經濟成長。政治上它也有好幾種效應。它將小布希的裙帶資本主義執政蓋棺論定，使這個政府的支持度落到跟水門案鬧得最大時一樣低。即便是用上貨幣寬鬆政策，而埋下房市泡沫禍根的前聯準會主席葛林斯潘，都「在震驚中表示難以置信」，他不敢相信這些不受管制的銀行竟然不懂得自律。這場金融風暴推動了政壇新人歐巴馬帶著希望、改變與跨黨派合作的訊

息前進白宮。不過要說起其最重大的政治效應,還得算是共和黨基本盤的極端化,這對共和國是個後患無窮且具有腐蝕性的發展。[4]

&#42;

大部分美國人都對「問題資產紓困方案」感到憤怒,認為其根本上是違反道德的,因為它等於是獎勵了那些造成災難的人。「我不覺得一通電話打到我的辦公室裡就說要談這個提案,是什麼很好的做法。」俄亥俄州民主黨參議員薛洛德・布朗(Sherrod Brown)會這麼說,是因為國會匆匆忙忙想趕在小布希政府任期的最後幾週完成辯論,通過這項措施。阿拉巴馬州共和黨參議員理查・薛爾比(Richard Shelby)表示小布希政府的計畫「目標是救回那些造成危機的同一批金融機構,要知道就是這批金融機構在承作貸款時馬虎草率,同時又魯莽地無視於他們創造出來、自行承擔與轉嫁給他人的各種風險。華爾街賭政府在他們遇到麻煩的時候不會見死不救,而事實證明他們賭對了。」克里斯・達德(Chris Dodd)作為參議院銀行委員會的主席,曾表示「問題資產紓困方案對幫助單親家庭保住房子毫無幫助」,也「無法阻止這場慘劇的始作俑者帶著優渥的分紅或黃金降落傘(高額退職金)離開」,卻還是投票讓它過關。因為擔心整個世界經濟會在欠缺政府紓困的狀況下土崩瓦解,所以他們別無選擇。政府的干預,長年被企業遊說團體嘲笑,卻突然間成了能拯救華爾街不被自己搞垮的唯一救星。[5]

諷刺的是第一個站出來呼籲政府干預的有力人士,不是哪個

被亂來的銀行搞到失去了房子或工作的個人，而是一名專業大宗商品交易商出身的財經記者，而且這人如此呼籲還不是想幫助受害者，他是長篇大論在數落他們。二〇〇九年二月十九日，站在芝加哥商品交易所大廳歡呼雀躍的衍生性商品交易員面前，全國廣播公司商業頻道（CNBC）的瑞克・桑特利（Rick Santelli），滔滔不絕地反對著新任歐巴馬政府的計畫，主要是歐巴馬打算替若干陷入困境的屋主減免房貸債務。桑特利說他跟他的交易員同仁可不想「補貼失敗者的房貸」，他說他寧可「把被查封的車子跟房子買下來送給將來真正有機會發達的人，獎勵那些有力量搬水而非只會喝水的人。」他說他跟交易員要在那年夏天組織一個「芝加哥茶黨」，來抗議他眼中美國像古巴一樣墮落進集體主義。幾個小時後，福斯新聞唯恐天下不亂的人氣保守派名嘴尚恩・漢尼提（Sean Hannity）就開始重播後來被稱為「抱怨到全世界都聽見了」的那段畫面，而當天他的福斯同事葛倫・貝克（Glenn Beck）則接棒宣傳要抗稅。在當時，由科赫兄弟創立、並交由前共和黨眾議院多數黨領袖迪克・阿米操盤的華府放任派倡議組織FreedomWorks①，就架起了一個「我與瑞克站一塊兒」的網站來協助覺醒的公民組織抗議。二月二十七日，五十一個行動同步的茶黨組織就開始出現在全美各大城，平均的出席人數都將近六百人。眾人帶著旗幟與自製的標語現身，標語上寫著「你的房貸干我屁事」與「要自由市場，不要房貸自助餐」。頗有山

---

① 編按：該保守派團體的中文譯名甚多，有自由之力、自由奏效、自由萬能、自由事業等，為避免混淆，本書保留原文FreedomWorks來指稱該團體。

雨欲來風滿樓之感。6

　　事實證明這股不滿政府對部分屋主伸出援手而產生的怒氣，只是一時的現象。但當美國國際集團分紅的新聞在二〇〇九年三月爆出來後，事情可就真的天下大亂。闖禍在先、又冒全美之大不韙在後的美國國際集團部門成了全美公敵，他們在康乃狄克的總部開始收到死亡威脅，結果導致部分資深經理人辭職，其他人則開始在公司外安置保全。「我在那之前或從那之後，就只看過一次激烈的眾怒達到那種白熱化的程度。」眾議員巴尼·法蘭克說。時任眾議院金融服務委員會主席的他用一九三一年的《科學怪人》電影，將抗議者比喻成怒氣沖沖舉著火炬、站在實驗室外頭的村民。「我怕我們會有失去統治能力的危險，且不光是金融改革法案制定不成，而是任何必須以民選官員公信力為前提的立法都推不動。」雖然「問題資產紓困方案」最終順利達成任務（向納稅人借的錢也全部還清了），但美國國際集團的行徑已經讓民眾失去對紓困方案的信心，進而導致許多人產生一個結論，那就是政府在寵溺罪犯，而且還為了照顧罪犯去扒竊普通人的口袋。7

　　迪克·阿米也坦承不諱是「對華爾街的紓困點燃了汽油桶」。FreedomWorks作為少數從頭反對「問題資產紓困方案」到底的其中一個組織，已經準備好要消費這股怒火。阿米後來回憶說是FreedomWorks位於「整個（茶黨）運動的中心」。該團體的計畫是要把放任主義長年的理念教給茶黨參與者，然後動員他們去製造對共和黨的「惡意收購」。「透過掌控共和黨，我們就可以集中心思在理念上，並讓共和黨一百五十六年來的基業為我

們所用。」他在發表於二〇一〇年的所謂「茶黨宣言」中這麼倡議。這種想要挾持爆紅的抗議運動，並在意識形態與策略上帶風向的努力，取得了廣大但並非全面的成功，促成了茶黨分子席捲共和黨大量郡級與州級的黨機器，並讓數十名極端意識形態掛帥的反政府人士經選舉進入了國會。

FreedomWorks 扮演了推波助瀾的角色，在運動過程中提供了利用網站去組織、定位集會的技巧，並在運動初期支持並指導了茶黨運動的一個草根性代表組織「茶黨愛國者」（Tea Party Patriots）。阿米等 FreedomWorks 的幹部擔任起運動的發言人，塑造外界對他們的觀感。他們組成了與福斯新聞等保守派媒體的聯盟，甚至還贊助葛倫‧貝克的全國聯播廣播節目（按照阿米後來的形容說法，二〇一二年 FreedomWorks 付了貝克超過一百萬美元，「在頻道上說 FreedomWorks 的好話」，後來他們又把這一招用在另一位右翼電台主持人林堡的身上）。三月份，FreedomWorks 中那些企業遊說者出身的人員，如阿米自己就曾代表雷神技術（Raytheon）跟威訊無限（Verizon）到二〇〇九年，開始籌劃貝克要辦在華府的「九一二」大會。FreedomWorks 負責申請各種相關的許可，而貝克則負責在電台上為活動宣傳。FreedomWorks 還敦促其追隨者放下社會議題，擁抱他們自由放任主義的經濟政綱，然後總結出該團體的一句口號：「稅率要低、政府要小、自由要多。」[8]

貝克也在對其茶黨崇拜者的政治教育工作上發揮了關鍵的作用。他主要的貢獻在於他不眠不休地推廣柯立安‧斯考森（W. Cleon Skousen）的工作與理念，而斯考森作為一名右翼極端分

子，其觀念是如此的瘋狂，導致連約翰‧伯奇協會都容不下他，埃德加‧胡佛（J. Edgar Hoover）的聯邦調查局與摩門教的十二使徒定額組（Quorum of Twelve Apostles）都曾密切監控過他。本身也是摩門教徒跟聯邦調查局幹員出身的斯考森開始發展出複雜的陰謀論，是在一九五〇年代的鹽湖城擔任警察首長期間。美國外交關係協會（The Council on Foreign Relations）、美國的銀行體制、洛克斐勒、福特與卡內基等基金會，全都被他認為在共同參與「一場全球性政治顛覆的週期性發作」，目的是要「推著美國掉入一個集體主義式的大一統社會」。他認為羅斯柴爾德和洛克斐勒家族正在指揮一場恢弘的陰謀，且當中牽涉到職業安全與健康管理局、環保署、聯邦通訊委員會的公平原則、社會安全局、聯合國，而如何讓這個陰謀解體也成為他創立「國家憲法研究中心」的核心任務。斯考森影響深遠的創作《飛躍五千年》（The 5,000 Year Leap）宣稱美國憲法並非受到啟蒙時代哲學家的啟發。他認為啟發美國憲法起草的其實是新舊約聖經，而這些受到上天感召的起草者其實相信政府愈小愈好，愈自由放任愈好，再來就是他們也相信應該政教合一。斯考森另外一本著作《美國的起源》（The Making of America）則主張奴隸主是南方蓄奴體系「最慘的受害者」，奴隸本身其實非常開心。[9]斯考森在二〇〇六年就已經過世，他的著作與觀念也早被遺忘。但在金融風暴剛過的當年，貝克就開始在電台上為斯考森的著作背書，說什麼《飛躍五千年》是「理解開國元勳建立共和國初衷的必讀作品」。地方茶黨團體開始為他們的憲法讀書會團購這本書，有時候還會邀請所謂國家憲法研究中心的「學者」來導讀。該中心的綱領鼓勵

茶黨分子擁抱一種觀點，即一七八九年的憲法不僅不容許新政與偉大社會等體制或方案，甚至也容不下聯邦所得稅、企業所得稅、資本利得稅、國家公園與森林系統，容不下在國家體制上的政教分離，還有第十六、十七、二十一號憲法修正案所對應的參議員直選、直接聯邦稅，還有如何取代死亡或失能總統的明確程序。斯考森認為他的計畫可以讓美國回到鍍金年代，運氣好還可以讓美國許多州採行神權政治。貝克在《飛躍五千年》的新版序言中說這本書是「受神啟發」而寫成[10]，而這本「受神啟發」的書也一如書名，一下就躍居亞馬遜網站上的第一名，二〇〇九上半年的銷量就達到二十五萬冊。

　　草根茶黨運動分子終究要做出抉擇，他們到底要代表什麼。他們從FreedomWorks與一個打著「茶黨快車」[2]名號在運作的政治行動委員會[3]接收到的政治宣傳內容，是高華德－金瑞契式的自由放任主義，而來自貝克與斯考森憲法研究中心的訊息則是社

---

② 譯者注：茶黨快車（Tea Party Express）是二〇〇九夏天創立於加州的政治團體，其宗旨是要支持茶黨運動。具體而言他們會開著輛巴士四處號召茶黨支持者，為保守派的州級與聯邦職務參選人背書宣傳。茶黨快車的背後是一個名為「我們的國家值得更好」的政治行動委員會，其成立者是共和黨加州眾議員霍華德‧卡羅吉安（Howard Kaloogian）與雷根時代的幕僚薩爾‧魯索（Sal Russo）。

③ 譯者注：政治行動委員會通常簡稱PAC，指的是將競選捐款集中在一起，用來支持候選人或某項法案的組織，其設計誕生於美國的「競選資金改革」（campaign finance reform）。美國聯邦競選法規定一個組織若旨在左右選舉且收支超過一千美元，且在聯邦選舉委員會登記註冊，就會被視為一個PAC。至於各州則另有規定。二〇一〇年起出現了所謂的Super PAC（超級政治行動委員會），擺脫了傳統PAC在政治獻金收支上的限制。

會上的神權統治與經濟上的自由放任。不令人意外的是,民意調查、媒體訪談、深入的學術研究都顯示出茶黨運動的發展出現了分歧,一邊是貝克與莎拉・裴琳(Sarah Palin)等社會保守主義者在深南地方、潮水地方與大阿帕拉契表現強勢,另一邊則是朗恩・保羅與FreedomWorks的自由放任主義者在遠西地方與洋基之國占據上風。許多地方性的茶黨團體都出現這兩派之間的兄弟鬩牆,尤其是在洋基之國與遠西地方,自由放任主義者往往得拚命避免基督教保守派用在區域內不受歡迎的政策去造成茶黨運動的分裂。然而這兩派的成員還是有若干相同的特質:他們壓倒性的是白人,年齡在四十五歲以上,屬於日子很好過的中產階級,自我認同是「極端保守派」。民調與研究顯示典型的茶黨分子對一七八九年版的憲法採取斯考森式的觀點,而對美國社會則抱持社會達爾文主義的二分法,認為當中有一群有價值且努力工作的人(就是他們自己),也有一批沒有價值的懶鬼(窮人、年輕人、沒有保險的人)。他們同時偏離了斯考森與FreedomWorks的教誨,因為他們感覺「有價值的」那群人值得、有資格享受新政與偉大社會等大政府的福利,諸如社會安全保險、聯邦醫療保險、退伍軍人事務部的各種方案。在他們看來,這些福利是他們努力工作換來的,是他們應得的,政府提供這些福利也是應該的。哈佛大學社會學者瑟達・斯科克波(Theda Skocpol)與凡妮莎・威廉森(Vanessa Williamson)在對茶黨運動一份深入的研究中下了這樣的結論:「幾乎全體茶黨人都支持美國人享有優渥的社會福利,但前提是這些美國人得**努力掙得**這些福利。但在一個聯邦赤字不斷上升的時代,他們很擔心自己會不斷地多繳

稅，只為了讓那些不值得的人享有他們**不勞而獲**的福利。」這包括健保、學貸、房貸紓困。他們兩倍於其他美國人同意，政府提供福利給窮人就等同「鼓勵他們保持貧窮」，也顯著比其他美國人更相信黑人與白人有平等的機會可以出頭。[11]

茶黨運動成長快速，尤其是在歐巴馬宣布八千億經濟刺激方案，還計畫將健保保障擴及千百萬沒有保險的美國人之後。二〇〇九年四月，由FreedomWorks主辦的「繳稅日」抗議活動，在七百五十個城市有數十人到數千人集會聲援。八月，國會成員在他們家鄉選區的「鎮民大會」式活動上與憤怒的茶黨支持者面對面，結果在罵他們是「叛徒」的咆哮聲中被趕下台，甚至有人處決了他們的人偶。貝克的「九一二」大會吸引了六到七萬人（主辦單位宣稱有百萬之眾）到華府的國家廣場（National Mall）聆聽貝克與阿米抗議政府管太多。二〇一〇年一月，茶黨出人出錢，讓共和黨的史考特・布朗（Scott Brown）爆冷搶下了麻州民族自由主義雄獅泰德・甘迺迪（Ted Kennedy，約翰・甘迺迪與羅伯特・甘迺迪的胞弟）去世後所留下的參議院空缺。此時政壇的當權派，包括民主黨人、雷根與小布希學派的共和黨人，都還搞不清楚自己是被什麼給撞到了。[12]

循著阿米的擘畫，茶黨分子開始由下而上接管共和黨的黨機器。他們積極登記成為共和黨的小選區主任（precinct chair），這是一種經常空在那裡，但卻有權力可以投票選出黨務幹部、批准政綱、為候選人背書的村里級基層黨工。《紐約時報》記者凱特・澤尼克（Kate Zernike）報導說茶黨人的「三句箴言」就是：「拿下區、拿下州、拿下黨。」在一個被稱為「全國小選區

聯盟」（National Precinct Alliance）的團體指導下，他們控制住了共和黨組織中的拉斯維加斯區，而拉斯維加斯正是內華達州最大的共和黨選區，結果就是他們選到讓州黨部領導班子的選票上全是茶黨的候選人。他們在鳳凰城區依樣畫葫蘆，領著不是很堅定的自由放任派參議員約翰・麥肯（John McCain）設立一個法人實體，好讓全國各地的共和黨捐款人可以繞過對他們有敵意的州黨部人員，直接捐款來支持他競選連任。在猶他州的共和黨大會上，茶黨勢力在提名之戰擊敗了現任的聯邦參議員鮑勃・班奈特（Bob Bennett，他是投票支持過「問題資產紓困方案」的保守派），並推出了跟他們是自己人的麥克・李（Mike Lee）。在緬因州這個長年支持老派民族自由主義共識的共和黨重鎮，茶黨人士先後接手了共和黨的郡委員會，然後是州大會，並藉此通過一款政綱的內涵是要「回歸奧地利學派的經濟學原則」，要消滅教育部和聯準會，要起訴「全球暖化迷思」的參與者，要反抗「大一統政府」的建立。「共和黨中屬於傳統保守勢力的雷根派已經失去了控制力。」說這話的是溫和派的州參議員彼得・米爾斯（Peter Mills），他在那一年的州長黨內初選中完敗給被看好的茶黨對手保羅・勒佩吉（Paul LePage）。「不知道從何時開始，歐巴馬變成了喬治三世④，國會變成了英國議會，茶黨變成了手拿步槍的義勇民兵。我實在不覺得大家有想清楚這樣下去會有什麼結果。」[13]

只看短期，茶黨對共和黨的貢獻並不是很明確，因為社會上

---

④ 譯者注：丟掉美國殖民地的瘋子英王。

對其理念的支持絕對說不上廣泛。在二〇一〇年的期中選舉中，茶黨沒有能擊敗班奈特以外的任何一名共和黨現任者。他們提名了一票立場極端的放任主義候選人進軍參眾兩院，斬獲席次的區域包括深南地方（包括南卡與佛州的兩席參議員，吉姆・德敏特與馬可・盧比歐）、遠西地方（麥克・李）與大阿帕拉契（蘭德・保羅）。茶黨風潮協助共和黨收復了眾議院，席次淨增六十三席，並且在威斯康辛與阿肯色州把民主黨參議員拉下馬來。在賓州，現任的溫和派共和黨參議員阿倫・史派克特（Arlen Specter）改投民主黨以避免在初選中遭受茶黨的挑戰，結果卻輸掉了民主黨的黨內提名；被看好的茶黨參選人派特・圖米（Pat Toomey）贏得了普選。在此同時，茶黨在原本就幾乎是共和黨囊中物的德拉瓦、科羅拉多、內華達三州，提名了立場極端的參議院候選人，另外還迫使全國黨部分出資源來馳援溫和派的阿拉斯加現任者麗莎・穆考斯基（Lisa Murkowski），免得她受到茶黨的挑戰者威脅。[14]

的確，茶黨在全美各地都建立起了知名度，但實際在政治舞台上的戰果只集中在特定地域。在第一百一十二屆國會（二〇一一到二〇一二年）的眾議院茶黨黨團共六十名成員中，只有三個人來自洋基之國，出身左岸與新尼德蘭的一個都沒有。那三個洋基人贏得並不輕鬆，在他們三人共同贏過的七場選戰中，只有兩場的勝差超過五個百分點（由明尼蘇達州的蜜雪兒・巴赫曼〔Michele Bachmann〕分別在二〇〇六年與二〇一〇年創下）。其中一人，伊利諾州的新科眾議員喬・瓦爾許（Joe Walsh）只贏了二百九十一票，而且還被在地的民主黨人透過選區劃分的操作

而陷入跛鴨的窘境。在麻州，史考特·布朗讓茶黨人士大失所望，因為他立起法來完全是一個溫和派洋基人的模樣，而茶黨運動的緬因州州長保羅·勒佩吉跟威斯康辛州州長史考特·沃克（Scott Walker），則長期在他們想對環保、勞工與消費者安全保護等管制開刀的目標上受阻。二〇一二年，共和黨在新英格蘭被橫掃，輸掉了聯邦與州級的每一場主要選戰，包括史考特·布朗的參議院席次保衛戰，新罕布夏州議會的下議院競爭，還有該區域二十一個聯邦眾議員席次跟總統大選的每一張選舉人團票；他們還輸掉了洋基之國其他地方的每一場參議員競爭跟大部分在伊利諾州、明尼蘇達州、紐約州與愛荷華州由洋基人控制的眾議院席次。從清教徒自一六三〇年代的遷徙以來，一直到舉債天花板的爭議，洋基人向來都支持個體為了公益自我犧牲，支持投資在強大的公共機構，也支持用政府計畫來改善社會。茶黨無法在這類不友善的土壤中深耕，而茶黨對於共和黨的少部分接管，也差點逼得共和黨在其起家的區域走向團滅。[15]

相較之下，茶黨在狄克西的各國度與遠西地方就沒有在其理念推動上遇到太大阻礙，基本上是因為其政治訴求符合深南地方的民情：包括替有錢人減稅，減少其他所有人能獲得的服務；打擊工會、公共教育、監理系統；壓抑移民、年輕人與非白人的投票率。四個狄克西國度占眾議院茶黨黨團共六十名成員當中的五十一人（按比例是百分之八十五），其中光深南地方就占了二十二席。在二〇一二年那場堪稱對茶黨政策是一次信任投票的選舉中，共和黨在眾議院淨輸了八席，但整體在深南地方與大阿帕拉契其實是淨贏了十席。[16]

才一進到國會，茶黨成員就二話不說開始耗損該運動的公信力，主要是他們要求茶黨的極端自由放任主張要徹底且立即得到滿足，否則他們不惜拉全球經濟一起陪葬。第一場危機發生在二〇一一年夏天，當時是茶黨群眾宣布他們要阻擋調高國家舉債上限的常規操作。唯有調高舉債上限，美國才有辦法把國會已經批准在預算中的帳單給付掉。要是調高不了舉債上限，美國的國債就會違約，而這點在所有經濟學家的眼裡，都是會讓世界經濟崩潰的大事，到時候二〇〇八年的金融風暴就會算不得什麼了。然而茶黨的國會議員，尤其是那二十名剛當選的菜鳥，都宣布他們會硬幹到底，除非國會在不加稅的情況下砍掉兩兆支出來平衡預算。歐巴馬作為一名跟艾森豪同個模子印出來的務實派民族自由主義者，展開了與眾議院議長約翰・貝納（John Boehner，來自阿帕拉契的俄亥俄州議員）的祕密協商，並達成一筆四兆美元的「大交易」，據此歐巴馬將得以增稅，但也會削減權利賦予的福利支出，並將稅法加以簡化。

　　總統這樣的妥協對削減赤字的目標明明已是一大勝利，但茶黨黨團還是拒絕為議長貝納談妥的條件背書，理由是有錢人被加到了稅，而他們這麼一鬧，直接把美國政府推到了再過幾小時就要違約的懸崖邊緣，而這除了會拉低美國的信用評等，還會導致納稅人得多付十三億元的利息錢。[5]「我覺得我們有些成員的想法

---

⑤ 作者注：為了避免違約，國會同意由兩黨共同成立一個「超級委員會」來負責以十年為期將赤字縮減一點二兆，而且要是他們做不到，那軍事與社會的方案就會自動被砍——事實證明他們也真的沒做到。

是把美國政府的信用，當成一種你可以開槍賭一把看是死是活的人質，」參議員少數黨領袖米契‧麥康諾說的是那對世界經濟的影響，「我們大部分人並不這麼想。但我們學到的教訓是——這是個很值得贖回的人質。」

實際上，在歐巴馬毫無懸念地在二○一二年成功連任後（雖然大阿帕拉契與深南地方卯起來反對歐巴馬，但仍撼動不了他），極端分子就開始反覆這樣的操作。像是在二○一三年一月，極端派就又把美國政府帶到了違約邊緣，這一次是為了逼使總統的健保改革方案無錢可用。那年秋天，他們逼得美國政府關門十六天，讓納稅人白花了二十億美元，而這又讓美國民眾增加了對這些極端分子的仇恨值。「我們現在有一群美國政客追求著政治上的純淨，他們似乎跟塔利班那幫人有很多共通點，」前民主黨眾議員馬丁‧佛斯特（Martin Frost）在二○一一年的債務上限危機中說，「他們是茶黨成員，而就因為對小政府的盲目堅持，他們似乎打定主意就算賭上美國政治領袖用二百多年的辛苦，甚至往往是痛苦才換來的努力成果，也要一意孤行。」17

茶黨運動對美國經濟政策的影響，在他們確實掌握了政治權力的地方可以看得最清楚。堪薩斯州州長山姆‧布朗貝克（Sam Brownback）在二○一二年制定了一宗十一億美元的減稅案來圖利富人，同時削減了教育、社會服務、藝術等預算，最後還將聯邦醫療補助（窮人健保）完全民營化。「且容我們一起來看看結果會如何，」他在一切的開端對有線電視新聞網（CNN）說，「我們這是一場現實而且現場的實驗。」這場實驗在兩年後得到的「判決」結果是：堪薩斯州的歲入在短短一年間短少了七億美

元，接下來的兩年預估將有驚人的十億美元虧空；州政府的信用被調降評等；就業市場的增長比各州都慢；公立學校的經費縮水到被該州法院判決違憲，因為法官認為這樣的做法會「毀了我們孩子的明天」。

同時間在北卡羅來納，共和黨同時控制了州長官邸與州的立法部門，創下了內戰後重建期以來的首例，並藉此制定全面性的茶黨改革方案。在北卡這麼個失業率在全美居高不下的州中，失業補助遭到大砍，但那主要正是因為該州的商會反對多繳稅來維持這項社福。教育預算被扒了層皮，結果是教師減薪，幼稚園中班（Pre-K）的名額少了十萬個，身心障礙的兒童服務也減少了項目。北卡的人口明明在快速增加，州議員卻砍掉了數千萬美元的法院系統預算，迫使其一成的員工被解雇（包括為被告與其原告律師所準備的西語翻譯），聘請公設辯護人的錢也不若以往充裕。北卡議員幹的其他好事還包括減少（很受民主黨選民歡迎的）提前投票服務，拒絕擴大（明明是中央九成的）聯邦醫療補助。《紐約時報》的社論委員會稱這些舉措是「一場開倒車大賽，（該州）多年來在公共教育、稅改、司法實務上的族裔平等，還有普及投票權等工作上的進展，就這樣毀於一旦。」[18]

茶黨運動所代表的是一種十九世紀末以來僅見的極端自由放任主義。在二〇一一年九月一次格外令人髮指的事件中，眾議員朗恩·保羅在有線電視新聞網／茶黨快車合辦在佛羅里達坦帕的總統大選辯論中被問到：「按照他秉持的倫理觀，個人應該要為自身負責到什麼程度？今天如果有一位沒有保險的三十歲民眾染上需要在加護病房待上半年的大病，這個社會應該見死不救嗎？」

群眾中爆出了歡呼聲，他們大喊著，「當然！」保羅本人掙扎了一下，但基本上還是認同了現場：「自由就是這麼回事——風險自負。」還有一次是在二〇一〇年十月，田納西鄉下的消防隊眼看著一個民眾的房子連同他的身家、愛貓、三條狗被燒個精光，卻沒有任何行動，理由只是屋主沒有付七十五美元的服務年費。這種態度遭到了全美消防隊協會理事長的撻伐，社會大眾也指出消防隊應該研擬其他政策去回收他們的服務費並鼓勵民眾遵守規定，且同時保住男子的住家，例如說在男子的財產上設置留置權來支應處理費用。但葛倫・貝克卻在廣播節目上捍衛消防隊的立場，他堅稱不讓不肖民眾「占鄰居的便宜」是必要之舉，而貝克在節目上的搭檔則在一旁幫腔，挖苦受害屋主哀求消防隊救救他家的模樣。貝克說社會正義魔人開口閉口就是要消防隊盡到滅火的職責，「他們會將這事上綱到政府責任，卻隻字不提個人該為自己負起的責任。」他說美國社會就需要田納西消防隊這種「愛之深責之切」的做法，「這種處置值得我們在社會上多多鼓勵，多多看到。」茶黨的網站與論壇上一片呼應與叫好。[19]

　　茶黨政客與支持者也對歐巴馬展現出一種強烈到往往違反邏輯的恨意。歐巴馬經常挨轟是社會主義者，是馬克思主義者，是獨裁者，是死命想把美國打造成西歐式社會民主制來毀滅美國的外國人。但事實上歐巴馬若按照西歐的標準去看，十足是一個中間偏右的政治人物，按美國標準去看則是共和黨的自由派。歐巴馬的模板比較接近艾森豪或老布希，而不是普丁，不是切格瓦拉，甚至不是小羅斯福、甘迺迪或詹森。他延續著小布希與錢尼的鷹派國安外交政策，把超過三分之一的緊急刺激法案資源投入

減稅（即便證據顯示基礎建設遠比減稅更能刺激經濟），在執政的頭五年就將聯邦預算赤字從一點四兆降低到五千零六十億美元，點頭接受了向眾議院議長貝納妥協的折衷方案，讓社會安全網被大砍，任命了介於溫和與保守派之間的人才進入聯準會、財政部與國家經濟委員會（National Economic Council），還被自由派大罵他讓華爾街在金融危機中全身而退，該負的責任都沒負。他僅有對新政議程較顯著的貢獻，是二〇一〇年的改革健保市場，還把民族自由主義者偏好的解決方案，一種近似聯邦醫療保險的「單一支付者」式全民健保⑥，從選項中剔除掉，改採參考放任派傳統基金會在一九八九年提案所建立的市場導向系統，以及由他的商界共和黨對手米特·羅姆尼（Mitt Romney）在其麻州州長任內設計的系統。「歐巴馬的治國就像個溫和的保守派，」前雷根幕僚布魯斯·巴特列在二〇一四年底做出這樣的觀察，「他像個溫和保守派總統的程度，基本上就跟尼克森像個溫和自由派總統的程度，一模一樣。」實際上，真正上承甘迺迪—詹森—麥高文傳統的左翼自由派，大都看不慣歐巴馬本質上的保守作風，而貨真價實的社會主義者更是會對歐巴馬感到反胃。政治哲學家、左翼政治組織「美國民主社會主義者」（Democratic Socialists of America）榮譽主席康乃爾·韋斯特（Cornel West），曾在二〇一四年如此評價歐巴馬：「他擺出一副進步派的模樣，但細看就是個贗品。弄了半天我們得到的是一個華爾街的總統，一個無人機總統（歐巴馬愛用無人機空襲恐怖組職），

---

⑥ 譯者注：由單一的政府機構（如台灣的健保局）負責所有保險人的支出。

一個國安總統⋯⋯（原）來他只不過是另一個新自由主義的中間派。」[20]

　　最終，茶黨的理念開始感染整個共和黨，而這也導致共和黨內據稱非茶黨的領袖，都採取了連五〇年代保守派大將羅伯特・塔夫脫都會遲疑一下的極端自由放任立場。二〇一二年，共和黨眾議員保羅・萊恩（Paul Ryan）作為眾議院預算委員會的主席與自稱的安蘭德信徒，提出一份預算大舉幫富人減稅，然後狠砍中低收入民眾的社會福利與方案，但又宛若在向茶黨致意般地排除退休者。華府智庫城市研究院（Urban Institute）判定這份預算案的條款會導致一千四百到二千七百萬窮人脫離聯邦醫療補助的行列，並會造成照顧剩下窮人的醫師與醫院從聯邦醫療保險處獲得的給付減少百分之三十一。萊恩表示：「我們不會想把社會安全網變成一張讓好手好腳者放心睡成米蟲的吊床。」並補充說他會想到這個計畫，是天主教信仰給他的啟發。美國天主教主教會議對此不敢苟同，他們致函國會：「任何一份預算的中心道德分量應取決於它如何影響**弟兄中最小的一個**（The least of these）⑦⋯⋯也就是那些吃不飽也無家可歸之人，那些失業或貧窮之人。」而萊恩的「預算決議案沒有能符合這樣的道德標準」。一群耶穌會學者與喬治城大學教員告知萊恩說他的提案「似乎反映了你最愛的哲學家，安蘭德的價值觀，而不是耶穌基督的福音」。

---

⑦ 譯者注：典出聖經：王要歡迎他的兒女進入祂的國，並對他們說：「我餓了，你們給我吃⋯⋯我病了，你們看顧我⋯⋯這些事你們既做在我這弟兄中一個最小的身上，就是做在我身上了。（馬太福音第二十五章，第三十五到四十節）。弟兄裡最小的一個在此是比喻弱勢中的弱勢。

　　萊恩的計畫獲得了共和黨總統提名人米特·羅姆尼的擁護，甚至羅姆尼還挑中萊恩當他的副手人選。這個提案的內容極端到《紐約時報》後來報導說，當民主黨的超級政治行動委員會「美國優先」（Priorities USA）對抽樣的焦點團體（focus group），解釋此案會導致實務上的什麼結果時，「受訪者完全不相信有政客做得出這樣的事情」。在二〇一一年一場全國直播的初選辯論中，共和黨八名候選人被要求用舉手表態，舉手代表他們不能接受「用砍掉政府支出十塊錢去換取增稅一塊錢」的赤字削減條件，結果這八個人，包括羅姆尼與據稱的溫和派前猶他州州長洪博培（Jon Huntsman）⑧，都把手舉了起來，他們已經連這麼優渥的條件都不能接受。[21]

　　美國大部分人都不支持茶黨，舉例來說，像是羅姆尼在二〇一二年的總統黨內提名中擊敗茶黨各路支持者；歐巴馬在普選中相當輕鬆就收拾掉羅姆尼（後者又是在深南、大阿帕拉契與遠西以外的地方吃癟）；民主黨在二〇一二年的國會期中選舉中有所斬獲，而共和黨的當權派則在二〇一四年的國會黨內初選中取勝。在跨度達三十年的全國性的民調中，美國人長期以明顯的多數表達了對富人增稅的支持，對避免社會安全福利被砍的支持，對由持續存在的工會來保護勞動者權益的支持，對政府持續扮演某種角色來幫助無法自助者，確保每個人都吃得上飯也不會流落街頭的支持。在二〇一二年，也就是茶黨崛起的兩年後，百分之六十三的美國人認同「自由市場經濟需要配合政府監理，才能符

---

⑧ 編按：因他曾擔任美國駐中國大使，所以有個漢名。

合最大的公共利益」，而這正是民族自由主義的核心理念。更讓人吃驚的發現是有百分之六十二自稱「非茶黨的共和黨員」受訪者，「對此表示有同感，茶黨支持者則只有百分之二十九認同此看法」。同一份民調還發現百分之七十二的美國人認為華爾街「只在乎怎麼幫自己賺錢」，而且是工薪、中產與中高階層在這點上都所見略同。再者就是各種趨勢都反對放任主義運動。一份二〇一四年的皮尤研究中心（Pew Research Center）調查發現，僅百分之三十八的千禧世代（一九七九年後出生者）希望由小政府提供少一點的服務，但大多數人仍覺得確保全體美國人都有健保保障是政府的責任。小布希的前文膽大衛‧弗魯姆（David Frum）稱千禧世代，是「從投票選出小羅斯福總統的那一代人走下時代舞台之後，美國最挺政府的一個世代」。[22]

　　隨著這個國家一跛一跛地朝二〇一六年的總統大選前進，幾乎癱瘓的政府被嚴重分裂成兩個基本上以地域作為基礎的陣營，一邊是極端的自由放任派，另一邊則是所有哪怕對共有的體制與共同的使命感，還有稍縱即逝之些許堅持的每一個人。組成這個政府的兩大政黨如今分屬自傑克遜時代以來最涇渭分明的兩個意識形態陣營，誰也無法在選舉時號召到壓倒性的多數來蓋過對方的抵抗。

　　我們迫切需要一組新的政治理想來打破這個僵局，因為不光是美國，而是整個世界的未來都懸在那裡。

第九章

# 千秋萬世的聯邦

## A Lasting Union

說起要平衡個人主義與集體主義這兩股力量，雖然我們面對著國內一個「巴爾幹化」的文化地理分布，但哪一種在美國最行得通仍舊不需要我們去猜。

歷史已經給了我們一個清楚明白且脈絡一致的指南。

我們整體而言，是地球上一個非常偏向個人主義的政治文化，而這種文化又源自一場革命。在那場革命的時空環境下，自由之大敵是一個君主制的政府，而自由的主要受惠者則是覺醒的貴族菁英。在約翰・洛克的啟發下，我們衷心相信人類的潛能、創意與美德，我們時時保持警醒，就怕一個不注意，凌駕於所有人之上的政府就會崛起並否決掉我們的個別潛力。社會主義把其信任託付給一個全知的政府，而這個政府的組成在理論上是一群無私的專家，他們會控制經濟、形塑社會的質地，唯不論在心懷社群的洋基之國或是處於放任自由前沿的阿帕拉契，這樣的社會主義都在美國人之間完全沒有市場。許多自由民主國家都擁抱了

社會民主制來建立一種由資本主義提供燃料的福利國度，而他們
創造出來的無一例外，盡是全世界在財富、幸福與社會信任感上
的優等生。但作為一個整體，美國人已經一而再、再而三地告訴
所有人，他們不要這樣的一種體制。在世界陷入一場大戰的期
間，威爾遜制定了一個集體主義的施政方針，當中包含將異議入
罪；而和平一降臨，這種施政就狠狠地被放棄，因為我們認為這
種方針將偏離成極權與暴政。即便是在新政的高峰，小羅斯福總
統也遭逢到舉國的阻力，大家反對的是政府直接介入承平時期的
經濟運行，不論那代表的是中央下令的計畫經濟，還是政府花錢
聘請一大堆勞工來進行公共建設。詹森麾下的專家拍胸脯保證他
們有足夠的知識可以同時向貧窮與北越宣戰，而他們沒有能兌現
承諾的結果，並不只是拖垮了一任總統的政權，他們還讓美國人
形成一個共識：政府解決不了所有問題，他們應該有所取捨地把
自己能做好的事情完成。我們是一個務實的民族，我們想看到成
果，我們對失敗沒有太多的耐性。

　　但話說回來，我們不是一個自由放任的聯邦。出了深南地方
與一九八〇年代以前的潮水地方，放任經濟學都不曾獲得過長期
的民意支持，一身民粹色彩的遠西與大阿帕拉契只要一看到放任
經濟政策實施下去所造成的寡頭結果，就會馬上豎起一身的剛
毛。每一次我們走上放任主義的道路，那趟旅程都是以災難收
場。短短一個世紀內，我們就兩度看到經濟上的自由放任主義把
世界經濟帶到了垮台邊緣，讓政治上的自由民主制都受到威脅。
在二〇一一與二〇一三年，自由放任主義接連以世界經濟作為要
脅，就是要白宮無條件滿足他們的要求。他們之所以這麼做，是

因為他們的方案得不到足夠的支持，無法透過非權威的管道被制定為法律。數十年來的民調結果與投票行為已經告訴我們，只有極少數的美國人真的想要回歸鍍金年代那種毫無節制的社會達爾文主義，否則他們就不會分別在一九〇四年跟一九三二年選出老羅斯福與小羅斯福，就不會在一九九六年與二〇〇六年分別對金瑞契的革命分子與小布希在國會的幫凶說不。我們已經看到即便有FreedomWorks等放任派勢力的政治宣傳，養老金的保障與由政府實施的老年健保還是獲得了民意強烈的支持，就連二〇〇九年到二〇一二年的茶黨草根支持者都不例外。然而不同於社會主義，放任主義的理念確實擁有美國一方強大地區文化作為其堅定後盾，甚至在其他地區也有在口頭上一定程度的同情，而這也解釋了何以放任主義會持續定期在我們的政治地景上找到立足之地。

　　所以美國的共識處在兩極之間，一邊是十九世紀末那種脫韁野馬似的資本主義，另一邊是兩個千禧年之交的西歐式社會民主國家。如果一個政治人物或一個政黨過於傾向於某一邊，美國人就會用手中的選票唾棄他們。就在老羅斯福於一九一〇年提出的新民族主義與一九六五年的民族自由主義共識之間，有塊空間裡存在一種施政理念可以再一次爭取到超級多數，可以再一次推動美利堅挑起開國先賢為共和國賦予的理想：促進人類的幸福。考量到體現在美國憲法中的監督與制衡系統，我們或許只有循著上述的道路邁進，才能在二十一世紀帶給這世界的各種挑戰中有所作為。

✳

批准預算或舉債上限來執行已通過的施政方案是一個很基本的政府功能，而二十一世紀初的美國會出現統治體系癱瘓，連這等基本功能都做不到的狀況，有兩個原因。

讀者至此應該已經心裡有數的第一個原因，是我們不是一個歐洲模式的民族國家，我們不像德國、奧地利、法國或瑞典那樣是由單一特定民族來統治的國家，我們沒有統一的文化與價值觀。美國是一個聯邦，這個聯邦裡有不只一個「國度」，彼此間針對自由的意義為何並沒有太多共同的理想、目標與看法。綜觀歷史，構成美國的各個區域文化曾相互爭戰，他們爭的是人對自由的理解究竟應該單純從個人或「經濟自由」的角度切入，還是應該從促進公益或「社群自由」的角度切入。

我們能夠在這種體制的限制下長時間運作，是因為總有某個政治實體得以匯聚出在某個區域內的超級多數來撬動聯邦力量的槓桿，諸如選舉人團或眾議院內的多數，或在參議院中可免於議事干預的多數。比方說在南北戰爭期間，由洋基人率領的聯盟就得以在國會發號施令，而後在一八七七到一九二九年，放任派的共和黨與保守派的南方民主黨員則可以呼風喚雨。另外像在一九三二到一九六五年間的民族自由主義時期，也是這種局面，當時是進步主義的民主黨與共和黨人一起建立了一個有著積極作為的聯邦政府。一九八〇年代初期也有一點這樣的感覺，當時是新狄克西－遠西聯盟將雷根送進白宮，並帶來一個由共和黨控制的參議院，但時間不長就是了。在二〇〇八年，民主黨控制了白宮與參眾兩院，這讓許多放任派保守主義的奉行者為其路線寫下了悼詞，卻又立刻在下一次選舉中看著這些人在心存深南地方理念的

民粹運動推進下，重掌了眾議院。回顧自民族自由主義秩序崩解以來的這段期間，很明顯的是不論是深南地方的階級制放任自由主義，還是新左派的社會放任自由主義，抑或是基督教右派的社會集體主義，又或者是狄克西各州率領民主黨領袖理事會所三角測距出來的新自由主義，都沒有誰能建立起一股屬於超級多數的統治力量。

美國在文化上的巴爾幹化，也可以幫助我們理解何以二十一世紀初的選舉會如此詭譎而有懸念，最終結果往往都要看相對少數的選民如何在一小群經常重複（且以中部地方少數搖擺州為主）的激戰區各郡中選邊站。在近半世紀中，區域性的集團大致保持穩定。洋基之國、新尼德蘭與左岸在民權、越南與伊拉克戰爭、環保、同性戀權利運動、健保與財政改革等議題上一路對決深南地方、潮水地方、大阿帕拉契與遠西，這點在近三次總統大選中都看得出來（有個例外是快速變化中的潮水地方，當地從二〇〇八年以來已經變成「搖擺國度」）。

北方聯盟向來是為了公共利益發起集體行動的主力，他們一貫偏好維持的是一個強大的中央政府，是聯邦層級對企業力量的制衡能力，是對自然資源的保育，這點不因為某個時期在當地是哪一黨強勢而有所不同（別忘了在六〇年代的民權運動爭端前，洋基之國可是共和黨的地盤）。北方誕生過的總統，甘迺迪、福特、老布希、歐巴馬，都尋求透過政府方案創造更好的社會，擴大民權保障，增強對環境的守護。他們全都面對著來自南方國度的反對，包括有一部分來自其黨內。隨著南方人接管共和黨，洋基之國、新尼德蘭、左岸在近幾年一面倒成為民主黨的天下。

　　另外一個聯盟則以深南地方為首,其寡頭念茲在茲的始終是放任主義與社會達爾文主義。深南地方的領袖拚了命要控制並維繫一個一黨獨大的州,州當中要有殖民地式的經濟體,且這個經濟體裡要有大規模的農業與擷取初級資源的礦業,並靠著順從且低薪的勞動力來推動,此外勞動、職場安全、醫療與環保規章要盡量少,把大部分稅負推到負擔能力最低者身上的稅務結構則不可或缺。掌權時,深南地方的領袖專注在富人減稅,輸送巨額補貼給農業集團和石油廠商,逼退勞權和環保訴求,創造「客工」(guest worker,也就是外勞)與「工作權」法案(禁止企業規定勞工必須加入工會)來確保廉價、順從的勞動力供應。要為這樣的一套理念找到夥伴結盟並不容易,所以深南地方必須仰賴共有的自由放任主義性格,與民粹許多的大阿帕拉契、遠西地方結成權宜的盟友。即使是曾經與深南地方共有階級制放任自由主義想法的潮水地方,也持續快速轉變為更接近中部地方的文化,主要是圍繞著華盛頓哥倫比亞特區(華府)與維吉尼亞州漢普頓錨地(全球最大海軍基地)且不斷擴散的聯邦光環,照耀並折服了南方聯盟中的許多角落。這個「狄克西集團」比起其對手要脆弱得多,北方聯盟的「成員國」有著勝過他們不只一籌的凝聚力。

　　唯不論是洋基聯盟還是狄克西集團,都不具備透過選舉永遠執政的力量。兩邊都沒有能力單靠自己就握有選舉人團的多數,或是控有免疫於議事干擾的參議院。甚至若不靠著極端服務一黨之私的「傑利蠑螈」(gerrymandering,立場偏頗的選區規劃)來提供一時助力,兩邊可能連眾議院多數都拿不到。即使近幾十年來,美國人普遍已經從洋基與中部地方各州南遷,主要吸收這

些國內移民選票的也不是代表保守勢力的「紅州聯盟」，而是西裔的北部地方。而這造成的結果就是南北兩個聯盟都必須更努力去拉攏那變化多端的「搖擺國度」，特別是中部地方，才有機會執政。

　　由此一個美國政治組織若想可長可久地建立超級多數，其需要的就是改變其哲學與願景，並藉此去爭取更多的搖擺地區支持或挖對手孱弱陣營的牆腳。我還是那句話，歷史已經示範過了這一點該如何做到。政策挑戰永遠在變，各國中之國的相對強勢弱勢也會起起落落，但當說起每一個區域文化所珍視的理想，那種自始至終的延續性會很讓人吃驚。只要在前述「美國共識區域」裡的基本性質跟特定區域文化中的獨特性格之間找到共通的立足點，我們就可以確認出一組可以帶著我們勝出的政治原則。

　　兩大黨都可以擁抱下列的施政理念，又或者某個政治團體可以殺出重圍建立起一個新黨來加以實踐。然而在寫下這些字句的同一時間，我很難想像共和黨能做到這點，理由如下：首先，共和黨實質上已經變成被深南地方借殼上市成他們的理念載具，他們已經不能沒有傾向自由放任的區域支持。放棄深南地方於共和黨來說，無異於放棄該黨的基本盤。再者，在近幾十年來，共和黨已經不僅完全清洗掉民族自由主義的側翼（艾森豪、賈維茨①、史塔生②）所屬的派系，就連其固有的洋基／中部地方核心

<hr />

① 譯者注：雅各布・賈維茨（Jacob Javits, 1904-1986），前紐約州檢察長。
② 譯者注：哈洛德・史塔生（Harold Stassen, 1907-2001），前明尼蘇達州州長，當時被稱為共和黨中的自由派，曾獲艾森豪重用，與教會關係深厚。

也已蕩然無存（胡佛、福特、老布希與鮑勃‧杜爾所屬的路線）。隨著茶黨接管共和黨大半的地方與州級黨機器，我們很難期許這個百年老黨能做出想長久執政所不可少的犧牲。

民主黨相對之下，有著顯著的優勢。他們若想採行這樣的路線，不需要犧牲現有的區域聯盟成員：洋基之國、新尼德蘭、左岸。西裔北部已經成了預設的民主黨票倉，因為共和黨已經做盡了讓白人以外族裔與移民族群討厭的事情，新的施政理念中並未含有任何會改變這點的東西。在此同時，民主黨可望整合好他們對中部地方的控制力，爭取到遠西大部的加盟，甚至到大阿帕拉契「侵門踏戶」。總統選舉地圖可能會回到一九五〇年代的樣貌，只是顏色會倒轉過來，民主黨將控有「艾克」（Ike，艾森豪的暱稱），而共和黨則將困守史蒂文森③在深南地方與大阿帕拉契數隅的舊陣地。民主黨若是能抓住遠西地方的民心，則參議院就將成為他們的囊中物，須知那兒人煙稀少的各州也一樣在參議院裡有兩席。要是民主黨也一併贏得中部地方的民心，那眾議院就可以由他們鎖定。反之若民主黨不自量力（動起遠西或中部地方以外的腦筋）或表現不如預期，那他們與美國就會被打回原形。

不論是哪一黨或任何政治團體掌握住這樣的契機，這種政治理念都應該以以下的方式運行。「美國之道」，也就是廣大的美國人與各「美國民族」所共有的那套政治價值觀，其內涵是讓個

---

③ 譯者注：阿德萊‧史蒂文森（Adlai Stevenson, 1900-1965），前伊利諾州長。

人、想法、產出與其所對應的體制來進行自由且公平的競爭，然後藉此去遂行對幸福的追求。某人因為努力奮鬥或卓越創新而晉身為富豪，多數美國人都會為他／她拍手叫好。要是有誰因為貪婪、懶散、縱欲而糟蹋了自己的機會，多數美國人也不會怎麼同情他／她。對也好錯也罷，我們作為一個國家堅信個體若能不受拘束地去追尋自身的志向，那他們的行動就會共同創造出並維繫好一個幸福、健康，具有適應力的社會，一個能夠回應改變，不歡迎無知、絕望、恐懼與迫害等等極權種籽的社會。當然想建立一個富足繁榮的社會，還有別的辦法，不信你可以看看與白人接觸前的阿爾袞琴語族原住民（Algonquians，北美原住民的大宗），或是當代的北歐諸國，只不過事實就是那些永遠不會是我們美國人會選擇走上的道路。

　　唯請注意我強調的競爭社會不只需要自由，還需要公平。確實，我們曾在痛苦的教訓中懂得了一個道理，那就是自由與公平是兩種相互聯繫的價值：一個不公平的社會，也自由不了多久。壟斷一旦形成，企業就會利用他們對市場的控制力去（不公平地）輾壓對手與創新。要是放任不管，一場達爾文社會主義鬥爭的勝者就會不單單控制住一個國家的財富，更會把持住其政府、法院、內部的安全力量，變成一種世襲的寡頭，進而（不公平地）不讓人有出頭挑戰他們的機會。這種雙重的控制力已然一而再、再而三地上演在美國與世界各地，諸如美國有標準石油公司，俄國有俄羅斯天然氣工業股份公司，十七世紀的巴貝多與二十世紀的瓜地馬拉有富可敵國的種植園家族。自由市場與自由社會不像成熟的森林是種理所當然的自然現象，自由的市場與社會

更接近是一片有著榮景的花園，那需要人持之以恆的滋養、照顧，以及保護。

而要保護我們不論在經濟上或身為公民的自由，都得靠政府。沒錯，我們需要政府抵禦外敵，但同時我們也需要政府確保我們看不到盡頭的內部競爭可以始終是場公平的遊戲。我們的體系需要一個夠強大的政府來擔任我們共同的裁判，而這名裁判該做的就是要抓出作弊的人，要預防代代相傳的特權，要維繫自由且公平的競爭環境，而其共同的目的就是要確保美國不會滑坡進入企業或金權的寡頭政治裡（當然我們不能任由政府強大到自己變成一個暴君，但這對多數美國人來說是常識，否則先賢先烈也不用在建國的藍圖上加上一層層的制衡）。「美國之道」談的不是施捨，不是政府拉人一把，也不是讓吃肉的金權政治把湯滴下來。美國之道談的是由政府支持你，當你的後盾，推著你在世間往上爬，或是在你爬到金字塔尖端那百分之零點一的時候，不讓你想幹麼就幹麼。

具有以上正字標記的傳統從開國以來就陪伴著我們，那當中既沒有「自由派」與「保守派」，也沒有民主黨或共和黨的區別。「在每一場追求人類進步的明智奮鬥中，一個主要且往往是唯一的目標，始終是大手筆去追求機會的均等。」老羅斯福在其一九一〇年著名的「新民族主義」中如此說道，而他這麼說，就是要我們在追求公平的戰場上往前衝殺，須知他說這話的時空環境跟我們現在一樣，都是一個寡頭力量在崛起的年代。老羅斯福接著對當中有內戰聯邦老兵的聽眾說：「進步一個主要的因子就是特權的殞滅。任何一場對健全之自由的奮鬥，其本質都始終

是，也必須是從某些人或某群人手中取走他們未曾用對同胞的服務去換來，可以享有權力、財富、地位、豁免的權利。我們在內戰裡所爭的，就是這點。我們現在所爭的，還是這點。」[1]

事隔十二年，並不與自由企業體系為敵的胡佛總統在「咆哮的二〇年代」寫道：

> 我們的個人主義不同於任何一種個人主義，因為我們的版本擁抱著以下這些偉大的理想：我們一邊靠著個人的成就建立起社會，一邊也該為每個個人捍衛他們在機會上的平等，讓他們可以藉由自身的才智、性格、能力與志氣，在社群中進佔他們理應獲得的地位；我們應該讓社會的解決方案免於受制在凍結的分層階級裡；我們應該去刺激每個個人去努力成就什麼……而同時每個人也應該挺身來面對宛若金鋼砂輪般的激烈競爭……
>
> 我們還學到一點是公平的分配只能透過對強者與支配者的特定限制來達成……這種抗拒社會階層來守護個人主義的做法所堅持的……是功成者的子嗣不應只因為投對胎或有人庇蔭，就繼續占據其父祖的有利位置去壓制從底層往上爬的新世代……因為那樣只會讓我們這個滿地機會的美國卡滿一代代只從父輩繼承了特權，卻沒有繼承其服務能力的後人。[2]

又過了八十九年，歐巴馬這個與老派進步主義共和黨並無二致的民主黨人回到老羅斯福當年演說的故地，向蘊含在「新民族主義」論述中的理念致敬。歐巴馬說老羅斯福：

⋯⋯明白自由市場要能順利運作，前提是要有「交通規則」確保競爭能公平、公開、公正⋯⋯話說，一如在老羅斯福的年代，華府有一群人在近幾十年中的論調是⋯⋯我們只要繼續減少監理，繼續減稅，特別是替富人減稅，我們的經濟就會愈成長愈強。的確，他們說，經濟成長會帶來贏家跟輸家，但只要贏家贏得夠多，那麼就業機會與繁榮終究會如涓滴般流到每個人身上⋯⋯但這有一個問題是：事情從來沒有這樣發生過，連一次都沒有⋯⋯如此產生的經濟幾乎不會有任何投資流向生活在其中的一般人，不會有任何投資流向這些人的未來，（也）不會有任何投資流向⋯⋯一個我們的公民反正也愈來愈享受不到的繁榮裡。

二〇一四年，小布希的文膽麥可・葛森暨他也在雷根與老布希政府中服務過的前副手彼得・韋納（Peter Wehner），共同勾勒出了他們眼中「保守派的政府願景」：

保守派相信的不是結果的平等，這樣一種目標只會導致政府權力過度集中，只會導致經濟上的普遍平庸，我們相信的是機會的平等。政府不是完全沒有責任去創造一個機會平等的園地，因為那不會是一個自然的狀態。但現在的政府做得太過了，他們在嘗試保證結果平等的時候，實際上是創造出了有腐蝕性的恨意跟經濟上的亂局⋯⋯

然後若說保守派在這點上與自由派唱反調是對的，那許多保守派所沒有能看出的一點是機會平等本身作為我們舉國

自我認知中的一個核心原則，其實也已經愈來愈難達到……
失能的體制習以為常地在背叛著孩童與年輕人。在混亂與失
序中成長的孩子，例如說他們身邊的學校破破爛爛，街上充
滿暴力，吸毒氾濫猖獗，他們面對著極其不利於他們的逆
境……我們需要不遺餘力用有創意的政策去修復體制，讓體
制去修復社群，順便修復那個讓人能享有機會平等的公平場
域。[3]

確實，這種公平、機會平等與針對寡頭進行干預的信條，可
以一路從艾森豪被上溯到林肯。這種信條呼籲著政府要採取胡佛
想都不敢想的強大角色去確保公平，但又不能觸及小羅斯福的國
家復興總署，或詹森的「向貧窮宣戰」計畫那種包山包海的技術
官僚作風。這信條狠狠地捍衛了供所有個人享用的公平性，還試
圖讓兩種東西失去重要性，一種是帶給我們白人版「積極補償行
動」（奴隸制、種族隔離法、一九六四年之前的新政）的團體導
向思考，一種是想邊緣化白人團體思考失敗後用來補償非白人與
女性的正宗「積極補償行動」。在歷經數百年的不公不義後要打
造一個公平的社會，或許真的需要用積極的作為去應對不公義所
引發的問題，但話說到底不論是哪一個版本的補償行動，都不符
合這個國家的理想。

在二十一世紀初，公平必須被重新強調成我們政治論述中的
中心議題，必須被設定成某個新政治聯盟的核心價值。在公平的
基礎上，我們可以去提倡個人成就，去號召對共有的體制與資源
去增加投資，進而孕育出更多的公平性。公平將義無反顧地去設

法保護市場的競爭性與安全性，也保護消費者、勞工與環境的健康。同時，公平原則會讓稅制回到那個讓富人與富豪多負擔點的水準，畢竟他們理當為這個讓他們混得這麼好的文明多付出一點維護成本。

這本書的目標不是要直接提出政策建議，而是想勾勒出一種可行的政治哲學，讓對的政策從這種哲學裡自然而然地誕生，其中一個原因是政策本身很容易過時，而政治哲學比較不會。但話又說回來在大方向上，我這裡有幾項政策是站在二十一世紀第二個十年的制高點上眺望，我認為有機會從公平的新信條中延伸出去的。

在當前的政治氣候下想要透過政策來調整稅制，藉此讓富人多貢獻一點，你得冒上被抹黑成所得「重分配」的汙名，反之若你想進行另一個方向的調整，比方說透過所謂單一稅率的「單一稅」，社會上反而會讚許這叫「公平」。當然，所有的稅都是在進行所得「重分配」，但將部分資源從富人手中轉移去提供硬體與社會性基礎建設供眾人享受的稅制也絕對「公平」。極端自由放任主義者要政府什麼都不管，但這種做法並不能保證機會的平等，因為雖然不是任何人的錯，但人生在世的起點就絕不會平等，甚至落差還可能很大。放著不管，這樣立足點參差不齊的社會就會變成寡頭，因為繼承來的優勢往往有強者恆強、強者愈強的趨勢。新保守主義政治思想家福山在他共兩冊的巨著《政治秩序的起源》中，描寫了國家制度數千年來的沿革，也描述了這樣的難題：

　　菁英的地位普遍會愈來愈穩固，因為他們可以使用其財富、力量與社會地位在政府中卡位，然後再用國家的力量去保護自己跟他們的後代。這種過程會持續下去，直到非菁英成功實踐政治上的流動性來逆轉或以其他方式保護好自己。以財富的重分配為目標，這當中的訣竅就在於避免兩件事同時發生，一件是讓菁英創造財富的能力不受到處罰，一件事是讓菁英在政府中的代表性過大。[4]

　　自由派經濟學家保羅・克魯曼拿出的統計數據顯示出在一九八八年，來自前五分之一富裕家庭的八年級生裡即便是學業表現最差的那些孩子（那些某些人口中「有錢人家的笨小孩」），其大學畢業的機率也高過後五分之一家庭裡最優秀的小孩。「這告訴我們的是我們千萬別以為美國社會跟公平之間有八竿子打得著的關係，那很明顯是夢一場，」他寫道，「比較接近現實的真相是……在現代美國，階級（精準來說是繼承來的階級）往往能蓋過才能。」[5]

　　想維持機會平等，我們就必須重新疏導財富（特別是繼承來的財富），讓這些財富流回到體制中，再由體制去為生來不具優勢的人把賽場鋪平，具體而言這得包括：幼兒教育、健保保障、給窮困家庭的食物補貼、對公立學校、社區學院與大專院校的財源挹注，這些都不在話下；但也不能忽略了公園、圖書館、休閒設施、公路、交通運輸系統，因為這些建設也有助於提振公民與個人福祉。二〇一二年，這個原則啟發了世界第三有錢的股神巴菲特去呼籲國會制定富豪的稅率地板：綜合所得淨額（應稅所

得）落在一百萬到一千萬美元之間（包含股利與資本利得）的級距要課稅百分之三十，高於一千萬美元要課百分之三十五。巴菲特提出這樣的建言：「這樣一個簡單明瞭的規定，將可以阻止遊說團體、律師與盼望獻金若渴的代議士繼續讓大富豪負擔的稅率，遠低於收入只有他們零頭的一般人。」事實上此前巴菲特就說過他繳的稅率還沒有他的祕書高。在此同時，最高所得級距所繳的稅率（夫妻共同年所得的最高級距在二〇一三年的低標是四十五萬美元），呈現大幅滑落的態勢，一路從一九五二年的百分之九十二降到一九六五年的百分之七十，一九八六年的百分之五十，到二〇一三年只剩下百分之三十九點六。考量到一九五〇年代與六〇年代的美國經濟還是一片榮景，並沒有如想像中受到超高稅率的影響，我們現今的稅率中顯然有一些可以向上調整的空間。遺產稅目前給個人五百四十萬美元與夫婦一千零八十萬美元的免稅額，至於稅率則是百分之四十，但這樣的優惠仍舊受到自由放任派共和黨的抨擊。但其實最起碼，我們都應該保留一個能避免讓世襲貴族不方便建立，也不方便維持的稅制。[6]

在政府監理上，我們主要是採取一個守勢的目標：讓二十世紀的各項成就獲得保護，不要遭受那些想帶我們回到鍍金年代之人的破壞。在規定能夠達到其目標的前提下，我們永遠應該設法讓規定更有彈性，但目標本身必須保持神聖不可侵犯：我們必須守護好國家精神的傳承，必須保護好人類的健康與讓我們能生息繁衍的生態系統穩定，還必須抵擋不正當與具有獨占性的企業積習來維持好市場的競爭性。某些過時的規定已經在一九八〇到二〇〇八年間走入歷史（應該不會有多少人懷念電話市場被「貝爾

老媽」④壟斷的時代），但也有一些規定發揮著維持公平性的重要功能，像是《格拉斯－斯蒂格爾法案》，與遭到最高法院以有爭議性的「聯合公民控訴聯邦選舉委員會」（Citizens United v. FEC）一案判決所推翻的競選財務管制。部分恢復這類制度將會是穩健且能獲得民意支持的做法。

　　將資源投入學校與性質相近的機構，將是有助於維繫競爭公平性的投資，而此外還有一些投資值得我們去做，是因為一個林肯也曾經提出過的理由：這些投資能夠促進民眾的福祉，但無法由私部門輕易或有效地去推動。這些投資包括增加對基礎科研的投入，因為我們由創新所推動的經濟需要這些研究，也因為這些投資的報酬率很高。就以美國國家衛生研究院為例，他們所花的每一塊錢都照例可以在一年的時間內創造出二點二一塊錢的額外經濟產出。阿波羅計畫不光用二百四十億美元把人帶到了月球表面，它還催生出一千五百個以上商用的衍生計畫，藉此改善了美國人的生活品質，從無到有創造出太陽能面板、心律監測器、先進隔熱、石英鐘錶、無線鑽頭等一個個全新產業。同樣地，重要的國家基礎建設投資，包括橋梁、隧道、公路、機場、港口、快速與高速鐵路、汙水處理廠、現代電網，也可以支撐我們的經濟與社會結構。

---

④ 譯者注：Ma Bell，也就是Mother Bell的意思，指的是貝爾系統。貝爾系統是首創於貝爾電話公司而後由美國電報電話公司（AT&T）所延續領導的企業系統，誕生於一八七七年，並於一九八〇年代依反托拉斯法拆分。在其存續的百餘年間，貝爾系統始終是北美電信業龍頭，因此被俗稱為「貝爾老媽」，壟斷了美加絕大部分地區的電信服務。

　　不在少數的研究發現這樣的錢花下去不只能回本，還能以每一塊錢支出創造出兩塊錢經濟活動的比例倒賺。在此同時，我們應該要避免投資在那些會對國家蒙受傷害的計畫，像是購買貴到嚇死人且戰略上又不合用，五角大廈根本不想要的武器系統，或是提供補助給正在創下企業獲利世界紀錄的石油公司。如今，我們給石油業的補貼（主要是給業者的租稅優惠）已經來到每年近五十億美元，相當於美國國家癌症研究院全年的預算。前眾議員巴尼・法蘭克曾長年擔任眾議院預算委員會的主席，而他估計只要在三位一體（洲際導彈、戰略轟炸機、戰略潛艦）的末日核打擊發射平台中放棄其中一樣，加上減少海外基地數，就可以替美國在十年間省下大概一兆美元，而這將極為有助於我們補上幾任政府用供給面經濟政策替我們挖出的預算赤字窟窿，也可以讓我們有錢好好照顧在此前戰爭中為國效力而負傷的將士。[7]美國人是務實的民族，這樣一個民族會希望政府做事有一個範圍，但他們也會希望政府能在其執政的範圍內發揮良好的功能。公平的信條可以賦予政府一個明確的使命，而這個使命會符合美國各區域文化中絕對多數的基本價值。

※

　　小布希在二〇〇四年的成功連任引爆了民主黨內對後續該以何種路線重建區域統治聯盟的激烈辯論。自從民主黨領袖理事會在一九九〇年代崛起以來，民主黨就尋求要讓自己在南方更有競爭力，為此他們打算讓自己變得更像當時的共和黨：這其中包括願意接受企業與銀行業的自由化，也願意縮減窮人的社會福利，

支持全球性的貿易協定，強調個人該為自身負起的責任。雖然這些戰術在一九九○年代讓土生土長的大阿帕拉契子弟柯林頓驚險進入白宮並連任成功，但這樣的路線調整也讓民主黨付出了國會控制權崩潰的代價，並在二○○○年由柯林頓的接班人兼大阿帕拉契同鄉高爾出征的大選中，羞辱地痛失佛羅里達以外的每一個南方州，亦即民主黨領袖理事會的時代不但沒有替民主黨守住深南地方、大阿帕拉契與潮水地方等根據地，反而促成了共和黨在當地的統治快速獲得鞏固。民主黨倒向企業界的政策不但沒有把美國廣大的中間選民拉進他們的陣營，反而把白人工薪階級選民推離了他們的政治聯盟，危及到民主黨在中部地方關鍵搖擺州中的競爭力。面對共和黨與山寨共和黨的選項，多數選民自然寧可選擇真貨。民主黨領袖理事會的策略在選戰上是失敗的，這點無庸置疑，但更重要的是在擴大貧富差距、強力支持災難性的伊拉克戰爭、為二○○八年金融風暴埋下禍根的過程中，民主黨辜負了美國人，沒有能為美國人創造出更大的福祉。

在二○○四年的「新民主黨」候選人約翰・凱瑞（John Kerry）狠狠把「南方」、遠西地方、總統大位都輸給小布希之後，許多民主黨謀士開始呼籲黨內要回歸其民族自由主義的根，擁抱能幫助而非傷害勞工與中產選民的政策。這些提出批評的謀士注意到民主黨只要根據這些政策推出候選人，就能在美國的「紅色」地區有所斬獲，因為這些政策讓民主黨得以在社會保守派選民與二十一世紀初共和黨的放任主義政綱之間見縫插針。進步主義陣營的新聞工作者大衛・西羅塔（David Sirota）在其一篇受到廣泛討論的評述中寫道：「新民主黨人，在巨額的企業獻

金撐腰下，說什麼這個黨必須減少對企業的監理，必須擁抱自由貿易政策，即便那會抹煞美國整個中心地帶的地方經濟。但這些中間路線者卻在選舉時遭到痛宰，反而是他們走進步主義經濟民粹路線的同志，正一邊累積著勝績，一邊把民主黨領袖理事會的論點掃到垃圾堆。」[8]

這種「回歸民族自由主義」觀點的支持者很快就分裂成了兩個陣營。由馬里蘭大學巴爾的摩郡分校政治學者湯瑪斯‧沙勒（Thomas Schaller）代表的陣營主張，民主黨應該要徹底揮別其出身的「南方」，轉而將注意力集中到我稱之為遠西地方與西裔北方的區域，因為公平信條能夠相容於這個區域的價值底蘊，而且這也是一個屬於社會自由放任主義而非社會保守主義的區域，這裡的人要政府少管的不光是擁槍的權利，也包括其他多少牽涉到私領域的社會議題。沙勒寫道：「所以，如果民主黨候選人走近一名中西部或西部選民說：**嘿，我支持憲法第二修正案（擁槍權）。**對方可能會回答：**很好，那我想聽聽你對稅制、健保、教育有什麼高見。**如果民主黨候選人把同一套台詞用在南方選民身上，得到的回應可能是：**很好，但你怎麼看墮胎、在學校裡教導演化論，還有民事結合？**」[9]⑤

事實上，沙勒的建言不止於此，他建議「經濟民粹主義者」不僅要忽視「南方」，還要積極地與之對幹。但在其二〇〇六年的著作《吹哨壯膽穿過狄克西》（*Whistling Past Dixie*）中，我們

---

⑤ 譯者注：民事結合（civil union）是指由民事法確立並保護的準婚姻關係，也就是「事實婚」，此部分特別牽涉到同性婚姻問題。

才看出他真正說的是要在選舉中與深南地方對幹。在發展其論述的過程中，沙勒花了好幾頁的篇幅描述南卡羅來納過去是如何「反對或抗拒美國歷史上幾乎每一樣能裨益大眾的社會與政治改革」，因而積累出一張「憲政－歷史上的……的斑斑劣跡：南方比誰都先在獨立革命期間推翻省政府；比誰都晚放棄大西洋的奴隸貿易；比誰都早呼籲廢止憲法中的聯邦權威；比誰都先退出聯邦；比誰都晚廢除僅限白人的（黨內）初選制度；比誰都先把公立學校的種族融合告上法院，也比誰都先對《選舉權法》提出挑戰。每次美國發現自己來到某個社會或政治發展的十字路，不知道該何去何從的時候，似乎最好的辦法就是停下來問一聲：**南卡羅來納想怎麼做？然後反著做就對了。**」[10]

　　另一派觀察家則提醒我們不要輕言放棄南方，因為放棄南方就是糟蹋了一次歷史的機遇。鮑勃・莫瑟（Bob Moser）身為《國家》（The Nation）雜誌首席政治線記者，他主張一個「類公平信條」的平台可以「將南方的經濟民粹傳統轉化成一個前瞻但又基於階級的政局，讓廣大的黑人與白人族群都受到吸引。」在二〇〇八年出版的《藍色狄克西》（Blue Dixie）書中，他堅稱「一個多種族、後宗教的新一代右派南方人已經開始崛起，而他們對過往政治的耐心少的可憐。」而與這個世代一道的還有「已經歷過一次次落空的經濟起飛而不再相信老掉牙口號，那千百萬中部地方屬於工薪階級的嬰兒潮世代，乃至於千百萬被解僱在先、遺忘在後的工業勞動力。」這三合一的新勢力，莫瑟主張，可以供能夠「重申經濟公平性是政治上中心道德議題」的候選人好好把握。[11]

　　不過我們會赫然發現，莫瑟這種做法會有效的證據幾乎都來自於大阿帕拉契這個唯一真正擁有「經濟民粹傳統」的狄克西區域。莫瑟點名了民主黨公平信條在二十一世紀前十年的成功故事：吉姆・韋伯（Jim Webb）這位蘇格蘭－愛爾蘭文化的擁護者在二〇〇六年贏得驚險的逆轉勝，代表維吉尼亞前進了聯邦參議院，靠的是勇闖該州的阿帕拉契票倉；約翰・亞爾穆斯（John Yarmuth）在北肯塔基的一個自由派選區讓已經連任五屆的現任女眾議員中槍落馬；賴瑞・齊賽爾（Larry Kissell）在二〇〇八年摔倒了共和黨新人，在北卡一個以阿帕拉契區域為主的選區當選眾議員；基督教保守派希斯・舒勒（Heath Shuler）主打經濟與環保面向的「山岳價值」，成功在北卡的高地阿帕拉契席位戰中勝出。莫瑟跟著韋伯走遍維吉尼亞，聽著韋伯闡述他的經濟民粹主義訊息。「勞動階級民眾作為民主黨的天然基本盤，曾在一九八〇年代左看右看，但他們發現不論是共和黨還是民主黨，都不會在經濟議題上拉他們一把，」當時還是候選人的韋伯告訴他，「我們哪怕能靠經濟民粹主義與公平信條讓這些人有一部分回到民主黨的懷抱，而不要再像過去那樣老是用燒國旗、上帝、膽識、槍枝⑥、同性戀等議題去動員他們。要是他們能感受我們主動表達出的尊重，還有我們從根本上對公平性的堅持，那我想他們很多人都會願意回到民主黨這個老家。」韋伯發現他只要照著自己的話去做，就可以在阿帕拉契區有所斬獲，只不過他核心

---

⑥ 譯者注：「上帝、槍枝與膽識」（God, Guns and Guts）是擁槍者琅琅上口的三樣東西，意思是這三樣東西可以「讓美國人自由」。

的支持仍來自華府郊區跟快速變遷之潮水地方的其他部分。若看向深南地方，則經濟民粹主義者還是一勝難求。[12]

　　兩相比較，現實是沙勒所說並沒有錯，但被他說對的不是「南方」，而是「深南地方」：深南地方就是個任何想要爭取超級多數的政黨都應該與之站在對立面的區域。深南地方的階級制度與自由放任傳統，都從根本上與美國價值背道而馳，因為那種傳統追求的是統治上的極權、經濟上的寡頭，還有人權上的倒退。在此同時，被莫瑟說對的也不是「南方」，而是大阿帕拉契地方：大阿帕拉契有一種強大的民粹與反寡頭文化因子，而這一點也讓他們有辦法對公平的信條產生共鳴，尤其是當這信條出自社會保守主義者之口的時候。

　　今日，阿帕拉契與深南地方被共同的新教傳統綁在一起，這種傳統重視個人在來世的救贖，而不鼓勵人追求現世的享受。然而在經濟與政治力量的範疇中，大阿帕拉契也有一種看重個人自由而厭惡外來者掌控的文化，而這也說明了何以這裡的特產是南方民粹主義者（諸如詹森、羅斯・裴洛、山姆・雷朋⑦、麥可・哈克比⑧、吉姆・韋伯）與重商的自由派（柯戴爾・赫爾⑨、柯林頓、高爾）。我們不是沒有機會切入由大阿帕拉契主導的各州（肯塔基、西維吉尼亞、印第安納或田納西），讓他們從深南地

⑦　譯者注：山姆・雷朋（Sam Rayburn, 1882-1961），美國史上在任最久的眾議院議長。

⑧　譯者注：麥可・哈克比（Mike Huckabee, 1955-），前阿肯色州州長。

⑨　譯者注：柯戴爾・赫爾（Cordell Hull, 1871-1955），曾任美國國務卿，一九四五年諾貝爾和平獎得主。

方的堅定「紅州」夥伴，慢慢變成「紅傾」但尚有可為的地帶。
在大阿帕拉契的邊陲如賓州中南部、俄亥俄州南部、密蘇里只要
有點進展，就有機會讓整個州在總統、州長、參議院選舉中翻
盤。眼看著潮水地方正在快速改變、維吉尼亞已經在變成「藍
州」，公平信條絕對可以對北卡也產生類似的效果，屆時共和黨
那「堅若磐石的南方」就會進一步遭到侵蝕。

　　在遠西地方，公平信條的紅利有很大的潛力，一個不小心就
能把許多山區州拉出放任主義的陣營。二〇〇八年與二〇一二
年，成年後幾乎都在洋基之國度過的歐巴馬以外來者之姿，兩度
在科羅拉多跟內華達擊敗主打狄克西集團團結的共和黨對手，甚
至在二〇〇八年差一點也拿下蒙大拿。在二十一世紀的前十五年
當中，民主黨當選過州長的地方包括懷俄明、蒙大拿與亞利桑
那，當選過參議員的地方有蒙大拿、內華達、科羅拉多、南北達
科他、內布拉斯加。民主黨掌控了內華達與科羅拉多的州議會，
並已常態性在蒙大拿州議會裡控有參眾其中一院。在遠西地方的
斬獲也有助於強化民主黨對奧勒岡、華盛頓與加州的控制力，因
為民主黨目前在這三州都是靠州內的左岸部分撐起大局。

　　不論從任何觀點來看，目前由深南地方率領的「紅色」集團
都極其脆弱。潮水地方已經從聯盟中出走，阿帕拉契隨時可能翻
臉、遠西地方並不排斥追求。公平信條的倡議者只要在這些區域
承諾他們會讓亂來的銀行家、房貸機構、礦業利益團體、健保業
者、種子供應商、獨占市場的食物加工業者統統低頭，那他們就
會非常有賣點。在像阿帕拉契與遠西地方這些平等式自由放任主
義（亦稱左派自由放任主義）的地區，政府監理可以被行銷為一

種正義，堵住稅制漏洞可以被行銷為一種公平。把新政府計畫掛在嘴上，恐怕無法在這兩區贏得太多民心，但換個說法，主張用監理去提振政府與市場的效率與公平性，絕對能讓人耳目一新。

在此同時，這樣的策略也能在全美選舉地圖上整合民主黨對兩大「搖擺區域」的掌控力。在西裔北部，拉丁裔人口在被壓抑了一世紀多之後，已經重掌他們在政治上的力量。狄克西的政綱在那兒一直沒有市場，茶黨運動在當地不過是一輛白人搶搭的恐懼列車，只因為那些白人覺得西裔美國人、墨西哥跟拉美移民正在搶走「他們的」國家。（二〇一一年由山姆休士頓州立大學的政治學者所進行的一項民調數據研究顯示，「美國人對移民的態度是茶黨運動在西部支持度一個很重要的指標」，一如「經濟議題牽涉到美國社會與少數族裔的關係」。）只要「藍色集團」的政治領袖繼續擁護文化的包容性（這是狄克西集團不樂見的事情），他們就可以從西裔北部這個快速崛起的區域斬獲政治與選舉上的支持。西裔人口可望於二〇一〇至二〇五〇年之間成長兩倍（占全美人口增長的大宗），而這些增加的西裔人口又很自然地將大都以西裔北部為家。人口此消彼長之間，極端放任自由主義在州議會與聯邦眾議院代表團內的影響力將在德州、加州、亞利桑那州與新墨西哥州消退。[13]

公平信條還能召集長久在中部地方遭到忽略的白人勞工與中下階級歸隊到「藍色」陣營，並不無機會讓這個搖擺區轉成藍色聯盟忠實的成員。中部地方的居民抱持社群主義而非自由放任主義的國家願景，他們極度重視公平，且對社會的想像相對包容；從這些處世的角度出發，再結合不明顯與鐵鏽帶經濟作對的經濟

施政計畫，你就有了在中部地方的堅實的立足點。中部地方的民眾也普遍希望他們的社區可以不要受到打擾，他們只想好好過他們的小日子，只是遇到危機時你可以放心，他們絕對會在威權、歧視與分裂的面前站出來捍衛聯邦。中部地方普遍無感於茶黨運動，眾議院茶黨黨團在二〇一一年達到高峰的六十人當中只有兩人出身於此。但無感歸無感，要是共和黨膽敢將深南地方的意見，諸如砍除社會安全保險、聯邦醫療保險與聯邦公共教育支出，中部地方的鄉親一定會跳出來相挺他們北方的鄰居。

簡單講，一場政治運動只要高舉公平信條的大旗，就能讓可靠的多數支持出現在我們全國九大區域文化中的七個——洋基之國、新尼德蘭、中部地方、潮水地方、西裔北部、遠西地方、左岸地方，合起來它們構成了美國將近三分之二的人口，而且一旦換算成總統選舉人團跟參議院的代表權，比例肯定會更大。基於公平信條的政治運動也能促成些微（或說不定並不些微）的選戰成長出現在大阿帕拉契，特別是能藉此將自由放任主義陣營勢力限縮在深南地方。換句話說，這場運動將化身為超級多數的統治基底，其強度將足以面對來自全美最威權的區域那無疑非常亢奮的反對勢力，帶著美國往前邁進。

# 謝詞與延伸閱讀

　　《國家的品格》一書的內容有著四百年的年代縱深，還橫跨了各式各樣的哲學領域，而這便使得此書要感謝眾多歷史學者與傳記作者、政治筆者與哲學家、科學家與參議員、總統與牧師、記者與日記作家、生者與逝者，他們有的記錄下了他們的人生體驗與理想，有的嘗試要理解人類的經驗。

　　自有文字以來，知識分子就不斷在書寫著人類的存在本質，光是文藝復興後，人類本質對於政治影響的爭辯就可以放滿一只又一只的書架。如果嫌文藝復興時代太久遠，三本比較晚近的著作以一種與我們的時代比較相關的方式，延續了這個主題的探討。關於十八世紀晚期存在於平等式個人主義的革命倡議者與較傳統社群導向社會秩序捍衛者之間的衝突，李文（Yuval Levin）著有《大辯論：左派與右派的起源》（*The Great Debate*），並把該書的重點放在這兩群人在革命年代法國之前中後的爭鬥。關於實際上對人類生物與社會演進的科學探索對此一辯論產生的影響，愛德華‧威爾森（E. O. Wilson）所著的《群的征服》（*The Social Conquest of Earth*）是必讀的作品，也是對啟蒙時代哲學家的臆測一本非常有價值的矯正之作。關於人類歷史上的政府體

系與國家是如何實際演化出來、如何成功，又如何失敗一次全面性的檢視（這是個對如何推進與維繫群體人類自由的辯論有著嚴肅影響的故事），我推薦歷史學者福山的《政治秩序的起源（上卷）：從史前到法國大革命》與其續作《政治秩序的起源（下卷）：從工業革命到民主全球化的政治秩序與政治衰敗》。

為了理解開國先賢是如何理解直觀的自由、法定的自由與共和主義，高登‧伍德（Gordon Wood）的《美國革命的激進主義》（*The Radicalism of the American Revolution*）仍是必讀經典，而其續作《自由的帝國》（*Empire of Liberty*）將故事延伸到傑克遜時代的曙光乍現。關於從自由定義之辯的角度出發一次對深度區域差異性的完整探討，乃至於有助於你理解北美大陸上區域主義分布的架構呈現，請見拙作《北美十一國》，且該書也是為本書建構許多內容要素的基礎。想針對偏向個人主義或社群主義的政治陣營在美利堅共和國的頭一百年間的衝突進行延伸閱讀，我推薦林恩‧帕森斯（Lynn Parsons）的《現代政治的誕生》（*The Birth of Modern Politics*）；哈利‧華森（Harry L. Watson）的《自由與權力》（*Liberty and Power*），這是本絕佳了解狂暴的一八三〇年代與一八四〇年代的入門書；艾瑞克‧馮納（Eric Foner）的《美國自由故事》（*The Story of American Freedom*），該書對內戰前與戰後重建時期的事件有深刻著墨；以及布魯斯‧勒凡（Bruce Levine）的《狄克西之家的崩落》（*The Fall of the House of Dixie*），這本書觸及了邦聯的寡頭自由放任主義信條如何凌駕在美國最基本的集體目標之上：驅逐外來的軍事入侵。

關於鍍金年代，亨利‧布蘭德斯（H. W. Brands）的《美

國巨獸：資本主義的勝利》（*American Colossus: The Triumph of Capitalism*）記錄了「強盜貴族」的崛起過程；法蘭克・帕森斯（Frank Parsons）的《鐵道、托拉斯與人民》（*The Railways, the Trusts, and the People*）專注討論這些不肖商人起家後對美國政經造成的腐蝕效應；至於理察・霍夫施塔特（Richard Hofstadter）的《美國思想中的社會達爾文主義》（*Social Darwinism in American Thought*）則探討了這些商人在哲學上找到的辯解。妮爾・佩因特（Neil Irvin Painter）的《站在世界末日之前：一八七七到一九一九年的美國》（*Standing at Armageddon: The United States, 1877-1919*）把重點放在共和黨進步主義者的反撲上，這個主題很適合與老羅福斯的同名自傳搭配閱讀。

關於民族自由主義美國的興起與衰落，相關的文獻堪稱汗牛充棟。其中一個很好的起點是大衛・甘迺迪（David M. Kennedy）的《免於恐懼的自由：經濟大蕭條與戰爭年代的美國民眾》（*Freedom from Fear: The American People in Depression and War, 1929-1945*）。小羅斯福與深南地方做成的魔鬼交易被記錄在了羅傑・拜爾斯（Roger Biles）的《南方與新政》（*The South and the New Deal*）中，而埃拉・卡岑內爾森（Ira Katznelson）的《恐懼的本體》（*Fear Itself*）則探討了戰時與冷戰動員對聯邦政府的執政方向與目標所產生的效應。民族自由行動主義在一九六〇年代的再起與沉寂，是政治史學者卡爾文・麥肯齊（G. Calvin Mackenzie）與羅伯特・威斯布洛特（Robert Weisbrot）利用《自由的時分：一九六〇年代的華府與變革的政治》（*The Liberal Hour: Washington and the Politics of Change in the 1960s*）一書所處理的主題，也是艾倫・馬圖索（Allen J. Matusow）利用《美國的瓦解：一九六〇年代的自由主義史》（*The Unraveling of America: A History of Liberalism in the 1960s*）想要闡述的東西。

不只一位學者挑戰過的主題是放任個人主義在二十世紀末的死灰復燃。只不過「於二十世紀末再起的放任個人主義」是我的說法，它一般是被稱為「運動保守主義」（movement conservatism），為的是使之與二十世紀初的進步保守主義有所區隔，也與一九四〇年代尾聲跟七〇年代尾聲那股主導共和黨的民族自由主義力量有所區隔。傑佛瑞・卡巴塞維斯（Geoffrey Kabaservice）的《治與亂：溫和派的衰敗與共和黨的毀滅，從艾森豪到茶黨》（*Rule and Ruin: The Downfall of Moderation and the Destruction of the Republican Party, from Eisenhower to the Tea Party*）一書的討論重點是共和黨溫和派在一九六〇到八〇年間的崩落，而瑞克・波爾斯坦（Rick Perlstein）的《看不見的橋：尼克森的殞落與雷根的崛起》（*The Invisible Bridge: The Fall of Nixon and the Rise of Reagan*）巨細靡遺地檢視了從一九七二到七六年間的這段關鍵時期。菲利普－費恩（Kim Phillips-Fein）的《看不見的那雙手：從新政到雷根，保守派運動的建立》（*Invisible Hands: The Making of the Conservative Movement from the New Deal to Reagan*）為在一九四〇與五〇年代遭到邊緣化的放任保守主義者是如何孕育出保守派運動還找到資金，提供了不可或缺的知識背景。至於山姆・坦寧豪斯（Sam Tanenhaus）的《保守主義之死：一場運動與其後果》（*The Death Conservatism:*

*A Movement and Its Consequences*）讓人得以在平易的文字中閱
讀到保守派運動後續影響的全貌。想知道前民族自由派保守主
義者對這場運動的嚴厲批判，可以去讀麥可‧林德（Michael
Lind）出版於柯林頓任內的《超越保守主義：為何右派不是美
國的正解》（*Up from Conservatism: Why the Right Is Wrong for
America*），或是凱文‧菲利普（Kevin Phillips）的《美國神權
政治：二十一世紀激進宗教、石油和借貸資金中的凶險與政治》
（*American Theocracy: The Peril and Politics of Radical Religion,
Oil, and Borrowed Money in the 21st Century*）。要是想看進步主義
經濟學者又是怎麼個批判法，保羅‧克魯曼的《下一個榮景：政
治如何搭救經濟》（*The Conscience of a Liberal*）在等你翻開。

今時今日，關於極端自由放任主義之崛起的大部分最好的資
料，都是以文章的形式存在（各位可以在尾注處找到這些文章的
出處），但仍有兩本著作是很好的資料與分析來源，它們分別是
瑟達‧斯科克波（Theda Skocpol）與凡妮莎‧威廉森（Vanessa
Williamson）合著的《茶黨與共和黨保守主義的重建》（*The Tea
Party and the Remaking of Republican Conservatism*），以及由勞
倫斯‧羅森塔爾（Lawrence Rosenthal）跟克莉絲汀‧特洛斯特
（Christine Trost）合編的《峭壁：茶黨的驟然興起》（*Steep: The
Precipitous Rise of the Tea Party*）。

在撰寫《國家的品格》的過程中，我有幸能和好幾位與我
研究領域相關的先進交流或向他們請益。他們按大略的字母順
序是：之前在柏林服務的山姆‧洛文伯格（Sam Loewenberg）；
《華盛頓月刊》的編輯保羅‧葛拉斯特里斯（Paul Glastris）；前

緬因州眾議員湯姆・艾倫（Tom Allen，請益關於政治實務上的落差）；來自緬因州但不幸已故的安德魯・道奇（Andrew Ian Dodge，請益關於格萊斯頓派自由主義者與茶黨運動）；退役將領卡爾・雷德爾（Carl Reddel，請益關於艾森豪）；豪恩斯坦總統研究中心（Hauenstein Center for Presidential Studies）的葛里夫斯・惠特尼（Gleaves Whitney，請益關於在不同政治傳統間找到共同的立足點）；以及史密森尼學會榮譽教授威爾頓・狄倫（Wilton Dillon，感謝他的友誼與支持）。在我為本書做研究並閱讀初稿的期間，麻州瑞丁（Reading）的強・溫瑟（Jon Winsor）不吝於為我指出了各式各樣的文件資料來源，我想在此衷心說一句：強，謝謝你的建議與對這個主題不懈的熱情。我很感激克里夫・薛特曼（Cliff Schechtman）與史提夫・葛林里（Steve Greenlee）這兩位在《波特蘭新聞先驅報》與《緬因週日電訊報》的總編，感謝他們容許我為了完成本書而不得已請假。我還要感謝《史密森尼》雜誌的泰瑞・蒙曼尼（Terry Monmaney）與「政客」（Politico）媒體集團的蓋瑞特・葛拉夫（Garrett Graff），謝謝你們的鼓勵與對這本書懷抱的興趣。我要感謝美國民族分布圖的設計者尚恩・威爾金森（Sean Wilkinson），要感謝本書封面的設計者，維京出版社的布麗安娜・哈登（Brianna Harden）、內頁設計的設計師艾美・希爾（Amy Hill），文字編輯羅蘭・歐特威爾（Roland Ottewell）、責任編輯芭芭拉・坎波（Barbara Campo）與助理編輯迪亞哥・努涅茲（Diego Nunez），以及鮑登學院霍桑－朗費羅圖書館（Bowdoin College's Hawthorne-Longfellow Library）的同仁們，須知我大部分的研究

都是在那裡完成的。

　　我照例要感謝我的版權經紀人，吉兒‧葛林伯格文學經紀公司的吉兒‧葛林伯格（Jill Grinberg），須知她還自告奮勇去與國家廣播公司爭取我前作《海盜共和國》的電視合約。我要特別感謝與我長期配合的維京出版社編輯瑞克‧寇特（Rick Kot），謝謝他一路上的支持與在編務上的指點。不過我最最要感謝的還是內人莎拉‧史基林‧伍達德（Sarah Skillin Woodard），是她幫著我孕育出了《國家的品格》一書，包括挺著大肚子幫我編輯，替我在家裡張羅各種後勤：我愛妳，親愛的，這本書原本應該獻給妳，只不過這次正好輪到我們的大兒子亨利。

　　還有，感謝各位親愛的讀者，沒有你們這一切都不可能。

　　　　　　　　　　　二○一五年八月於緬因州自由港

# 注釋

## 第一章

1. Nick Bunker, *Making Haste from Babylon: The Mayflower Pilgrims and Their World* (New York: Knopf, 2010), 249–50, 268, 290–91.

2. Ibid., 285; William Bradford, *Of Plymouth Plantation* (Boston: Wright & Potter, 1898), 108–10; *Mourt's Relation* [1622] (Boston: Applewood Press, 1963), 15–18; John Locke, *Two Treatises of Government* (London: John Churchill, 1714), 2:185.

3. Bradford, *Of Plymouth Plantation,* 111; *Mourt's Relation,* 41–46, 81–82.

4. Transcript, *The Rush Limbaugh Show,* November 24, 2010, http://www .r ushlimbaugh.com/daily/2010/11/24/the_true_story_of_thanksgiving3.

5. "Bradford Smith, Author, Teacher," *New York Times,* July 15, 1964; Bradford Smith, *Bradford of Plymouth* (Boston: Lippincott, 1951), 20–21; Bradford Smith, "The Pilgrims Tried Communism," *Rotarian,* November 1952, 48–50; Henry Hazlitt, "Instead of Famine—Thanksgiving!," *Freeman,* November 1968, 650– 51; Jesse Helms, *Here's Where I Stand: A Memoir* (New York: Random House, 2005), 274–75.

6. Bunker, *Making Haste from Babylon,* 400–401.

7. Philip Vermeulen, *How Fat Is the Top Tail of the Wealth Distribution?,* Working Paper Series No. 1692 (Brussels: European Central Bank, July 2014), 29.

8.  Thomas Hobbes, *Leviathan* [1651] (Cambridge: Cambridge University Press, 1904), 84.

9.  E. O. Wilson, *The Social Conquest of Earth* (New York: Liveright, 2012), 241.

10. Ibid., 243.

11. Ibid., 31, 42–47, 226–27; Colin Woodard, "Clever Canines. Did Domestication Make Dogs Smarter?," *Chronicle of Higher Education,* April 15, 2005, A12; Colin Woodard, "The Intelligence of Beasts," *Chronicle of Higher Education,* June 26, 2011.

12. Cary J. Nederman, "Freedom, Community and Function: Communitarian Lessons of Medieval Political Theory," *American Political Science Review* 86, no. 4 (December 1992): 978–79; Robert Nisbet, *The Quest for Community: A Study in the Ethics of Order and Freedom* (San Francisco: Institute for Contemporary Studies Press, 1990), 74–79; Lee Boldeman, *The Cult of the Market: Economic Fundamentalism and Its Discontents* (Canberra: Australian National University, 2007), 106.

13. Hans Morgenthau, "The Dilemmas of Freedom," *American Political Science Review* 51, no. 3 (September 1957): 721–22.

14. Francis Fukuyama, *The Origins of the Political Order: From Prehuman Times to the French Revolution* (New York: Farrar, Straus & Giroux, 2011), 373–74.

15. Paul Heath Hoeffel, "The Eclipse of the Oligarchs," *New York Times Magazine,* September 6, 1981; Rory Carroll, "Victory Declared in Controversial Poll That Was Already a Win-Win for Honduras' Wealthy Elite," *Guardian,* November 30, 2009; Robert Levato, "Our Man in Honduras," *American Prospect,* July 22, 2009.

16. Alexander Hamilton, "No. 17," in *The Federalist Papers,* ed. Clinton Rossiter (New York: Mentor, 1961), 120–22.

17. James Madison, "No. 51," in ibid., 323–24.

18. Charles Francis Adams, ed., *The Works of John Adams* (Boston: Little Brown, 1851), 4:354–55, 585; Luke G. Mayville, "Fear of the Few: John Adams and the Power Elite," paper delivered at the annual meeting of the American Political Science Association, August 29, 2013, 23–28.

19. Madison, "No. 62" and "No. 45," in Rossiter, ed., *Federalist Papers,* 289, 380.

20. Eric Foner, *The Story of American Freedom* (New York: Norton, 1998), 6–10.

21. Fareed Zakaria, "The Rise of Illiberal Democracy," *Foreign Affairs,* November/December 1997.

22. Michael Gerson and Peter Wehner, "A Conservative Vision of Government," *National Affairs,* Winter 2014, 88.

23. Alexis de Tocqueville, *Democracy in America* [1835] (New York: Vintage, 1945), 1:328–29, 334.

24. John Stuart Mill, *Consideration of Representative Government* (London: Parker, Son & Bourn, 1861), 6.

25. James Gwartney et al., *Economic Freedom of the World: 2014 Annual Report* (Vancouver: Fraser Institute, 2014), 8–14, 31, 125, 130, 160; United Nations Development Program, *Human Development Report 2014: Sustaining Human Progress* (New York: UNDP, 2014), 160.

## 第二章

1. Serge Schmemann, "East Berlin Tells Budapest to Halt Aid to Emigration," *New York Times,* September 13, 1989, A1, A8; Jill Smolowe et al., "Refugees: The Great Escape," *Time,* September 25, 1989; Terence Roth, "East Germans Fleeing to the West Double Last Year's Numbers," *Wall Street Journal,* August 14, 1989; Serge Schmemann, "Hungary Allows 7000 East Germans to Emigrate West," *New York Times,* September 11, 1989, A1, A12.

2. *RFE Weekly Record of Events in Eastern Europe,* September 7–13, 1989; September 21–28, 1989; Roth, "East Germans Fleeing"; John Tragliable, "Departing East Germans Say Country Is on the Brink of Collapse," *International Herald Tribune,* November 6, 1989.

3. Colin Woodard, *Ocean's End: Travels Through Endangered Seas* (New York: Basic Books, 2000), 17–23; Colin Woodard, "Fighting for the Scraps: Western Nuclear Companies Are on the Prowl in Eastern Europe," *Bulletin of the Atomic Scientists,* May/June 1996, 56–59; Author visit, Cernavoda Nuclear Power Plant, Cernavoda, Romania, September 1991.

4. Peter Sinai-Davis, *The Romanian Revolution of December 1989* (Ithaca, NY: Cornell University Press, 2005), 12.

5. Ibid.

6. Robert Cullen, "Down with the Tyrant," *New Yorker,* April 22, 1990, 97–98; Dinu Giurescu, *The Razing of Romania's Past* (Washington, DC: U.S. Council on Monuments and Sites, 1989), 67; Ion Mihai Pacepa, *Red Horizons* (Washington, DC: Regnery Gateway, 1987), 46–48, 211.

7. Václav Havel, "The Power of the Powerless" [October 1978], in *The Power of the Powerless: Citizens Against the State in Central-Eastern Europe* (New York: Routledge, 1985), 23–96.

8. John Kósa, *Two Generations of Soviet Man: A Study in the Psychology of Communism* (Chapel Hill: University of North Carolina Press, 1962), 20.

9. Klaus Mehnert, *Soviet Man and His World* (New York: Frederick A. Praeger, 1962), 61–62; Ann Livschiz, "Growing Up Soviet: Childhood in the Soviet Union, 1918–1958" (doctoral dissertation, Stanford University, September 2007), 58–60, 64.

10. Livschiz, "Growing Up Soviet," 206–8, 234, 255–56; Mehnert, *Soviet Man and His World,* 47.

11. Anne Applebaum, *Iron Curtain: The Crushing of Eastern Europe, 1944–*

*1956* (New York: Doubleday, 2012), 153; Kósa, *Two Generations of Soviet Man,* 196.

12. Karl Schlögel, *Moscow, 1937* (Cambridge, UK: Polity, 2012), 120–24.

13. Milovan Djilas, *The New Class: An Analysis of the Communist System* (New York: Frederick A. Praeger, 1957), 44–47, 57–58, 69, 88–89.

14. Anne Conover Heller, *Ayn Rand and the World She Made* (New York: Nan E. Talese/Doubleday, 2009), 4–6, 9, 14–17, 26, 31–37, 51.

15. Maria Bustillos, "When Alan Met Ayn," *The Awl,* April 12, 2011; *The Mike Wallace Interview,* ABC-TV, February 25, 1959.

16. Gary Weiss, *Ayn Rand Nation: The Hidden Struggle for America's Soul* (New York: St. Martin's, 2012), 19–20; Whittaker Chambers, "Big Sister Is Watching You," *National Review,* December 28, 1957; Kevin Baker, "Ayn Rand's Rapture of the Rails: The Train Deaths of *Atlas Shrugged,*" *Harper's* (online), June 16, 2014.

17. Daniel Schulman, *Sons of Wichita: How the Koch Brothers Became America's Most Powerful and Private Dynasty* (New York: Grand Central Publishing, 2014), 37–44.

18. Ibid., 42–55, 260–75.

19. Richard S. Dunn, *Sugar and Slaves: The Rise of the Planter Class in the English West Indies, 1624–1713* (Chapel Hill: University of North Carolina Press, 1972), 18–19, 46–48, 65, 72, 82; Hilary McD. Beckles, " 'A Riotous and Unruly Lot': Irish Indentured Servants and Freedmen in the English West Indies, 1644–1713," *William and Mary Quarterly,* 3rd ser., 47, no. 4 (October 1990): 503–13; Edward B. Rugemer, "The Development of Mastery and Race in the Slave Codes of the Greater Caribbean During the Seventeenth Century," *William and Mary Quarterly* 70, no. 3 ( July 2013): 435.

20. Alan Taylor, *American Colonies: The Settling of North America* (New York: Viking, 2001), 212–14.

21. Dunn, *Sugar and Slaves,* 89; Jack P. Greene, "Colonial South Carolina and the Caribbean Connection," *South Carolina Historical Magazine* 88, no. 4 (October 1987): 194.

22. Richard S. Dunn, "English Sugar Islands and the Founding of South Carolina," *South Carolina Historical Magazine* 101, no. 2 (April 1971): 153; Justin Roberts and Ian Beamish, "The Barbadian Diaspora and the Carolina Colony, 1650– 1685," in *Creating and Contesting Carolina,* ed. Michelle LeMaster and Bradford J. Wood (Columbia: University of South Carolina Press, 2013): 49–72.

23. Robin L. Einhorn, *American Taxation, American Slavery* (Chicago: University of Chicago Press, 2008), 100–102, 106.

24. Clement Eaton, *Freedom of Thought in the Old South* (Durham, NC: Duke University Press, 1940), 67, 71–79; Forest Andrew Nabors, "The Problem of Reconstruction: The Political Regime of the Antebellum Slave South" (doctoral dissertation, University of Oregon, June 2011), 256–58.

25. Nabors, "The Problem of Reconstruction," 429–31; James M. Denham and Randolph Roth, "Why Was Antebellum Florida Murderous? A Quantitative Analysis of Homicide in Florida, 1821–1861," *Florida Historical Quarterly* 86, no. 2 (Fall 2007): 226, 234–37; Edward Ayers, *Vengeance and Justice: Crime and Punishment in the 19th-Century American South* (New York: Oxford University Press, 1984), 49–50, 57–60, 122, 134.

26. Eaton, *Freedom of Thought in the Old South,* 128–29.

27. Bruce Levine, *Fall of the House of Dixie: How the Civil War Remade the American South* (New York: Random House, 2013), 82–87, 200–206; Thomas E. Scott, *Alexander H. Stephens of Georgia: A Biography* (Baton Rouge: Louisiana State University Press, 1988), 354.

28. John C. Calhoun quoted in Manisha Sinha, *The Counterrevolution of Slavery: Politics and Ideology in Antebellum South Carolina* (Chapel Hill:

University of North Carolina Press, 2000), 87.

29. Ritchie Devon Watson, *Normans and Saxons: Southern Race Mythology and the Intellectual History of the American Civil War* (Baton Rouge: Louisiana State University Press, 2008), 37–40; William Gilmore Simms, "The Morals of Slavery," in *The Pro-Slavery Argument* (Philadelphia: Lippincott, Grambo, & Co., 1853), 273.

30. Eric Freedman and Stephen A. Jones, *African Americans in Congress: A Documentary History* (Washington, DC: CQ Press, 2008), 36–39, 66–67. The cited texts are: Frederick Douglass, "Speech to the Rochester Ladies Anti-Slavery Society," Rochester, NY, July 5, 1852; "Reply to the President by the Colored People of Newton, L.I.," *Liberator,* September 12, 1862, 248.

31. Sinha, *Counterrevolution of Slavery,* 13.

32. John Henry Hammond, *Two Letters on Slavery in the United States* (Columbia, SC: Allen, McCarter & Co, 1845), 10–20, 26.

## 第三章

1. Colin Woodard, *American Nations: A History of the Eleven Rival Regional Cultures of North America* (New York: Viking, 2011).

2. Ibid., 57–64.

3. John Winthrop (1630) quoted in *Daily Life Through American History Through Primary Documents,* ed. Randall M. Miller et al. (Santa Barbara, CA: ABCCLIO, 2012), 259.

4. Simon Middleton, "Order and Authority in New Netherland," *William and Mary Quarterly*, 3rd ser., 67, no. 1 ( January 2010): 58–59.

5. Russell Shorto, *Island at the Center of the World: The Epic Story of Dutch Manhattan and the Forgotten Colony That Shaped America* (New York: Vintage, 2005), 215–18, 258, 266.

6. Milton H. Klein, "Origins of the Bill of Rights in Colonial New York," *New York History,* October 1991, 391–92, 397–404.

7. Woodard, *American Nations,* 71 note 10.

8. David Dean Bowldby, *The Garden and the Wilderness: Church and State in America to 1789* (Lanham, MD: Lexington Books, 2013), 90–91; Woodard, *American Nations,* 92–100.

9. Richard S. Dunn, "An Odd Couple: John Winthrop and William Penn," *Proceedings of the Massachusetts Historical Society,* 3rd ser., 99 (1987): 1–24; David Hackett Fischer, *Albion's Seed: Four British Folkways in North America* (New York: Oxford University Press, 1989), 594.

10. Jack P. Green, *Pursuits of Happiness: The Social Development of Early Modern British Colonies and the Formation of American Culture* (Chapel Hill: University of North Carolina Press, 1988), 126–27; Allan Kulifkoff, *From British Peasants to Colonial American Farmers* (Chapel Hill: University of North Carolina Press, 2000), 131–33.

11. Woodard, *American Nations,* 44–56.

12. Gordon Wood, *The Radicalism of the American Revolution* (New York: Knopf, 1992), 107–9.

13. Ibid., 230–47, 365; Herbert J. Storing, *What the Anti-Federalists Were For* (Chicago: University of Chicago Press, 2008), 72–73.

14. Ta-Nahesi Coates, "The Case for Reparations," *Atlantic,* June 2014, 54–71.

15. Fischer, *Albion's Seed,* 765–81; Gordon Godfrey Fralin, "Charles Lynch, Originator of the Term Lynch Law" (master's thesis, University of Richmond, 1955), 57–61.

16. Woodard, *American Nations,* 136–39.

17. David J. Weber, *The Mexican Frontier, 1821–1846* (Albuquerque: University of New Mexico Press, 1982), 15, 123; Juan Gómez-Quiñones, *Roots of Chicano Politics, 1600–1940* (Albuquerque: University of New

Mexico Press, 1994), 99.

18. Weber, *Mexican Frontier,* 25–29, 32–41; Gómez-Quiñones, *Roots of Chicano Politics,* 126.

19. Gómez-Quiñones, *Roots of Chicano Politics,* 302–6.

20. Ibid., 408.

21. Woodard, *American Nations,* 216–23.

22. Ibid., 11–12, 281–82.

23. Ibid., 12, 243–53.

24. Ibid., 9–10, 13; Brian Lee Crowley, *Fearful Symmetry: The Fall and Rise of Canada's Founding Values* (Toronto: Key Porter, 2009), 72–76, 88–96; Colin Woodard, "As a Land Thaws, So Do Greenland's Aspirations for Independence," *Christian Science Monitor,* October 16, 2007.

25. Woodard, *American Nations,* 49–51, 115–40, 157–70.

## 第四章

1. Morgenthau, "Dilemmas of Freedom," 721.

2. David Ogg, *England in the Reigns of James II and William III* (London: Oxford University Press, 1969), 33–36; M. Dorothy George, *England in Transition* (Baltimore: Penguin, 1953), 12, 15; John Komlos, "On English Pygmies and Giants: The Physical Stature of English Youth in the Late 18th and Early 19th Centuries," discussion paper, Department of Economics, University of Munich, April 2005; Edmund S. Morgan, *American Slavery, American Freedom: The Ordeal of Colonial Virginia* (New York: Norton, 1975), 322–25.

3. Morgan, *American Slavery,* 381–83; Maurice Cranston, *John Locke: A Biography* (New York: MacMillan, 1957), 424–26.

4. Morgan, *American Slavery,* 381.

5.  Woodard, *American Nations,* 120, 139–40.

6.  Ibid., 123, 135–36.

7.  Ibid., 128–29.

8.  Ibid., 129–33.

9.  Fischer, *Albion's Seed,* 787.

10. Woodard, *American Nations,* 136–38.

11. Merrill Jensen, "Democracy and the American Revolution," in *Essays on the American Revolution,* ed. David L. Jacobson (New York: Holt, Rinehart & Winston, 1971), 223, 226.

12. Terry Bouton, *Taming Democracy: "The People," the Founders, and the Troubled Ending of the American Revolution* (New York: Oxford University Press, 2007), 76–77, 83–87, 178–83, 197–215, 224–26; Woodard, *American Nations,* 160–62.

13. Orin Libby, "A Map Illustrating the Geographical Distribution of the Vote of the Thirteen States upon the Adoption of the Constitution of the United States, 1787–88," *Bulletin of the University of Wisconsin. Economics, political science, and history series,* 1, no. 1 (Madison: University of Wisconsin, 1894); Bouton, *Taming Democracy,* 181–85.

14. Joyce Appleby, *Liberalism and Republicanism in the Historical Imagination* (Cambridge, MA: Harvard University Press, 1992), 274–75; Wood, *The Radicalism of the American Revolution,* 262, 267, 281; Thomas Jefferson, "His First Inaugural Address," March 4, 1801, in *The World's Famous Orations,* vol. 8, *America: I (1761–1837),* ed. William Jennings Bryan (New York: Funk & Wagnalls, 1906).

15. Wood, *Radicalism of the American Revolution,* 262; Robert Kelley, "Ideology and Political Culture from Jefferson to Nixon," *American Historical Review* 82, no. 3 (Spring 1977): 535–39, 540; Gordon Wood, *Empire of Liberty: A History of the Early Republic, 1789–1815* (New York:

Oxford University Press, 2009), 95–103.

16. Wood, *Empire of Liberty,* 114–17.

17. Ibid., 120–22.

18. Ibid., 368–70.

19. Ibid., 155.

20. Woodard, *American Nations,* 195–97.

21. Lynn Hudson Parsons, *The Birth of Modern Politics: Andrew Jackson, John Quincy Adams, and the Election of 1828* (New York: Oxford University Press, 2009), xv–xvi, 172, 185.

22. Harry L. Watson, *Liberty and Power: The Politics of Jacksonian America* (New York: Hill & Wang, 1990), 102–4.

23. Dean C. Hammer, "The Puritans as Founders: The Quest for Identity in Early Whig Rhetoric," *Religion and American Culture,* 6, no. 2 (Summer 1996): 167, 170–71, 175, 183.

24. Kelley, "Ideology and Political Culture," 541–43; Hammer, "Puritans as Founders," 175–77; Watson, *Liberty and Power,* 211–20.

25. Woodard, *American Nations,* 231–38.

26. Freedman and Jones, *African Americans in Congress,* 107–10; *Congressional Record,* 43rd Congress, 2nd Session, February 3, 1875, 943–47.

27. Kelley, "Ideology and Political Culture," 546; Mark Greenbaum, "The Do-Everything Congress," Opinionator (blog), *New York Times,* August 5, 2011.

28. Gerson and Wehner, "Conservative Vision of Government," 84–85.

29. Foner, *Story of American Freedom,* 106–7.

## 第五章

1. Jacob Hornberger, "Up from Serfdom" (blog post), Reason.com, April 9, 2010.

2. Robert F. Burk, *The Corporate State and the Broker State: The DuPonts and American National Politics, 1925–1940* (Cambridge, MA: Harvard University Press, 1990), 281–83; Amity Shlaes, "Repeal the Minimum Wage," *National Review* (online), May 21, 2014.

3. Foner, *Story of American Freedom,* 116; Jack Beatty, *The Age of Betrayal: The Triumph of Money in America, 1865–1900* (New York: Knopf, 2007), 14–15.

4. H. W. Brands, *American Colossus: The Triumph of Capitalism, 1865–1900* (New York: Doubleday, 2010), 23–24; James Vickery and Richard W. Judd, "Agricultural Crisis and Adaptation, 1861–1900," in *Maine: The Pine Tree State from Prehistory to the Present,* ed. Richard Judd, Edwin Churchill, and Joe Eastman (Orono: University of Maine Press, 1995), 405–6.

5. Charles Lofgren, *The Plessy Case: A Legal-Historical Interpretation* (New York: Oxford University Press, 1987), 89–91; Foner, *Story of American Freedom*, 121–23; *Hammer v. Dagenhart,* 247 U.S. (1918), 271–80.

6. Chester McArthur Destler, "The Opposition of American Businessmen to Social Control During the 'Gilded Age,' " *Mississippi Valley Historical Review* 39, no. 4 (March 1953): 644, 670–73; "The Refined Lard Investigation," *National Livestock Journal,* March 27, 1888, 203; Michael McGerr, *A Fierce Discontent: The Rise and Fall of the Progressive Movement in America, 1870– 1920* (New York: Free Press, 2003), 161–62; Bruce Watson, "The Poison Squad: An Incredible History" (blog post), *Esquire,* June 27, 2013; Samuel Hopkins Adams, "The Great American Fraud," *Collier's,* October 7, 1905, 14–15, 29.

7. Richard Hofstadter, *Social Darwinism in American Thought* (Boston: Beacon, 1955), 40–41, 56–60.

8. Ibid., 48–50; *Herbert Spencer on the Americans and the Americans on Herbert Spencer* (New York: D. Appleton & Co., 1883); Beverly Gage, "A

Drunkard Is in the Gutter Where He Ought to Be," *Slate*, March 29, 2012.

9.  McGerr, *A Fierce Discontent*, 17; Neil Irvin Painter, *Standing at Armageddon: The United States, 1877–1919* (New York: Norton, 1987), 185–86.

10. Beatty, *Age of Betrayal*, 200–203; *Pollock v. Farmers' Loan & Trust Company*, 157 U.S. 429 (1895).

11. Beatty, *Age of Betrayal*, 232–33; Francois Furstenberg, "What History Teaches Us About the Welfare State," *Washington Post*, July 1, 2011, A17.

12. Beatty, *Age of Betrayal*, 205–6; "Shall a New Kind of Slavery Be Established in the United States?," *Railway World*, July 28, 1877, 698–99.

13. Eleanor Hannah, *Manhood, Citizenship, and the National Guard: Illinois, 1870–1917* (Columbus: Ohio State University Press, 2007), 207; Martin Glaberman and Seymour Faber, *Working for Wages: Roots of Insurgency* (Lanham, MD: Rowman & Littlefield, 1998), 28; Sven Beckert, *The Monied Metropolis: New York and the Consolidation of the American Bourgeoisie, 1850–1896* (New York: Cambridge University Press, 2003), 293–95; Beatty, *Age of Betrayal*, 206–7.

14. Frank Parsons, *The Railways, the Trusts, and the People* (Philadelphia: C. F. Taylor, 1906), 37, 57–60.

15. Ibid., 34–35.

16. Ibid., 63–66, 73; John Graham Brooks, *The Social Unrest: Studies in Labor and Socialist Movements* (New York: Macmillan, 1903), 47, 57.

17. David Alan Johnson, *Founding the Far West: California, Oregon, and Nevada, 1840–1890* (Berkeley: University of California Press, 1992), 325–34; Woodard, *American Nations*, 246–47, 250.

18. John Gunther, *Inside USA* (New York: Harper & Brothers, 1947), 166–74.

19. Parsons, *The Railways, the Trusts, and the People*, 66–68; Mark Twain, "Senator Clark of Montana ( January 28, 1907)," in *Mark Twain in*

*Eruption,* ed. Bernard DeVoto (New York: Harper & Brothers, 1940), 70–73.

20. Painter, *Standing at Armageddon,* 208–9.

21. Leslie V. Tischauser, *Jim Crow Laws* (Santa Barbara, CA: ABC-CLIO, 2012), 11–20; Richard Franklin Bensel, *Sectionalism and American Political Development, 1880–1980* (Madison: University of Wisconsin Press, 1984), 74–82.

22. Richard M. Abrams, *Conservatism in a Progressive Era: Massachusetts Politics, 1900–1912* (Cambridge, MA: Harvard University Press, 1964), 5–9, 11, 62, 131–32.

23. Ibid., viii, 2–3, 14, 18, 30, 35, 62, 288–89.

24. Lester F. Ward, *The Psychic Factors of Civilization* (Boston: Ginn & Company, 1893), 275–6. Emphasis in the original.

25. "Roosevelt Won't Drop Trust War," *New York Times,* August 21, 1907, 1.

26. Theodore Roosevelt, "The New Nationalism" (speech, Osawatomie, KS, August 31, 1910), available at http://www.pbs.org/wgbh/americanexperience/features/primary-resources/tr-nationalism/.

27. Woodard, *American Nations,* 297–98.

28. Ibid., 268–69.

29. Scott Galupo, "Tea Party, Glenn Beck Wrong on Woodrow Wilson's Progres-sivism," *U.S. News & World Report,* May 6, 2010.

30. McGerr, *A Fierce Discontent,* 280–99; Foner, *Story of American Freedom,* 177, 183.

31. McGerr, *A Fierce Discontent,* 300–312.

32. *Official Report of the Proceedings of the Seventeenth Republican National Convention* (New York: Tenny Press, 1920), 264, 269, 284; Herbert Hoover, *American Individualism* (New York: Doubleday, Page & Co., 1922), 10–13.

33. Brian R. Farmer, *American Conservatism: History, Theory and Practice* (Newcastle, UK: Cambridge Scholars Press, 2005), 215–21; David

Cannadine, *Mellon: An American Life* (New York: Knopf, 2006), 287–92; David Kennedy, *Freedom from Fear: The American People in Depression and War, 1929–1945* (New York: Oxford University Press, 1999), 33–34.

34. Kennedy, *Freedom from Fear,* 39–41, 52–57; Amity Shlaes, *The Forgotten Man: A New History of the Great Depression* (New York: HarperCollins, 2007), 96.

35. Kennedy, *Freedom from Fear,* 65, 69, 87; Shlaes, *Forgotten Man,* 112.

36. Kennedy, *Freedom from Fear,* 87–88; T. H. Watkins, *The Hungry Years: A Narrative History of the Great Depression in America* (New York: Henry Holt, 1999), 55.

37. Kennedy, *Freedom from Fear,* 79, 91; Cannadine, *Mellon,* 448–49.

38. Watkins, *The Hungry Years,* 53, 61–62.

## 第六章

1. Kennedy, *Freedom from Fear,* 162–63.

2. Harry L. Hopkins, *Spending to Save: The Complete Story of Relief* (New York: Norton, 1936), 76–77, 86–87; Jonathan Alter, *The Defining Moment: FDR's Hundred Days and the Triumph of Hope* (New York: Simon & Schuster, 2007), 1–4; Earle Looker, *The American Way: Franklin Roosevelt in Action* (New York: John Day, 1933), 4–5.

3. Mordaunt Hall, "Walter Huston as a President of the United States who Proclaims Himself Dictator" (film review), *New York Times,* April 1, 1933; Alter, *Defining Moment,* 4–8; John Shelton Lawrence and Robert Jewett, *The Myth of the American Superhero* (Grand Rapids, MI: Wm. B. Eerdmans, 2002), 133–36.

4. *The Public Papers and Addresses of Franklin D. Roosevelt,* vol. 1, *The Genesis of the New Deal, 1928–1932* (New York: Random House, 1938), 76.

5. Kennedy, *Freedom from Fear,* 246–47.

6. Ibid., 276; *The Public Papers and Addresses of Franklin D. Roosevelt,* vol. 4, *The Court Disapproves, 1935* (New York: Random House, 1938), 272.

7. Roger Biles, *The South and the New Deal* (Lexington: University Press of Kentucky, 2006), 127–28; Kennedy, *Freedom from Fear,* 125–27.

8. Ira Katznelson, *Fear Itself: The New Deal and the Origins of Our Time* (New York: Liveright, 2013), 127–28, 163; Jefferson Cowie and Nick Salvatore, "The Long Exception: Rethinking the Place of the New Deal in American History," *International Labor and Working-Class History* 74 (Fall 2008): 3–32.

9. Katznelson, *Fear Itself,* 259–60; Ira Katznelson, *When Affirmative Action Was White* (New York: Norton, 2006), 45–49; Foner, *Story of American Freedom,* 208.

10. Kennedy, *Freedom from Fear,* 209–10; Ira Katznelson, *Fear Itself,* 166–67.

11. Biles, *The South and the New Deal,* 139–40; Jane Walker Herndon, "Ed Rivers and Georgia's 'Little New Deal,' " *Atlanta Historical Journal* 30, no. 1 (Spring 1986), 97–105; Kennedy, *Freedom from Fear,* 340–41.

12. Katznelson, *Fear Itself,* 170–73.

13. Kennedy, *Freedom from Fear,* 348–49.

14. Ibid., 326–38.

15. Ibid., 661, 664–65.

16. Ibid., 644–45, 649–55; "An Up and Coming Leader in the U.S. Chamber of Commerce," *Salt Lake Tribune,* August 26, 1943, 8.

17. Franklin D. Roosevelt, "State of the Union Message to Congress," January 11, 1944, available at http://www.fdrlibrary.marist.edu/archives/address_ text .html.

18. Foner, *Story of American Freedom,* 234–35; Kennedy, *Freedom from Fear,* 782–83; on the Full Employment Bill, see G. J. Santoni, "The Employment

Act of 1946: Some History Notes" (white paper), Federal Reserve Bank of Saint Louis, November 1946; Kim Phillips-Fein, *Invisible Hands: The Making of the Conservative Movement from the New Deal to Reagan* (New York: Norton, 2009), 31–32; Paul Krugman, *The Conscience of a Liberal* (New York: Norton, 2007), 59, 67–68.

19. Geoffrey Kabaservice, *Rule and Ruin: The Downfall of Moderation and the Destruction of the Republican Party, from Eisenhower to the Tea Party* (New York: Oxford University Press, 2012), 14.

20. Author interview with Carl Reddel, executive director, Eisenhower Memorial Commission, Washington, D.C., January 29, 2015.

21. U.S. Senate Committee on Labor and Public Welfare, *The National Defense Education Act of 1958: A Summary and Analysis of the Act Prepared by the Staff* (Washington, DC: Government Printing Office, 1958), 1–8; Daniel J. Glavin, *Presidential Party Building: From Dwight D. Eisenhower to George W. Bush* (Princeton, NJ: Princeton University Press, 2009), 51.

22. Kabaservice, *Rule and Ruin,* 18; John W. Jeffries, "The 'Quest for National Purpose' of 1960," *American Quarterly* 30, no. 4 (Autumn 1978): 462–63.

23. Krugman, *Conscience of a Liberal,* 38–39, 47–49, 57.

24. Phillips-Fein, *Invisible Hands,* 16–19, 26–27, 54; Kabaservice, *Rule and Ruin,* 6; "Speech to Mortgage Bankers Association of America," January 25, 1949, in *Papers of Robert A. Taft,* vol. 4, *1949–1953,* ed. Clarence E. Wunderlin Jr. (Kent, OH: Kent State University Press, 2006), 19.

25. Tony Judt, *Ill Fares the Land* (New York: Penguin Press, 2010), 98–105; P hillips-Fein, *Invisible Hands,* 39; F. A. Hayek, *The Road to Serfdom* (New York: Routledge, 2008), 196.

26. Phillips-Fein, *Invisible Hands,* 34–36, 39–46, 52; Hayek, *Road to Serfdom,* 87, 136.

27. Janann Sherman, *No Place for a Woman: A Life of Senator Margaret Chase*

*Smith* (New Brunswick, NJ: Rutgers University Press, 2001), 110–11; Robert Griffith, *The Politics of Fear: Joseph R. McCarthy in the Senate* (Amherst: University of Massachusetts Press, 1970), 264; Chip Berlet and Matthew Lyons, *Right Wing Populism in America* (New York: Guilford, 2000), 196–98.

28. Djilas, *New Class,* 44–46.

29. Irving Kristol, "On Corporate Capitalism in America," *Public Interest,* Fall 1975, 134.

30. G. Calvin MacKenzie and Robert Weisbrot, *The Liberal Hour: Washington and the Politics of Change in the 1960s* (New York: Penguin Press, 2008), 14–15; Allen J. Matusow, *The Unraveling of America: A History of Liberalism in the 1960s* (Athens: University of Georgia Press, 2009), 6–9.

31. Bill Moyers, *Moyers on America: A Journalist and His Times* (New York: New Press, 2013), 167.

32. *National Review* quoted in Krugman, *Conscience of a Liberal,* 102.

33. Phillips-Fein, *Invisible Hands,* 118–19; Barry Goldwater, *The Conscience of a Conservative* (Shepherdsville, KY: Victor Publishing Co., 1960), 37, 66, 69–70.

34. Kabaservice, *Rule and Ruin,* 120–22; MacKenzie and Weisbrot, *Liberal Hour,* 109.

35. "Annual Message to Congress on the State of the Union," January 4, 1965, in *Public Papers of the Presidents of the United States: Lyndon Johnson, 1965* (Washington, DC: Government Printing Office, 1966), 2–5.

36. David Zarefsky, *President Johnson's War on Poverty: Rhetoric and History* (Tuscaloosa: University of Alabama Press, 2005), xiii, 21, 38–41, 48–49; Cowie and Salvatore, "The Long Exception," 16.

37. "Commencement Address at Yale University," June 11, 1962, in *Public Papers of the Presidents of the United States: John F. Kennedy, 1962*

(Washington, DC: Government Printing Office, 1963), 470–75; Theodore H. White, "The Action Intellectuals: A Brotherhood of Scholars Forms the Most Powerful Community in Our Society," *Life,* June 9, 1967, 44–45, 52–65.

38. MacKenzie and Weisbrot, *Liberal Hour,* 361; Zarefsky, *President Johnson's War on Poverty,* 58–59, 96; Catherine Caufield, *Masters of Illusion: The World Bank and the Poverty of Nations* (New York: Henry Holt, 1996), 117–99, 173–75.

39. Governor's Commission on the Los Angeles Riots, "Violence in the City: An End or a Beginning?," December 2, 1965, Overview; Zarefsky, *President Johnson's War on Poverty,* 71–72; Valerie Reitman and Mitchell Landsberg, "Watts Riots, 40 Years Later," *Los Angeles Times,* August 11, 2005.

40. Tom Wicker, "President Johnson Forewarned of 'Another Deprived Nation'" (syndicated *New York Times* column), *Oxnard* (CA) *Press-Courier,* August 18, 1965, 8.

41. Rick Perlstein, "1966—When Everything Changed" (online article), History News Network, June 5, 2008; "1966 Civil Rights Act Dies in Senate," *CQ Almanac 1966,* available at http://library.cqpress.com/ cqalmanac/document .php?id=cqal66-1301767.

42. Foner, *Story of American Freedom,* 288.

43. Ibid., 289–95; Judt, *Ill Fares the Land,* 86–90.

## 第七章

1. Albert Bergesen, "Race Riots of 1967: An Analysis of Police Violence in Detroit and Newark," *Journal of Black Studies* 12, no. 3 (March 1982): 261–74; Matusow, *Unraveling of America,* 416–22 (on Chicago).

2. Kabaservice, *Rule and Ruin,* 214–21, 223; Rick Perlstein, *Nixonland: The Rise of a President and the Fracturing of America* (New York: Scribner,

2008), 72, 90–91.

3. Perlstein, *Nixonland,* 277–78, 334; Ian Haney-Lopez, "How the GOP Became the 'White Man's Party,' " *Salon,* December 22, 2013.

4. Kabaservice, *Rule and Ruin,* 268–70, 327, 330–31.

5. Ibid., 337, 342.

6. Douglas Brinkley and Luke Nichter, *The Nixon Tapes: 1971–72* (New York: Houghton Mifflin Harcourt, 2014), 702–3; "Nixon's Failed Attempts at ' Poisoning the Press,' " *Fresh Air,* National Public Radio, September 30, 2010; Rick Perlstein, *The Invisible Bridge: The Fall of Nixon and the Rise of Reagan* (New York: Simon & Schuster, 2014), 137–38, 141–43, 281; James M. Naughton et al., "How a Fragile Centrist Bloc Emerged as House Panel Weighed Impeachment," *New York Times,* August 5, 1974.

7. Perlstein, *Invisible Bridge,* 57, 177, 265, 309.

8. John Robert Greene, *The Presidency of Gerald R. Ford* (Lawrence: University Press of Kansas, 1994), 53, 59, 71.

9. Ibid., 75–77, 157; Perlstein, *Invisible Bridge,* 674–77, 796, 800.

10. Perlstein, *Invisible Bridge,* 612, 653, 661–62.

11. Phillips-Fein, *Invisible Hands,* 169–72; Sidney Blumenthal, *The Rise of the Counter-Establishment: From Conservative Ideology to Political Power* (New York: Union Square Press, 2008), 45, 49; Perlstein, *Invisible Bridge,* 306.

12. William Trombley, "Reagan Library Strains Link Between Stanford and Hoover Institution," *Los Angeles Times,* March 8, 1987; Blumenthal, *Rise of the Counter- Establishment,* 35; Perlstein, *Invisible Bridge,* 457; Colin Woodard, "The Profit Motive behind Virtual Schools in Maine," *Maine Sunday Telegram,* September 2, 2012, p. Al.

13. Blumenthal, *Rise of the Counter-Establishment,* 41; Irving Kristol, "On Corporate Philanthropy," *Wall Street Journal,* March 21, 1977.

14. Phillips-Fein, *Invisible Hands,* 174; Perlstein, *Invisible Bridge,* 306.

15. Phillips-Fein, *Invisible Hands,* 228–29, 232.

16. Woodard, *American Nations,* 278; Phillips-Fein, *Invisible Hands,* 230.

17. Michael B. Berkman, *The State Roots of National Politics: Congress and the Tax Agenda, 1978–1986* (Pittsburgh: University of Pittsburgh Press, 1994), 48–49; William C. Berman, *America's Right Turn: From Nixon to Bush* (Baltimore: Johns Hopkins University Press, 1994), 46–49, 53.

18. Ronald Reagan, speech delivered at the Detroit Economic Club, May 15, 1980, text available at http://www.kwrendell.com/full-description.aspx ?ItemID=20202017.

19. Kevin Phillips, *The Emerging Republican Majority* (New York: Arlington House, 1969), 15; William Rusher, "A New Party Eventually: Why Not Now?," *National Review,* May 23, 1975, 550–51.

20. The $111 billion figure is in 1968 dollars; it would be $738 billion when adjusted to 2010 dollars. Stephen Daggett, "Cost of Major U.S. Wars," *Congressional Research Service Report to Congress,* June 29, 2010, 2; "Transcript of Ronald Reagan's 1980 Neshoba County Fair Speech," *Neshoba Democrat,* November 15, 2007.

21. David Stockman, *The Triumph of Politics: Why the Reagan Revolution Failed* (New York: Harper & Row, 1986), 72.

22. Ibid.

23. William Greider, "The Education of David Stockman," *Atlantic,* December 1981, 27–54.

24. Glenn Kessler, "The Historical Myth That Reagan Raised $1 in Taxes for Every $3 in Spending Cuts," The Fact Checker (blog), *Washington Post,* December 14, 2012; Stockman, *Triumph of Politics,* 374.

25. Bill Bradley, "Tax Reform's Lessons for Health Care Reform," *New York Times,* August 29, 2009, WK-9; Janet Novack, "10 Reasons Why Reagan Could Cut the Top Tax Rate to 28 Percent but Romney Can't," *Forbes*

(online), October 22, 2012; David Altig and Charles Carlstrom, "Marginal Tax Rates and Income Inequality in a Life-Cycle Model," *American Economic Review* 89, no. 5 (December 1999): 1213; Peter Dreier, "Reagan's Real Legacy," *Nation,* February 4, 2011.

26. "Persons Below Poverty Level in the U.S., 1975–2010," Information Please Database, http://www.infoplease.com/ipa/A0104525.html; Martha M. Burt, *Over the Edge: The Growth of Homelessness in the 1980s* (New York: Russell Sage Foundation, 1992), 140, 211; Edward N. Wolff, "Recent Trends in Household Wealth in the United States," Levy Economics Institute at Barnard College Working Paper No. 589, March 2010, 44; Leonard Silk, "Economic Scene; How Well Off Are Workers?," *New York Times,* September 2, 1988, D2.

27. Gallup presidential approval trends, http://www.gallup.com/poll/116677 / presidential-approval-ratings-gallup-historical-statistics-trends.aspx; Leslie McCall and Lane Kenworthy, "Americans' Social Policy Preferences in the Era of Rising Inequality," *Perspectives on Politics* 7, no. 3 (Spring 2009): 464–70.

28. Timothy Naftali quoted in "George H. W. Bush," *American Experience,* WGBH/PBS.

29. Mary Kate Cary, "A Courageous President," *U.S. News & World Report,* April 9, 2014; "Remarks on Signing the Americans with Disabilities Act of 1990," July 26, 1990, in *Public Papers of the Presidents of the United States: George Bush, 1990* (Washington, DC: Government Printing Office, 1991), 1069.

30. Richard Viguerie quoted in "George H. W. Bush," *American Experience,* WGBH/PBS; Kevin Phillips quoted in R. W. Apple, Jr., "Riots and Ballots," *New York Times,* May 2, 1992, A9.

31. Steven M. Gillon, *The Pact: Bill Clinton, Newt Gingrich and the Rivalry*

*That Defined a Generation* (New York: Oxford University Press, 2008), 78–84; Bill Clinton, *My Life,* vol. 1, *The Early Years* (New York: Vintage, 2005), 430–31.

32. Mark Tran, "Popularity Rating That Belies the Clinton Record," *Guardian,* October 24, 1994, 12; Phillips-Fein, *Invisible Hands,* 265.

33. Mike Lofgren, *The Party Is Over: How Republicans Went Crazy, Democrats Became Useless and the Middle Class Got Shafted* (New York: Viking, 2012), 35–36; Alex Seitz-Wald, "How Gingrich Crippled Congress," *Nation,* January 30, 2012; Michael Kranish, "Republican Old Guard Takes Aim at Gingrich," *Boston Globe,* December 9, 2011.

34. Michael Lind, *Up from Conservatism: Why the Right Is Wrong for America* (New York: Free Press, 1996), 129–30, 136.

35. Televised interview, December 1994, in *The Big Guy: Tom DeLay's Stolen Congress,* directed by Mark Birnbaum and Jim Schermbeck (Culver City, CA: Brave New Films, 2006).

36. Fred Barnes, "Revenge of the Squares: Newt Gingrich and Pals Rewrite the '60s," *New Republic,* March 13, 1995, 23–28.

37. Gillon, *The Pact,* 59.

38. Ibid., 58, 122; James Fallows, "The Republican Promise," *New York Review of Books,* January 12, 1995; George Stephanopoulos, *All Too Human: A Political Education* (New York: Little, Brown, 1999), 344.

39. "GOP Throws Down Budget Gauntlet," *CQ Almanac 1995* (Washington, DC: Congressional Quarterly, 1996); Stephanopoulos, *All Too Human,* 360.

40. Gillon, *The Pact,* 169–72.

41. Stephanopoulos, *All Too Human,* 411–12; Thomas Frank, *What's the Matter with Kansas?* (New York: Metropolitan Books, 2004), 242–45; Al From, "Recruiting Bill Clinton," *The Atlantic* (online), December 3, 2013.

42. Barney Frank, *Frank: A Life in Politics from the Great Society to Same-Sex*

*Marriage* (New York: Farrar, Straus & Giroux, 2015), 179; Gillon, *The Pact,* 178; David Leonhardt, "Washington's Invisible Hand," *New York Times Magazine,* September 26, 2008, 32; Michael Hirsh, "The Case Against Larry Summers," *National Journal,* September 12, 2013; Gail Russell Chaddock, "What It Took to Enact Banking Reform," *Christian Science Monitor,* October 21, 1994.

43. Alexander Lane, "Nader Almost Said Gore=Bush, but Not Quite," PolitiFact, *Tampa Bay Times,* June 30, 2008.

44. Bruce Bartlett, *Impostor: How George W. Bush Bankrupted America and Betrayed the Reagan Legacy* (New York: Doubleday, 2006), 1, 120.

45. Tim Dickinson, "How the GOP Became the Party of the Rich," *Rolling Stone,* November 9, 2011; Tom Allen, *Dangerous Convictions: What's Really Wrong with the U.S. Congress* (New York: Oxford University Press, 2013), 46; Lofgren, *The Party Is Over,* 169.

46. Dickinson "How the GOP Became the Party of the Rich"; Allen, *Dangerous Convictions,* 47–48; John Cassidy, "Taxing," *New Yorker,* January 26, 2004.

47. William Greider, "Rolling Back the Twentieth Century," *Nation,* May 12, 2003; Bob Dreyfuss, "Grover Norquist: 'Field Marshal' of the Bush Plan," *Nation,* May 14, 2001; Allen, *Dangerous Convictions,* 58–59; Bruce Bartlett, *The Benefit and the Burden: Tax Reform—Why We Need It and What It Will Take* (New York: Simon & Schuster, 2012), 49.

48. Allen, *Dangerous Convictions,* 89–94.

49. Lofgren, *The Party Is Over,* 187.

50. Thomas Frank, *What's the Matter with Kansas?,* 106–13; "Will Anyone Pay for Abu Ghraib?" (editorial), *New York Times,* February 5, 2015, A26; Scott Shane and Ron Nixon, "Contractors Becoming a Fourth Branch of Government," *New York Times,* February 4, 2007.

51. Paul Krugman, "The DeLay Principle," *New York Times,* June 9, 2006, A27.

## 第八章

1. Jonathan Stempel, "One in Five Homeowners with Mortgages Under Water," Reuters, October 31, 2008; Larry Elliott and Jill Treanor, "Lehman Brothers Collapse Five Years On: 'We Had Almost No Control,' " *Guardian,* September 13, 2013.

2. Andrew Ross Sorkin, "Lehman Files for Bankruptcy, Merrill Is Sold," *New York Times,* September 14, 2008, A1; Alex Berenson, "Wall Street's Turmoil Sends Stocks Reeling," *New York Times,* September 15, 2008, C7; Bob Ivry et al., "Secret Fed Loans Gave Banks $13 Billion Undisclosed to Congress," Bloomberg, November 27, 2011; "The Financial Crisis: The *Frontline* Interviews" (online oral history resource), PBS, http://www.pbs.org/wgbh/pages /frontline/oral-history/financial-crisis/.

3. Edmund L. Andrews and Peter Baker, "A.I.G. Planning Huge Bonuses After $170 Billion Bailout," *New York Times,* March 14, 2009, A1; *The Situation Room,* CNN, March 16, 2009, transcript available at http://www.cnn.com /TRANSCRIPTS/0903/16/sitroom.03.html.

4. Phillip Swagel, *The Impact of the September 2008 Collapse* (Washington, DC: Pew Economic Policy Group, April 28, 2010); "Bush Approval Rating Doldrums Continue," Gallup, October 20, 2008; Kara Scannell and Sudeep Reddy, "Greenspan Admits Errors to Hostile House Panel," *Wall Street Journal,* October 24, 2008.

5. Jim F. Couch et al., "An Analysis of the Financial Services Bailout Vote," *Cato Journal* 31, no. 1 (Winter 2011): 121–22.

6. Kate Zernike, *Boiling Mad: Inside Tea Party America* (New York: Henry Holt, 2010), 22–23; Rick Santelli's rant can be seen at http://video.cnbc.com /gallery/?video=1039849853; Dick Armey and Matt Kibbe, *Give Us Liberty: A Tea Party Manifesto* (New York: William Morrow, 2010), 57.

7. Brandy Dennis and David Cho, "Rage at AIG Swells as Bonuses Go Out," *Washington Post,* March 17, 2009; Frank, *What's the Matter with Kansas?,* 298–301; Russell Goldman, "Employees Fear for Their Lives: The Other AIG Outrage," ABC News, March 27, 2009.

8. Theda Skocpol and Vanessa Williamson, *The Tea Party and the Remaking of Republican Conservatism* (New York: Oxford University Press, 2013), 104–5; Joe Strupp, "Dick Armey Dishes on FreedomWorks' Deals with Beck & Limbaugh," *Media Matters,* January 4, 2013.

9. W. Cleon Skousen, *The Naked Communist* (Salt Lake City: Ensign Publishing, 1958); Alexander Zaitchik, "Meet the Man Who Changed Glenn Beck's Life," *Salon,* September 16, 2009.

10. W. Cleon Skousen, *The American Heritage & Constitution Study Course* (Provo, UT: Freeman Institute, c. 1980); Zaitchik, "Meet the Man Who Changed Glenn Beck's Life"; Zernike, *Boiling Mad,* 73–77; Sean Wilentz, "Confounding Fathers," *New Yorker,* October 18, 2010.

11. Skocpol and Williamson, *The Tea Party and the Remaking of Republican Conservatism,* 56–61; Nate Silver, "Were the Tea Parties Really a Libertarian Thing?," FiveThirtyEight.com, April 26, 2009; Colin Woodard, "The Soul of the Tea Party," *Newsweek* (online), December 1, 2010; Zaitchik, "Meet the Man Who Changed Glenn Beck's Life"; Lisa Disch, "A 'White Citizenship' Movement?," in *Steep: The Precipitous Rise of the Tea Party,* ed. Lawrence Rosenthal and Christine Trost (Berkeley: University of California Press, 2012), 136–37, 143.

12. Ian Urbina, "Beyond the Beltway, Health Debate Turns Hostile," *New York Times,* August 7, 2009, A1; Lizz Robbins, "Tax Day Is Met with Tea Parties," *New York Times,* April 15, 2009, A16; Jeff Zeleny, "Thousands Rally in Capital to Protest Big Government," *New York Times,* September 12, 2009, A37.

13. Zernike, *Boiling Mad*, 105–7; Marc Cooper, "John McCain's Last Stand," *Nation*, August 16, 2010, 11–12; Colin Woodard, "Tea Party–Backed Platform Sails Through Maine GOP Convention," *Christian Science Monitor*, May 10, 2010; Colin Woodard, "Brewing Up a Storm," *Down East*, September 2010.

14. William J. Miller and Jeremy D. Walling, *Tea Party Effects on 2010 U.S. Senate Elections: Stuck in the Middle to Lose* (Lanham, MD: Lexington Books, 2011), 351–52.

15. Colin Woodard, "A Geography Lesson for the Tea Party," *Washington Monthly*, November/December 2011, 11, 16; Colin Woodard, "Republicans Have a Yankee Problem," *Maine Sunday Telegram*, December 16, 2012, E1.

16. Woodard, "Geography Lesson for the Tea Party," 16.

17. Lofgren, *The Party Is Over*, 68; Martin Frost, "The Tea Party Taliban," *Politico*, July 29, 2011; Woodard, "A Geography Lesson for the Tea Party," 11.

18. Mark Binelli, "The Great Kansas Tea Party Disaster," *Rolling Stone*, November 6, 2014, 46–51; Brad Cooper, "Kansas Revenues Will Fall $1 Billion Short of 2015 and 2016 Expenses, Fiscal Experts Say," *Kansas City Star*, November 10, 2014; David Sciara and Wade Henderson, "What's the Matter with Kansas' Schools?," *New York Times*, January 8, 2014, A23; "The Decline of North Carolina" (editorial), *New York Times*, July 9, 2013; "Funding Cuts Hobble NC Courts" (editorial), *Raleigh News and Observer*, November 22, 2014.

19. Jacob Weisberg, "Let Him Die," *Slate*, September 13, 2011; T. Jefferson, "Glenn Beck: Firemen Let House Burn over $75," interview transcript, Glennbeck.com, October 5, 2010; Adam Cohen, "Should Tennessee Firemen Have Let the House Burn?," *Time*, October 13, 2010.

20. Bruce Bartlett, "Obama Is a Republican," *American Conservative*, November/ December 2014, 12–16; Thomas Frank, "Cornel West: 'He

Posed as a Progressive and Turned Out to Be Counterfeit,' " *Salon*, August 24, 2014.

21. Tami Luhbi, "Romney-Ryan Would Aim to Overhaul Medicaid," CNNMoney, August 13, 2012; Laurie Goodstein, "Georgetown Faculty Latest to Chide Ryan," The Caucus (blog), *New York Times*, April 24, 2012; U.S. Conference of Catholic Bishops, Catholic Charities USA and Catholic Relief Services to House and Senate Appropriations Committees, Washington, DC, March 19, 2015; U.S. Conference of Catholic Bishops to Congressional Members, Washington, DC, March 6, 2012; Robert Draper, "Can the Democrats Catch Up in the Super PAC Game?," *New York Times Magazine*, July 5, 2012; Steve Benen, "Ten-to-One Isn't Good Enough for the GOP," Political Animal (blog), *Washington Monthly*, August 12, 2011.

22. Pew Research Center, "Trends in American Values: 1987–2012," June 4, 2012, 55, 57, 63–65; Pew Research Center, "Millennials in Adulthood: Detached from Institutions, Networked with Friends," March 7, 2014, 35–37; David Frum, "Crashing the Party," *Foreign Affairs*, September/October 2014.

## 第九章

1. Roosevelt, "New Nationalism."

2. Hoover, *American Individualism*, 9–11, 20–21.

3. Gerson and Wehner, "Conservative Vision of Government," 88–89.

4. Francis Fukuyama, *Political Order and Political Decay: From the Industrial Revolution to the Globalization of Democracy* (New York: Farrar, Straus & Giroux, 2014), 57.

5. Krugman, *Conscience of a Liberal*, 248.

6. Warren Buffett, "A Minimum Tax for the Wealthy," *New York Times*, November 26, 2012, A27; Warren Buffett, "Stop Coddling the Super-Rich,"

*New York Times,* August 14, 2011, A21; Tax Foundation, *U.S. Federal Individual Income Tax Rates History, 1862–2013* (downloadable tables); Richard Rubin, "Paul Ryan Plans Panel Vote Next Week to Repeal U.S. Estate Tax," Bloomberg, March 18, 2015.

7. Colin Macilwain, "Science Economics: What Is Science Really Worth?," *Nature* 465 (2010): 682–84; NASA, "Benefits of Apollo: Giant Leaps in Technology," Document FS-2004-07-002-JSC, July 2004; Diana G. Carew and Michael Mandel, *Infrastructure Investment and Economic Growth: Surveying New Post-Crisis Evidence* (Washington, DC: Progressive Policy Institute, March 2014), 6–7; Frank, *Frank,* 346–47; Andy Kroll, "Triumph of the Drill," *Mother Jones,* April 2014.

8. David Sirota, "The Democrats' Da Vinci Code," *American Prospect,* December 8, 2004.

9. Thomas F. Schaller, *Whistling Past Dixie: How Democrats Can Win Without the South* (New York: Simon & Schuster, 2006), 282–83.

10. Ibid., 275–76.

11. Bob Moser, *Blue Dixie: Awakening the South's Democratic Majority* (New York: Henry Holt, 2008), 92, 235.

12. Ibid., 80–83.

13. Woodard, "Geography Lesson," 17.

美國學 16

# 國家的品格
個人自由與公共利益，跨越數百年的史詩之爭

American Character: A History of the Epic Struggle Between Individual Liberty and the Common Good

| | |
|---|---|
| 作　者 | 科林·伍達德（Colin Woodard） |
| 譯　者 | 鄭煥昇 |
| 編　輯 | 邱建智 |
| 校　對 | 魏秋綢 |
| 排　版 | 張彩梅 |

| | |
|---|---|
| 企劃總監 | 蔡慧華 |
| 行銷專員 | 張意婷 |
| 出　版 | 八旗文化／遠足文化事業股份有限公司 |
| 發　行 | 遠足文化事業股份有限公司（讀書共和國出版集團） |
| 地　址 | 新北市新店區民權路108-2號9樓 |
| 電　話 | 02-22181417 |
| 傳　真 | 02-22188057 |
| 客服專線 | 0800-221029 |
| 信　箱 | gusa0601@gmail.com |
| Facebook | facebook.com/gusapublishing |
| Blog | gusapublishing.blogspot.com |
| 法律顧問 | 華洋法律事務所／蘇文生律師 |

| | |
|---|---|
| 封面設計 | 蕭旭芳 |
| 印　刷 | 前進彩藝有限公司 |
| 定　價 | 500元 |
| 初版一刷 | 2023年10月 |
| ISBN | 978-626-7234-61-7（紙本）、978-626-7234-65-5（PDF）、978-626-7234-66-2（EPUB） |

AMERICAN CHARACTER
Copyright © 2016 by Colin Woodard
Published by arrangement with Jill Grinberg Literary Management, LLC, through The Grayhawk Agency.

國家圖書館出版品預行編目（CIP）資料

國家的品格：個人自由與公共利益，跨越數百年的史詩之爭／科林·伍達德（Colin Woodard）著；鄭煥昇譯. -- 初版. -- 新北市：八旗文化：遠足文化事業股份有限公司, 2023.10
　面；　公分. --（美國學；16）
譯自：American character: a history of the epic struggle between individual liberty and the common good
ISBN 978-626-7234-61-7（平裝）

1. CST：自由　2. CST：國家利益　3. CST：美國史　4. CST：政治文化

752.26　　　　　　　　　　　　　　　　　112012930